suhrkamp taschenbuch
wissenschaft 1952

Wo bin ich, und wann lebe ich? Wer so fragt, fühlt sich nicht völlig am Platz. Orts- und Zeitverschiebungen bedeuten, daß Eigenort und Eigenzeit von Fremdheit gewissermaßen umschattet sind. Es besteht eine Spannung zwischen den Orten und Zeiten, in denen wir uns leiblich befinden, und den Raum- und Zeitstrukturen, in die sich unsere Erfahrungen einordnen. Diese Spannung durchzieht den alltäglichen Wechsel von Erwartung und Erinnerung, von Überraschung und Gewöhnung, von sozialer Nähe und Ferne. Sie prägt den Kontrast von Weltläufigkeit und Ortsansässigkeit, die Orientierung anhand von Karte, Uhr und Kalender sowie den Einfluß von Körperzeit und Körperraum. Eine Weise, sie erscheinen zu lassen, sind die Orts- und Zeitexperimente der Bühnenkunst. Die Zeit entdecken wir im Raum, aber die Wiederkehr des Raumes gibt auch der Zeit ein neues Gepräge.

Bernhard Waldenfels ist Professor emer. für Philosophie an der Ruhr-Universität Bochum.
Im Suhrkamp Verlag sind zuletzt erschienen: *Grundmotive einer Phänomenologie des Fremden* (2006), *Schattenrisse der Moral* (stw 1813) und *Antwortregister* (stw 1838).

Bernhard Waldenfels

Ortsverschiebungen, Zeitverschiebungen

Modi leibhaftiger Erfahrung

Suhrkamp

Bibliografische Information der Deutschen Nationalbibliothek
Die Deutsche Nationalbibliothek verzeichnet diese Publikation
in der Deutschen Nationalbibliografie; detaillierte bibliografische Daten
sind im Internet über http://dnb.d-nb.de abrufbar.

suhrkamp taschenbuch wissenschaft 1952
Erste Auflage 2009

Druck: Druckhaus Nomos, Sinzheim
Printed in Germany
Umschlag nach Entwürfen
von Willy Fleckhaus und Rolf Staudt
ISBN 978-3-518-29552-6

1 2 3 4 5 6 – 14 13 12 11 10 09

Inhalt

Vorwort 9

1. Wiederkehr des Raumes? 15
   1. Topologische Paradigmen 15
   2. Rückkehr zum gelebten Raum 19
   3. Raumkonzepte und Raumpraktiken 21
   4. Regionale oder fundamentale Räumlichkeit? 25
   5. Zweideutigkeiten und Paradoxien der Lebenswelt 26

2. Polarität von Ort und Raum 31
   1. Phänomenologische Topik 32
   2. Wo-Frage im Schatten der Was-Frage 34
   3. Ortsbestimmung als Antwort auf eine Wo-Frage 37
   4. Fremde und eigene Wo-Frage 38
   5. Hier als Standort: Grund und Boden 43
   6. Woher und Wohin: Wegstrecken 47
   7. Worin: offene und geschlossene Räume 52
   8. Ringsum: Umgebung, Umwelt und Welt 58
   9. Wie weit: Vermessene Räume 60

3. Leibliches Wohnen im Raum 65
   1. Vielfalt des Raumes 65
   2. Verankerung im Hier 67
   3. Raumachsen 68
   4. Durchmessung, Dehnung und Schrumpfung des Raumes 73
   5. Nähe und Ferne 76
   6. Drinnen und Draußen 76
   7. Interieur und Exterieur im Blickfeld der Malerei 80
   8. Raumanlage und Raumbühne 83
   9. Raumtechniken und Ortskarten 86
   10. Lokale Räume und globaler Raum 91

4. Ortsverschiebungen 95
   1. Hier und Anderswo 95

2. Aktualität, Habitualität und Virtualität der räumlichen Bewegung 97
3. Spuren der Zeit im Raum 101
4. Zersprengter Raum 105
5. Telepräsenz 108
6. Fremdorte und andere Räume 112
7. Gemeinorte und globaler Raum 115
8. Gastlichkeit 117
9. Coda: Topos – Atopie – Heterotopien 119

5. Zeitverdoppelung und Zeitverschiebung 127
1. Zwischen Mythos und Logos 128
2. Frage nach der Zeit 133
3. Zeitverdoppelung in der Rede und Zeitverkörperung . 137
4. Zeitverschiebung zwischen Pathos und Response 143
5. Zeitverschiebung und Reaktionszeit 148
6. Der entrückte Anfang im Roman und auf der Bühne . 150
7. Zeit der Sinne 154
8. Jenseits von Erinnerung und Erwartung 156
9. Rhythmen und Tempi 158
10. Zwischen Leere und Erfüllung 164
11. Coda: Anderswo enden 168

6. Die verändernde Kraft der Wiederholung 171
1. Wiederholungsexperiment 171
2. Sich wiederholende Erfahrung 172
3. Wiederholung als Rettung aus der Zeit 176
4. Altes und Neues im Widerstreit 178
5. Unwiederholbares in der Zeit 181

7. Die Wahrscheinlichkeit von Zukünftigem im Anschluß an Aristoteles 190
1. Handlungsperspektive 190
2. Die drohende Seeschlacht 192
3. Wahrscheinlichkeit und Häufigkeit 196
4. Zwischen Gewißheit und Ungewißheit 200
5. Rückzug auf praktische Gewißheit 202
6. Zwischen Entwurf und Erwartung 205
7. Unwahrscheinliche Zukunft 208

8. Kommen und Gehen in der Zeit im Anschluß an Merleau-Ponty 210
1. Frühe Dialektik der Zeit 211
2. Zeit als bloßes Nacheinander 213
3. Totalität der Zeit: Präsenzfeld 214
4. Riß der Zeit: Selbstaffektion 215
5. Bewegung der Zeit: Vor- und Rückläufigkeit 217
6. Wahrnehmung zwischen Vor- und Rückblick 221
7. Handeln zwischen Vorsatz und Vorschlag 224
8. Kommen und Gehen 226
9. Chiasmus der Zeit 230

Epilog: Verquickung von Ort, Raum und Zeit 236

Literatur 242
Namenregister 249
Sachregister 253

Vorwort

Die Rede von der Wiederkehr des Raumes legt den Gedanken nahe, der Raum sei etwas neu zu Entdeckendes. Dies mag für die Umorientierung in bestimmten Disziplinen und Praktiken zutreffen, und sicherlich betrifft es wichtige Aspekte des Raumes, die auf neue Verkehrs- und Nachrichtentechniken, auf eine zunehmende, sei es freiwillige oder erzwungene, Mobilität der Erdbewohner, auf eine Öffnung der Märkte, auf politische Zusammenschlüsse, auf ökologische Fernwirkungen oder auf künstlerische Raumexperimente zurückzuführen sind, aber auch auf verfeinerte Meß- und Beobachtungstechniken, auf das unaufhaltsame Vordringen in die Makroräume des Kosmos und in die Mikroräume der Materie und auf das Eindringen in den Körperraum mit neuartigen Verfahren der Bildgebung. Die Frage, wo sich jemand befindet und wo sich etwas abspielt, stellt sich neu, wenn die Umstände sich ändern. Doch bei all dem sollten wir nicht übersehen, daß Raum und Ort, was immer wir darunter verstehen, nicht nur einen unentbehrlichen Bestandteil unseres Alltagslebens bilden, sondern seit eh und je zu den Grundmotiven und Streitobjekten der Philosophie gehören. Auf dieses Fragepotential verzichten hieße, auf elementare Fragen verzichten zugunsten spezieller Fragevarianten. Was insbesondere die neuere Phänomenologie betrifft, so ist nicht zu übersehen, daß sich seit der Wende vom 19. zum 20. Jahrhundert eine höchst differenzierte Raumphänomenologie und eine ebensolche Zeitphänomenologie herausgebildet haben. Daß deren Potential keineswegs erschöpft ist, sollen die vorliegenden Untersuchungen zeigen. Die umstandslose Rede von einer alles beherrschenden *Wiederkehr des Raumes* oder einem *spatial turn* ist nicht unproblematisch. Werden Ort und Raum gegeneinander ausgespielt, so klingt dies vielfach nach einer Wiederbelebung alter Frontkämpfe wie denen zwischen Subjekt und Strukturen, die uns aus den siebziger und achtziger Jahren des vergangenen Jahrhunderts sattsam bekannt sind. Außerdem droht die Gefahr, daß neue Gräben aufgerissen werden, daß etwa der Raum als Widersacher der Zeit auftritt oder Geographie und Geopolitik als Ersatz für Historie herhalten müssen. Dazu passen apokalyptisch klingende Gegenparolen wie die einer

Auflösung des Raumes. Übertriebene Erwartungen pflegen in Enttäuschungen umzuschlagen. Doch nichts wäre abwegiger als solche Kehrtwendungen. Es gibt keinen Grund, den Raum gegen die Zeit auszuspielen, und man muß nicht der Zeit nehmen, was man dem Raum gibt.

Der Titel unserer Untersuchungen nimmt Bezug auf *Verschiebungen*, die Ort und Raum ebenso angehen wie die Zeit. Die Deplazierung, die jede Plazierung wie ein Schatten begleitet, ist nämlich selbst ein zeitlicher Prozeß, verwandt mit dem *Aufschub* oder dem *Verzug*, der das Jetzt zerdehnt, es gleichsam vor- oder nachdatiert. Die Verschiebung ist eine *zeiträumliche* oder *zeitörtliche* Kategorie par excellence, die sich nicht der klassischen Alternative von Nacheinander und Nebeneinander beugt. Das Anderswo trägt einen zeitlichen Index, so wie umgekehrt das Jetzt sich im Einst von sich selbst entfernt. Damit ist das Motiv benannt, von dem sich unsere Überlegungen leiten lassen. Es geht uns um eine bestimmte Zuspitzung der Problematik von Raum und Zeit, deren historische und kulturelle Vielfalt aus vielen Kompendien und Detailstudien bekannt ist, deren aktuelle Konturierung dagegen vieles offen läßt.

Vorliegende Schrift steht am Anfang einer auf drei Bände angelegten Reihe von Untersuchungen. Sie alle befassen sich mit der Organisation, der Ordnung oder der Konstitution der Erfahrung. Sie bewegen sich in einem Feld, das Kant mit seiner »transzendentalen Ästhetik« erschlossen hat, für das Husserl einen genuinen »Logos der ästhetischen Welt« in Betracht zieht, das Heidegger einer Hermeneutik des Daseins überantwortet und das Merleau-Ponty im Medium der leiblichen Erfahrung bearbeitet. Primär geht es dabei um eine Matrix, die alle Begriffsbildungen und Geltungsansprüche durchzieht und die – mit Kant zu reden – auf das »fruchtbare *Bathos* der Erfahrung« zurückgeht.[1] Dies bedeutet, daß nicht Kategorien im Sinne von Aussageweisen im Mittelpunkt stehen, sondern Sinnhorizonte, Affektionsmodi, Darstellungsweisen, Verlaufsformen, Felder, Perspektiven, Reliefs, Achsen, Dimensionen und Gefüge, die in einer Zwischensphäre von Praktiken, Techniken

1 Im Anhang seiner *Prolegomena* (A 204f.) wehrt Kant sich gegen den Vorwurf, er vertrete einen »höheren« Idealismus: »Beileibe nicht der *höhere*. Hohe Türme, und die ihnen ähnliche metaphysisch-große Männer, um welche gemeiniglich viel Wind ist, sind nicht vor mich. Mein Platz ist das fruchtbare *Bathos* der Erfahrung«, und etwas weiter: »...nur in der Erfahrung ist Wahrheit«.

und Medien ihre wechselnde Ausgestaltung erfahren. Die beiden Bände, die auf diese Raum- und Zeitstudien folgen sollen, werden sich mit dem Wechselspiel von Sinnen und Künsten sowie mit Erfahrungsüberschüssen des Unmöglichen, Unendlichen, Unsichtbaren und Unsagbaren befassen.

Die Analyse von Orts- und Zeitverschiebungen versetzt uns in das Gebiet einer vielfältig gebrochenen Erfahrung, deren Bruchstellen in den *Bruchlinien der Erfahrung* bereits ausgiebig erforscht wurden. Besagtes Werk liefert einen allgemeinen Grundriß, der eine Reihe spezieller Anschlußstellen erkennen läßt. Besonders bedeutsam für unsere Zwecke sind folgende Momente: (1) die Differenz von Eigenem und Fremdem unter den Aspekten von Ort und Raum (Heimwelt/Fremdwelt, Eigenort/Fremdort, Nähe/Ferne); (2) der Leibkörper als Umschlagstelle von Geist/Kultur und Natur, der in einer Art Ortsraum seine Entsprechung findet; (3) die Modalisierung der Erfahrung gemäß der Differenz von Wie und Was und deren Verkörperung in Raummedien, Raumtechniken und Raumpraktiken; (4) Ereignisse des Sichtbar- und Hörbarwerdens, die eine Bühne entstehen lassen (performatives Theater, Bühnenraum, öffentliches Forum etc.).

Von den folgenden Texten befaßt sich die erste Hälfte mit Fragen von Ort und Raum, die zweite mit Fragen der Zeit. Doch dies ist nur eine grobe Aufteilung. Es kommt immer wieder zu Überschneidungen, wie es in der Natur eines Junktims von Raum-Zeit oder Zeit-Raum liegt. Im übrigen werden immer wieder klassische Texte eingeblendet, in denen die Erfahrung von Raum und Zeit ihren wechselnden Ausdruck findet.

Nach einem *diagnostisch* angelegten Eingangskapitel, das die proklamierte Wiederkehr des Raumes sondiert, nähern wir uns dem Raumthema in verschiedenen Anläufen. Kapitel 2 hat einen *interrogativen* Zug, da es von der Wo-Frage ausgeht. Es kreist um eine Polarität von Ort und Raum und um eine entsprechende Form von Selbstverdoppelung, die jedem Dualismus von objektivem Raum und subjektivem Ort, von Raum als Realität und Raum als Konstrukt oder von realem und kulturellem Raum strikt zuwiderläuft. Der *deskriptive* Ansatz von Kapitel 3 geht aus vom leiblichen Wohnen in der Welt, um von daher verschiedene Dimensionen, Ausfaltungen und Skalen der Räumlichkeit zu skizzieren, die ihre jeweils besondere Valenz und Virulenz besitzen. Im Mittelpunkt des *dekonstruktiv* zugeschnittenen Kapitels 4 steht schließlich das Leitthema der *Ortsverschiebung*. Der anfängliche Spalt zwischen dem Ort, an dem wir uns befinden, und dem Raum, in den wir uns einordnen, zieht eine Serie von Rissen und Falten nach sich. Der Topos höhlt sich aus zu einer Atopie, zu einem Nicht-Ort, und die maßgebende Topik wird durch Heterotopien verfremdet.

In Kapitel 5 vollzieht sich der Übergang zu den Zeitanalysen. Die Ortsverschiebung findet ihr Pendant in einer *Zeitverschiebung*, die ähnlich wie erstere aus einer Verdoppelung erwächst. Exemplarisch dafür ist die Doppelheit von Redezeit und beredeter Zeit, die aber anderswo, etwa im Bereich der Sinne oder des Gedächtnisses, vergleichbare Züge annimmt. Das Grundgeschehen der Zeitigung fächert sich demgemäß auf in regionale Zeitigungsweisen. In Kapitel 6 und 7 schließen sich zwei Themen an, in denen die Gebrochenheit der Zeitordnung auf spezifische Weise hervortritt, nämlich die *Wiederholung*, die als Wiederholung des Unwiederholbaren die Wirkmacht der Zeit offenbart, und die *Wahrscheinlichkeit*, die unsere Zukunftserwartungen prägt, ohne daß sie uns die Risiken des Unerwartbaren erspart. Bei der Behandlung der Wiederholung nehmen wir Anstöße auf, die von Kierkegaard und Nietzsche ausgehen und die der Husserlschen Theorie der Sinnbildung eine radikale Wende geben. Bei der Behandlung der Wahrscheinlichkeit schließen wir uns an die aristotelische Handlungs- und Urteilslehre an, nicht ohne am Ende genau jene Stellen zu markieren, an denen die aristotelische Teleologie hinter der Wirkkraft der Zeit zurückbleibt. Kapitel 8 weist einen besonderen Charakter auf. Es führt uns mit seinem Doppelrhythmus von Kommen und Gehen auf die Bahnen der Zeitbewegung, die nirgends sonst ihresgleichen hat. Dabei verbinden sich Überlegungen des Autors mit denen von Merleau-Ponty. Diese Art von Engführung bietet mir am Ende die Gelegenheit, eigene Perspektiven an den Schriften eines zeitgenössischen Autors zu erproben, dem meine eigenen Bemühungen vieles verdanken. Die Untersuchungen klingen aus mit einer ausdrücklichen Besinnung auf den Zusammenhang von Ort, Raum und Zeit, der vielfach als Zeit-Raum bezeichnet wird.

Die Tatsache, daß es eine völlige Zeitgenossenschaft gar nicht gibt, weil die Zeitverschiebung jede Gleichzeitigkeit mit Momenten des Ungleichzeitigen, des Vor- und Nachzeitigen durchsetzt, schlägt auf die Behandlung dieses Themas zurück. Die Frage, mit wem man lebt und für wen man schreibt, läßt sich mit der Berufung auf kulturelle Konjunkturtabellen, auf den Einfluß von Denkströmungen oder auf die Zugehörigkeit zu bestimmten Generationen nur bedingt beantworten, ganz zu schweigen von zeiträumlichen Verschiebungen zwischen den Kulturen, die sich mehr und mehr bemerkbar machen. Am Ende begegnet uns ein Katarakt von Fragen. Alles in allem kommt es darauf an, die Zuspitzung der Problematik von Raum und Zeit mit der Vielfalt ihrer Aspekte zu verknüpfen. Daß dabei einiges nur exemplarisch, anderes nur skizzenhaft zum Zuge kommt, ist in Kauf zu nehmen.

Bei der Abfassung dieses Buches konnte ich mich auf eine Reihe bereits veröffentlichter Vorstudien stützen, die allerdings erheblich umgearbeitet und neu angeordnet wurden.[2] Ferner machte ich Gebrauch von zwei unveröffentlichten Vortragstexten: »Polarität von Ort und Raum«, Vortrag auf einer Oktober 2007 von der Deutschen Gesellschaft für phänomenologische Forschung unter Regie von Petra Gehring veranstalteten Tagung zum Thema »Räume und Orte«, sowie »Coming and Going of Time«, Vortrag auf einer September 2008 in Toronto abgehaltenen Konferenz des Internationalen Merleau-Ponty Circles zum Thema »Time, Memory, and the Self. Remembering Merleau-Ponty at 100«.

2 »Ortsverschiebungen. Zur Phänomenologie des Raumes im Anschluß an Merleau-Ponty«, in: T. Fecht und D. Kamper (Hg.), *Umzug ins Offene. Vier Versuche über den Raum*, Wien/New York 2000.
»Time Lag: Motifs for a Phenomenology of the Experience of Time«, in: *Research in Phenomenology* 30 (2000), S. 107-119. Deutsch: »Zeitverschiebung«, in: A. Kablitz, W. Oesterreicher, R. Warning (Hg.), *Zeit und Text*, München 2003 bzw. in gekürzter Fassung in: *dramaturgie*. Zeitschrift der Dramaturgischen Gesellschaft 2/2007.
»Leibliches Wohnen im Raum«, in: G. Schröder und H. Breuninger (Hg.), *Kulturtheorien der Gegenwart*, Frankfurt/New York 2001 bzw. in: *Der Architekt* 7-8 (2003), S. 54-63.
»Die verändernde Kraft der Wiederholung«, in: *Zeitschrift für Ästhetik und Kunstwissenschaft* 46/1 (2001), S. 5-17.
»Topographie der Lebenswelt«, in: St. Günzel (Hg.), *Topologie. Zur Raumbeschreibung in den Kultur- und Medienwissenschaften*, Bielefeld 2007.
»Bewegte Räume« und »Interieur und Exterieur«, in: *Szenographie in Ausstellungen und Museen* III: Raumerfahrung oder Erlebnispark Raum – Zeit/Zeit – Raum bzw. in: *Szenographie in Ausstellungen und Museen* IV (Hg. DASA), Essen 2007 bzw. 2008.

Der vorliegende Band erhielt seine letzte Form im Herbst 2008 während eines dreimonatigen Aufenthalts am Berliner Wissenschaftskolleg.

Berlin-Grunewald, Dezember 2008

1. Wiederkehr des Raumes?

Man spricht heute vielfach von einem *spatial*, *topographical* oder *geographical turn*. Wir tun gut daran, dahinter eine Reihe von Fragezeichen zu setzen. Was kehrt wieder, der Raum (*spatium*), der Ort (*topos*) oder die Erde, das Land als Erdboden, Erdkugel, Territorium? Inwieweit bedeutet dieses *turn* ein *return*, eine Wiederkehr? Wo spielt sich die Kehre ab? Unsere Vorüberlegungen nähern sich diesen Fragen auf dem Wege einer historischen Vororientierung, einer diagnostischen Sondierung des von vielen Disziplinen besetzten Geländes und einer kritischen Besinnung auf die Rolle der Phänomenologie. Die terminologische Frage, ob und wieweit wir jeweils von ›Ort‹ oder von ›Raum‹ sprechen sollten, lassen wir zunächst in der Schwebe; sie wird im nachfolgenden Kapitel ausführlich erörtert.

1. Topologische Paradigmen

Die Geschichte des Denkens ist kein Spielfeld für Rösselsprünge in beliebige Richtungen. Schon das wechselnde Vokabular zeigt, wie schwierig es ist, eine Begriffssprache zu finden, die den historischen Diskontinuitäten Rechnung trägt, ohne sich in kulturhistorischen Idiolekten zu verlieren. Für das westliche Denken von Ort und Raum lassen sich, grob betrachtet, drei große Etappen unterscheiden, die allen Binnendifferenzen zum Trotz unter einer jeweils eigenen Leitidee stehen.

Das klassische Denken kreist um den *Kosmos*, der als Gemeinort, als *topos koinos* oder *locus communis* fungiert.[1] Das kosmische Ortsgefüge umfaßt menschliche und tierische Lebewesen so gut wie Pflanzen, Steine, Gestirne und Elemente. Jedem Seienden ist sein eigentümlicher Ort, sein *topos idios* zugewiesen. Alles befindet sich in zielgerichteter Bewegung und strebt seinem natürlichen Ort zu. Der Stein sucht als schwerer Körper die Nähe des Erdmittelpunkts, das Feuer entweicht nach oben, die Pflanze wurzelt im Erdboden,

1 Ich denke hierbei in erster Linie an den Topos bei Aristoteles. Die platonische Chora gehört einer Seitenlinie an, die eigene Fragen aufwirft. Dasselbe gilt für den Raum in der vorplatonischen Philosophie und auch für den leeren Raum der Atomisten.

wendet sich dem Licht zu und so fort. Der Mensch zeichnet sich einzig dadurch aus, daß er um seinen Ort weiß und sein Ziel finden oder verfehlen kann. Im Rahmen dieser Onto-Topologie bilden sich spezifische Lebensorte heraus wie Polis, Oikos, Tempel, Agora, Forum, Theater oder Akademie. Selbst das Ethos verweist in seiner Grundbedeutung auf einen Aufenthalts- und Wohnort. Die klassische Bestimmung des *ordo* als *compositio rerum aptis et accommodatis locis* (Cicero, *De officiis*, I, 40), die ähnlich bei Augustinus wiederkehrt, nimmt geradewegs auf eine räumliche Anordnung Bezug; ähnliches gilt für den griechischen Begriff der *taxis*, der die Ordnung der Welt mit der Aufstellung des Heeres verbindet. In einer derart verfaßten Welt ist der Mensch buchstäblich zu Hause. Der Kosmos ist selbst eine Art Oikos. Was aus dieser ›Ökonomie‹ und ›Ökologie‹ herausfällt, erscheint als Wildnis, die von chaotischer Gesetzes- und Vernunftlosigkeit gezeichnet ist. Die antiken Ausdrücke für ›wild‹, nämlich ἄγριος (wörtlich: ländlich, auf dem Land lebend) und *silvestris* (davon *sa(u)vage*, wörtlich: waldig, im Walde lebend), machen deutlich, daß es sich hier um Grenzprozesse handelt, in deren Verlauf Kultur und Zivilisation sich ihres eigenen Bodens versichern (vgl. Münkler 2008).

Die neuzeitliche Entzauberung des Kosmos und seine Reduktion auf eine berechenbare und beherrschbare *Naturwelt* führt dazu, daß der Mensch hin und hergerissen wird zwischen einem Gefühl der Heimatlosigkeit angesichts der leeren Räume, die ihn umgeben, und angesichts der Abgründe, die sich zu seinen Füßen auftun, und der Entschlossenheit, sich selbst eine Grundlage zu schaffen und ein eigenes Haus zu bauen. Pascal hat diesen Sinneswandel mit seismographischer Akribie erfaßt und die daraus resultierenden Spannungen in seiner eigenen Person ausgetragen.[2] Unter dem Druck der mathematischen Physik und dem Sieg Galileis über Aristoteles zersetzt sich die qualitative Raumauffassung. Die Natur im modernen Sinne, die das kosmische Gefüge ersetzt durch berechenbare Wirkzusammenhänge und Kräftespiele, erzeugt eine neue Raumauffassung. An die Stelle des kosmischen und sozialen Topos tritt das leere Raumschema des *spatium* als einem Zwischenraum zwischen den Dingen. Es entsteht ein homogener und isotroper

2 Zu Descartes und Pascal als zwei Kontrastfiguren der frühen Neuzeit, die auch für das neue Raumdenken exemplarisch sind, verweise ich auf die beiden Eingangskapitel in meinem Buch *Idiome des Denkens* (2005).

Raum, in dem es weder bevorzugte Raumpunkte noch bevorzugte Raumrichtungen gibt. Dieser legt sich wie ein Gitternetz über die Dinge. Die Nähe und Ferne der Dinge wird ersetzt durch deren relativen Abstand zueinander (*distantia*), und die qualitative Größe und Kleinheit, die an unseren leiblichen Möglichkeiten Maß nimmt, weicht der puren Ausdehnung (*extensio*). Der skelettartige Raum, der sein kosmisches Fleisch verloren hat, nimmt die Form eines *leeren Behälters* an. Nichts von dem, was sich in diesem Raumbehälter befindet, ist an seinem Ort, und nichts teilt mit anderen Wesen einen gemeinsamen Ort; alles ist irgendwo, an einer beliebigen Stelle, vorangetrieben durch eine Bewegung, die sich – aller Zielstrebigkeit beraubt – als bloßer Ortswechsel darstellt. Qualitative Differenzen wie rechts und links, oben und unten, vorn und hinten verlieren ihren Sinn, wenn bevorzugte Orientierungszentren sich in bloße *Raumstellen* verwandeln. Selbst die Beschreibung einer meßbaren Bewegung als freier Fall stellt einen Anthropomorphismus dar. In Ermangelung von Situationen und Szenerien, in denen man sich selbst befindet, und in Ermangelung von Wegen, auf denen man sich einander nähert und von einander entfernt, ist der bloße Raum niemandes Raum; er ist buchstäblich unbewohnbar. Wer diesen Raum denkt, wohnt nicht in ihm. Was innerhalb eines objektiv gegebenen Raumes nach mechanischen Gesetzen abläuft, spaltet sich ab von der subjektiven Raumvorstellung eines denkenden, körperlosen Wesens. Der alte Holismus eines umgreifenden Weltalls weicht einem Dualismus von physischer Außenwelt und psychischer oder mentaler Innenwelt, von äußerem Raumsinn und innerem Zeitsinn. Problematisch daran ist nicht die Raumkonstruktion als solche, der wir immerhin die mathematische Physik verdanken, problematisch ist die Tatsache, »daß wir für wahres Sein nehmen, was eine Methode ist«, wie Husserl im Hinblick auf die zweideutigen Anfänge der Galileischen Physik bemerkt (Hua VI, 52). Nicht zu leugnen ist allerdings, daß diese moderne Raumauffassung ihre kulturhistorischen und auch theologischen Hintergründe hat, wenn man etwa an Newton denkt.[3]

3 Vgl. dazu die Monographie von Max Jammer zum *Problem des Raumes* (1960), in der die jüdisch-christliche Tradition, nicht zuletzt die Kabbala, ebenso berücksichtigt wird wie die Antike. Dieses Buch, das ein Physiker in Jerusalem geschrieben hat und das in den USA mit einem Vorwort von Albert Einstein herauskam, zeigt, wie wenig es die Raumproblematik mit einer Mode zu tun hat.

Nicht zu leugnen ist ferner, daß es neben der Theorie des Raumes, wie sie in der mathematischen Physik entwickelt wurde, stets auch eine architektonisch und institutionell gestützte Praxis und Politik des Raumes gab und daß die Raumwahrnehmung wie vieles andere in der Ästhetik einen Unterschlupf fand. Dies ändert nichts an der beherrschenden Stellung des euklidischen Raummodells in allem, was zur Natur gehört.

Umgekehrt rächt sich der Geist an dem Raum, aus dem er sich verbannt sieht, durch eine Hierarchisierung von Zeit und Raum. Das höhere Prestige der Zeit, das ältere, auch theologische Wurzeln hat, läßt sich aus verschiedenen Motiven erklären, von denen drei sich bis heute als besonders durchschlagkräftig erweisen. (1) Die Zeit scheint der *Innerlichkeit* des Geistes, der Seele, des Bewußtseins oder des Erlebens näherzustehen als der Raum. Schon bei Augustinus läßt sich die Zerstreuung in der Zeit (*distentio*) in eine Sammlung (*collectio*) überführen bis hin zu dem sprichwörtlichen Nu eines Augenblicks, der alles, was ist, was war und sein wird, blitzartig in sich zusammenzieht. Diesem Ineinander von allem und jedem hinkt das pure Auseinander des Raumes hoffnungslos hinterher. Das cartesische Cogito wahrt noch einen Zipfel der Zeit, da es nur Bestand hat, solange (*quamdiu*) wir denken, doch einen eigenen Ort hat es nicht. Bei Kant liegt die Zeit als Anschauungsform des inneren Sinnes dem Raum als der des äußeren Sinnes zugrunde, was allerdings eine gewisse Interdependenz von Zeit- und Raumvorstellung nicht ausschließt; denn es gibt »nur eine einzige Erfahrung, [...] die nicht einmal innerlich stattfinden würde, wenn sie nicht (zum Teil) zugleich äußerlich wäre« (KrV B XLI).[4] Bei Bergson widersetzt sich die reine Dauer des Erlebens der Verräumlichung der Zeit durch lineare Zeitvorstellungen. Diese Reihe ließe sich mit weiteren Spielarten eines »Temporozentrismus« fortsetzen (vgl. Casey 1997). (2) Die Vorrangstellung der Zeit erklärt sich weiterhin damit, daß sie mit dem *geschichtlichen Fortschritt* im Bunde steht und somit eine Dynamik entfacht, die deutlich von der raumverhafteten Statik archaischer oder traditioneller Kulturen absticht. (3) Der Auftrieb der Zeit wird verstärkt durch die erwähnte *Entäußerung* und *Entleerung* des Raumes in der neuzeitlichen

4 Vgl. hierzu im einzelnen Karen Gloy, *Philosophiegeschichte der Zeit* (2008), S. 145-157.

Physik. Die Äußerlichkeit wird durch eine verstärkte Innerlichkeit kompensiert. Je äußerlicher die Dinge im Raum, um so innerlicher sind Seele und Geist. Es wäre nicht ganz abwegig, auf weite Strekken hin vom Raum als von einem Widersacher der Zeit zu reden.

Doch um die Wende vom 19. zum 20. Jahrhundert bahnt sich ein Umdenken an, an dem die physikalische Feldlehre, die mathematische Topologie und die biologische Umweltlehre ebenso beteiligt sind wie die Milieutheorien der Human- und Sozialwissenschaften, die kulturgeschichtliche Forschung und die zu neuem Selbstbewußtsein erwachende Architektur. Die Phänomenologie des Raumes, die bei all ihren Vertretern von Anfang an eng mit einer Phänomenologie der Zeit verflochten ist, hat an diesem Umdenken besonderen Anteil. Sie kehrt mit aller Entschlossenheit zur Raum- und Zeiterfahrung zurück, ohne sich mit Raum- und Zeitkonstrukten zu begnügen. Ihren Angelpunkt findet sie in einer Welt, die als *Lebenswelt* von leiblichen Wesen bewohnt ist; diese finden in ihr Ziele, Wege, Hindernisse und Aufenthaltsorte, an deren Konstitution sie selbst beteiligt sind, sie kommen nicht bloß in ihr vor wie in einem großen Container.

2. Rückkehr zum gelebten Raum

Husserl ist nicht der einzige Philosoph, der einem neuen Raumdenken zum Durchbruch verholfen hat, doch darf man behaupten, daß er dies auf breitester Basis unternommen hat. Längst bevor er seine umfassende Konzeption der Lebenswelt entwickelte, beschäftigte er sich in ausführlichen Analysen nicht nur mit der Zeit, sondern auch mit dem Raum, insbesondere mit dem Verhältnis von Ding, Leib und Raum.[5] Den Ausgangspunkt bildet das leibliche Ich, das sich durch seine eigenen Bewegungen eine Welt erschließt. Das situative Hier und Jetzt fungiert als Nullpunkt, von

5 Bereits 1907, unmittelbar nach seinen später von Heidegger herausgegebenen Zeitvorlesungen, hielt er eine Vorlesung zum Thema *Ding und Raum* (Hua XVI); aber auch im zweiten Buch der *Ideen* (Hua IV), mit dessen Ausarbeitung er 1912 begonnen hat, sowie in entsprechenden Passagen seiner *Phänomenologie der Intersubjektivität* (Hua XIII-XV) befaßt er sich intensiv mit dem Zusammenhang von Leib, Ding und Raum (vgl. Claesges 1964, Ströker 1965 und neuerdings Casey 1997, Kap. 10).

dem verschiedene Raumachsen ausgehen mit ihren Skalen von oben und unten, von vorn und hinten, von rechts und links. Der Orientierungspunkt findet seinen sprachlichen Ausdruck in der Origo eines Zeigfeldes, das sich laut Karl Bühler zu einem Hier-Jetzt-Ich-System anordnet. Der Spielraum der Bewegung, der im Hier und Jetzt entspringt, läßt als hodologischer Raum, wie es in der topologischen Psychologie von Kurt Lewin heißt, ein Netz von Wegen entstehen; der wechselnden Reichweite entspricht die Staffelung in Nah- und Fernräume. Die Selbstabgrenzung des Leibes, dem in der Haut eine eigentümliche Grenz- und Berührungsfläche zuwächst, führt zur Scheidung von Binnen- und Außenraum, von Drinnen und Draußen. Aufgrund der wechselnden Zugänglichkeit der Lebenswelt und der wechselnden Zugehörigkeit zu ihr sondert sich die Lebenswelt in »Heimwelt« und »Fremdwelt«. Beide sind gleichursprünglich, da Eigenheit nur im Kontrast zur Fremdheit hervortritt. Von dort her ergeben sich Ansatzpunkte für eine ethnologische Erforschung der Lebenswelt.[6] Der Lebenswelt entspricht in all ihrer Vielgestaltigkeit ein *gelebter Raum*, aber auch eine *gelebte Zeit*, wie der Psychopathologe Eugène Minkowski es nennt.[7] Die Wiederentdeckung des gelebten Raumes geht Hand in Hand mit einer Aufwertung der Sinne und einer Neubewertung praktischen Verhaltens, die sich in den verschiedensten Lebensbereichen auswirkt. Der »Logos der ästhetischen Welt«, den Husserl einfordert (Hua XVII, 297) und der im »Logos der praktischen Welt« (Wal-

6 Vgl. dazu vom Verf. »Verschränkung von Heimwelt und Fremdwelt« in: *Topographie des Fremden* (1997). Die zunächst und zumeist recht zögernde Annäherung von Philosophie und Ethnologie, von Fremdheitsphilosophie und Fremdheitswissenschaft behandelt die große Untersuchung von Iris Därmann: *Fremde Monde der Vernunft* (2005); der Titel spielt auf eine diesbezügliche Bemerkung von Marcel Mauss an.

7 Vgl. Eugène Minkowski, *Le temps vécu* (1968, dt. 1971-72). In diesen phänomenologisch-psychopathologischen Untersuchungen findet der gelebte Raum eine ebenso gründliche Behandlung wie die gelebte Zeit. Die von Bergson angeregte Wortwahl, der sich auch Elisabeth Ströker (1965, S. 18) anschließt, bietet den Vorteil, daß sie der Reduktion von Raum und Zeit auf ein vorgängiges Raum- bzw. Zeitbewußtsein einen Riegel vorschiebt, ohne in die Vagheiten eines vielfach recht diffusen und nostalgischen Raumerlebens abzugleiten. Völlig abwegig wäre es, dem »gelebten Raum« einen »strukturierten und strukturierenden Raum« entgegenzusetzen, als mangle es der Phänomenologie des Raumes an der nötigen »Arbeit der Begriffsbildung«, die erst eine Raumsoziologie zu erbringen hätte (so Martina Löw, 2001, S. 20).

denfels 1990, Kap. 6) seine Ergänzung findet, entpuppt sich ebensosehr als ein *Logos der topischen Welt.*

Diese Zusammenhänge sind seit langem bekannt. Man denke an die phänomenologischen Analysen von Husserl, Heidegger, Plessner, Merleau-Ponty und Sartre, an die mathematisch erweiterten Raumstudien von Oskar Becker, an die kulturelle Symbolik des Raumes bei Ernst Cassirer, an die human- und sozialwissenschaftlichen Untersuchungen von Eugène Minkowski, Erwin Straus und Kurt Lewin, an Gaston Bachelards Poetik des Raumes mit ihrer eigentümlichen »Topophilie« oder an Karl Bühlers Sprachfeldtheorie. Für Phänomenologen bedeutet dies, daß man mit dem Ruf nach einem *spatial turn* offene Türen einrennt. Der Raum gehört, ebenso wie die Zeit, von Anfang an zu den Grundthemen der Phänomenologie, und die Grenzen zu neueren Raumphilosophien wie denen von Michel de Certeau, Gilles Deleuze, Vilém Flusser, Michel Foucault, Michel Serres oder Paul Virilio sind fließend. Wenn sich hier die Geister scheiden, so betrifft dies einzig die Radikalität, mit der man die Räumlichkeit bedenkt, und die Aufgeschlossenheit für neue Raumformen und Raumprobleme.

3. Raumkonzepte und Raumpraktiken

Wenn von einer Wiederkehr des Raumes oder einer räumlichen Wende gesprochen werden kann, so gilt dies für eine Vielzahl von Einzeldisziplinen und für eine Reihe neuartiger Praktiken, Techniken und Medien, die hinzutreten, oft auch vorangehen. Selbst wenn vieles nur neu aktualisiert und akzentuiert wird, was schon in der Luft lag, so gibt es zweifellos eine Fülle von Anzeichen, die auf ein erhöhtes Rauminteresse hindeuten. Die einseitige Hierarchisierung von Zeit und Raum, die entsprechende Spaltung von Geist und Natur, aber auch die Naturalisierung des Raumes weichen einem komplizierten Geflecht, an dem der Raum in Form von Umwelt, Ort, Platz oder Region beteiligt ist. Einige Indizien, die für eine solche Umorientierung sprechen, seien ausdrücklich genannt.

In der Soziologie und der Biologie haben sich seit langem Begriffe wie Umwelt und Milieu eingebürgert, die von der Umgebung eines Lebewesens oder einer Menschengruppe ausgehen. – In der neueren Physik findet sich ein Feldbegriff, der das Schema des leeren Raumes durch raumbildende Strukturen und Raumlagen ersetzt. Relativitäts- und Quantentheorie haben ein übriges getan, den Standort des Beobachters bzw. den Eingriff des Meßvorgangs in die Raumkonzeption einzubeziehen. Der Doppelbegriff eines Zeit-Raumes unterbindet jede Über- und Unterordnung. – Die linguistische Verankerung sprachlicher Symbole in einem Zeigfeld – so ausdrücklich bei Karl Bühler, aber auch bei Wittgenstein – öffnet ebenso wie die rhetorische Topik Wege zu einem genuinen Ort des Sprechens. Die Berücksichtigung der sprachlichen Performanz verweist ebenfalls auf eine Gesprächsbühne als auf einen öffentlichen Platz. Sie trägt dazu bei, daß auch die Theaterbühne aus den Schatten eines einseitig textuell verfaßten Handlungstheaters heraustritt und in Form eines »postdramatischen Theaters« neue Zeit-Räume entstehen läßt. – Die Gedächtnisorte, die in jüngeren Geschichtsforschungen eine besondere Rolle spielen, geben dem Ort eine neue Bedeutung, nicht in Gestalt einer Verräumlichung der Zeit, die der bloßen schematisierenden Darstellung dient, sondern in Form einer Einzeichnung zeitlicher Vorgänge in den Raum, und dies in Form von Spuren, die im Gedächtnis nachwirken. »Im Raume lesen wir die Zeit«, so lautet der Buchttitel des Historikers Karl Schlögel.[8] Lang andauernde Prozesse schlagen sich nieder in einer Geschichtslandschaft wie dem Mittelmeerraum, dem F. Braudel seine große Monographie gewidmet hat, oder in den »steinernen Chroniken« der Städte, die Schlögel in Porträts von Sankt Petersburg, Moskau oder Berlin durchforscht hat. Die Anlage von architekturhistorischen Pfaden trägt ebenfalls dazu bei, eine alte Industrielandschaft wie das Ruhrgebiet neu zu entdecken und verachtete Gegenden wie die bloße »Umgebung von Gelsenkirchen« einer gewissen kulturel-

8 Der Autor der 2003 unter diesem Titel erschienenen Untersuchung bezieht sich mit seinem Titel auf den biologisch und soziologisch geschulten Anthropologen Friedrich Ratzel, der zusammen mit einigen anderen Vorläufern aus dem 19. Jahrhundert die Weichen für eine politische Geographie gestellt, aber auch einer »Ideologisierung« des Raumes und einer entsprechenden Geopolitik Vorschub geleistet hat (S. 55). Er selbst ist weit davon entfernt, auf einer Modewelle zu schwimmen: »*Turns* sind Moden und etwas für Epigonen, An einem *turn* beteiligen kann sich ein/e jede/r, wenn er einmal vollzogen ist« (S. 502). Untertitel wie »Kartenlesen« und »Augenarbeit« deuten an, wie sehr es um die Hinwendung zu einer geographisch durchtränkten Erfahrung geht und nicht bloß um neue Konstrukte und Systeme. Zu den gegenwärtigen Raumdebatten innerhalb der Kulturgeographie vgl. die Ausführungen von Julia Lossau in: Günzel 2007.

len Urvergessenheit zu entreißen. Die Spuren der Industrialisierung erinnern auf besonders intensive Weise an den engen, technisch vermittelten Zusammenhang von Kultur- und Naturgeschichte. Auch in Gesteinsschichten, Gesteinsablagerungen und Abbauphasen »lesen wir die Zeit«. – Kulturanthropologie und Ethnologie, die mit einer Gleichzeitigkeit und nicht bloß mit einer Abfolge von Kulturen rechnen, führen dazu, daß die topologischen Gesichtspunkte der Geographie gegenüber den chronologischen Gesichtspunkten der Historie an Gewicht zurückgewinnen. – Der zunehmenden Bedeutung der Geographie und generell der Geowissenschaften entspricht ein neueres Interesse an einer Geopolitik. Zwar tönen uns ideologische Parolen wie die eines »Volkes ohne Raum« noch in den Ohren, und zwar ist weiterhin vor einer Re-archaisierung der Lebenswelt und einer Re-mythisierung der Geschichte zu warnen, doch solche Auswüchse sind nicht generell dem Erdboden und oder dem Erdraum anzulasten. Die bedenkenswerte Tatsache, daß im Bildungsbewußtsein unserer westlichen Kultur, spätestens mit dem 19. Jahrhundert, der historische Sinn den geographischen Sinn weithin in den Schatten gestellt hat, läßt sich so nicht erklären. Heute ruft die Kommunikationstechnik, die einer vielberufenen, aber noch längst nicht hinreichend geklärten Globalisierung zum Zuge verhilft, die Frage nach einer weltumspannenden Räumlichkeit wach, selbst und gerade wenn diese in der Ubiquität des Internet und in Datenbänken zu verschwinden droht. – Schließlich wäre auf eine Kunstpraxis hinzuweisen, die sich schon längst von der künstlichen Schematik eines bloßen Anschauungsraumes gelöst hat und in Assemblagen, Installationen, Skulpturenparks oder in der *land art* mannigfache Formen einer Raumkunst entwickelt. Das hierbei entstehende Ambiente macht an den einstmals als nahezu sakrosankt geltenden ästhetischen Grenzen nicht halt, sondern bezieht diese in ihr Spiel ein. Die Architektur, die seit August Schmarsow, also erst im ausgehenden 19. Jahrhundert, für sich den Rang einer Raumkunst in Anspruch nimmt, gewinnt damit neue Verbündete, die einer Spaltung in Kunstbau und Zweckbau entgegenwirken. – Die Reihe der Hinweise ließe sich fortsetzen, es gibt die Topologie in der Mathematik, die Topiken der Psychoanalyse sowie Gedächtnisareale und Lokalisationsdebatten in der Hirnforschung.[9]

9 Vieles von alledem kommt in dem interdisziplinär angelegten Band *Topologie*

Die Verschiedenartigkeit der Problemfelder läßt sich schwerlich vereinheitlichen durch Einordnung in eine vag umrissene Raumwissenschaft, die als Einheitswissenschaft aufgeboten würde, sie läßt sich aber ebensowenig den Imperativen neuer Leitwissenschaften unterwerfen. Trotzdem stellt sich die Frage, ob es nicht Faktoren gibt, die geeignet sind, auf die Dauer das von Foucault prophezeite Zeitalter des Raumes herbeizuführen. Aus unserer Überschau läßt sich eine Reihe heuristischer Gesichtspunkte gewinnen, von denen einige noch einmal ausdrücklich benannt seien. (1) Die traditionelle Hierarchie und Dichotomie von innerer Zeit und äußerem Raum gerät ins Wanken. (2) Eine historische Gesamtperspektive, die zwischen dynamisch fortschreitenden und stagnierend zurückgebliebenen Kulturen zu unterscheiden erlaubte, ist im Schwinden begriffen; Interkulturalität, die nicht mehr von einer Leitkultur beherrscht wird, verleiht der Geographie ein größeres Gewicht. (3) Das Schema eines homogenen, leeren Raumes, der durch Dinge gefüllt wird wie ein Behälter, ist innerhalb der Physik einer dynamischen Räumlichkeit gewichen, die sich als Raum-Zeit-Kontinuum darstellt (siehe Feldkräfte, Phasenraum, System/Umwelt, Ortsabhängigkeit der Messung usf.). (4) Prozesse der Globalisierung werfen neue Fragen einer technologisch und ökonomisch verfaßten Geopolitik auf.

Die Philosophie steht vor der Aufgabe, auf neue Herausforderungen zu antworten, ohne sich ihre eigenen Fragen aus dem Mund nehmen zu lassen. Der immense Ansturm von Raumstudien und Raumpraktiken verlockt zu suggestiven Parolen. Wenn sorglos »Plastikwörter« (Pörksen 1988) wie *Effekt* von Medien, soziales *Konstrukt* oder kulturelles *Erzeugnis* verwendet werden, die eine Aufhellung räumlicher Phänomene nur vortäuschen, wenn alte Gegensätze aufgewärmt werden und beispielsweise eine kulturelle, humane Raumordnung gegen die Gesetze einer physischen Geographie ausgespielt wird, oder wenn die phänomenal gebotene Differenz zwischen räumlicher Zentrierung und Relationierung zu einem sachlichen Gegensatz hochgesteigert wird, dann bedarf es einer phänomenologischen Unnachgiebigkeit, die

(2007) zur Sprache, den Stephan Günzel herausgegeben hat. Der Bogen spannt sich von Philosophie, Historie, Geographie und Urbanistik über Kunst, Literatur und Medien, Soziologie, Psychologie und Psychoanalyse bis zur mathematischen Topologie.

den Ansprüchen der Sache entspringt und nicht irgendwelchen Vorlieben.[10]

4. Regionale oder fundamentale Räumlichkeit?

Für eine Phänomenologie, die sich nicht nur beiläufig mit Ort und Raum beschäftigt, stellt sich vorweg die Frage: Sind Ort und Raum fundamentale oder regionale Phänomene? *Regional* hieße: Es gibt einen kulturellen, natürlichen, biologischen, physikalischen Raum, einen mathematischen Raum, einen Sprachraum, einen Rechtsraum und anderes mehr. *Fundamental* hieße: Ort und Örtlichkeit, Raum und Räumlichkeit dringen in alle Grundinstanzen ein; sie prägen Vernunft, Ordnung, Sinn, Regel, ferner das Selbst, das Subjekt und den Bezug zu den Anderen, die Intersubjektivität. Anders gesagt, sie gehören zur Grundverfassung der leiblichen Existenz.[11] Die Möglichkeit, daß dieser Grund selbst seine Abgründigkeit hat, gehört zu den Fragen, die uns beschäftigen werden. Hier geht es einzig darum, daß Erfahrung, Selbsterfahrung und Fremderfahrung nicht von der Raumerfahrung zu trennen sind. Eine solche Fundamentalität versteht sich nicht von selbst. Der Raum ist nicht fundamental, sondern etwas Abkünftiges, wenn er einseitig durch Bewußtsein, Subjekt oder Sprache konstituiert wird und wenn Instanzen wie das Verstehen von Sinn, die Geltung von Regeln, die Wahl von Handlungszielen, die Bevorzugung von Werten oder die Kalkulation der Mittel im Vordergrund stehen, wie es in geläufigen Ansätzen einer Hermeneutik, Sprachanalytik, Diskursethik, Werteethik oder Nützlichkeitsethik offensichtlich der Fall ist. Der Raum spielt dagegen eine fundamentale Rolle, wenn es so ist, daß Leiblichkeit und Zwischenleiblichkeit die gesamte Erfahrung

10 Ich verweise auf den von Jörg Dünne und Stephan Günzel in Zusammenarbeit mit Herrmann Doetsch und Roger Lüdeke herausgegebenen Band *Raumtheorie* mit Grundlagentexten aus Philosophie und Kulturwissenschaften (2006). Dieser Band bietet eine Fülle neuerer und älterer Materialien zu unserem Thema, in den Kommentaren wimmelt es aber auch von verbalen und konzeptuellen Patentlösungen der erwähnten Art.

11 Vgl. dazu die Fundamentalanalyse des Bewußtseins bei Husserl, die des Daseins bei Heidegger.

durchdringen und aller Sinn- und Selbstbildung einen räumlichen Akzent verleihen.

Die Phänomenologie beerbt verschiedene Traditionen. Die klassische Lehre vom Kosmos als dem Ort aller Orte taucht in der Lebenswelt und im In-der-Welt-sein wieder auf. Der Raum als Ordnungsform, als Anschauungsform, als Handlungsform etc. spielt in Konzepten wie Feld, Perspektivik und Horizont eine unersetzliche Rolle. Der vermessene Raum der Natur verweist auf Prozesse der Homogenisierung, Formalisierung und Naturalisierung, in denen die Erfahrung sich selbst eine standardisierte Form gibt. Das Cogito findet seinen Niederschlag in der Okkasionalität des schon erwähnten Hier-Jetzt-Ich-Systems. Die entscheidende Frage lautet dann: Wie hängt dies alles zusammen? Wie sind die Gewichte verteilt? Der Raum ist niemals schlicht gegeben; selbst wenn er etwas Fundamentales hat, muß er, mit Heidegger zu reden, freigelegt werden. Die Phänomenalisierung des Raumes führt uns auf die Bahnen einer Problematisierung des Raumes.

5. Zweideutigkeiten und Paradoxien der Lebenswelt

Diese Problematisierung drängt sich auf, wenn wir Husserls Rückkehr zur Lebenswelt genealogisch entziffern als Frage nach der Genesis unserer Welt. Es geht uns dabei um eine Wiederkehr des Raumes, die sich im Medium der Lebenswelt vollzieht. Doch seien wir vorsichtig. Hat nicht jede Wiederkehr etwas Zweideutiges? Sie verführt dazu, sich an Unwiederbringliches zu klammern oder sich auf bloßes Flickwerk einzulassen. Was die Lebenswelt angeht, so verleitet ihre Wiederkehr dazu, sie kompensatorisch als wiedergefundene Ganzheit zu feiern, als eine Ganzheit, in der alles und jedes wie von alters her seinen rechten Ort hat und in der die Fülle des Lebens aufquillt und überquillt. Es ist nicht zu leugnen, die Rehabilitierung der Lebenswelt hat einen lebensphilosophischen Überhang, der nicht selten mit einem wissenschafts- und technikfeindlichen Affekt verbunden ist.[12] Doch wenn sich etwas einer

12 Erwähnt sei hier der zeitkritische Parforceritt von Ferdinand Fellmann: *Gelebte Philosophie in Deutschland* (1983), der zu Recht Gestalten wie Rudolf Eucken oder Ludwig Klages einbezieht, allerdings im Falle Husserls beträchtlich über das Ziel hinausschießt.

solch nostalgischen Rückorientierung widersetzt, so sind es auch hier die Sachen selbst, die Husserl trotz gewisser Zweideutigkeiten nicht loslassen.

Die Kontingenz des Hier und Jetzt, die infolge wechselnder Grenzziehungen und kulturhistorisch divergierender Raumordnungen hinter jeder Wo-Frage lauert und die in Situationen der Verunsicherung immer wieder neu aufbricht, läßt sich nicht in eine feste Ordnung überführen. Husserl, der seine *Krisis*-Schrift in einer Zeit verfaßte, die zur Idyllisierung der Lebenswelt wenig Anlaß bot, war sich dessen wohl bewußt.[13] Für ihn ist die Lebenswelt zwar mehr als alles, was der Fall ist, doch er begreift sie nicht ontologisch als *omnitudo realitatis*, vielmehr bestimmt er sie funktional *als Boden*, von dem all unsere Erfahrungen, Erwartungen und Entwürfe ausgehen, und *als Horizont*, auf den sie zugehen, und semantisch-semiotisch bestimmt er sie als einen offenen Bedeutungszusammenhang. Bei Heidegger wird daraus ein Verweisungszusammenhang, in dem sich die Besorgtheit unseres Daseins abzeichnet. Die Welt ist nicht, sie bildet sich. Auf dem Hintergrund dieses beweglichen Weltganzen erhalten alle Sinn- und Selbstbildungen einen topologischen Aspekt. Dies gilt bereits für Nietzsches Lehre von den Lebenshorizonten und von der Perspektivität des Daseins. Wie schon bei Nietzsche, so nimmt die Perspektivierung der Erfahrung auch bei Husserl kosmologische Züge an. Ohne die Bodenfunktion, die sie als Erdboden auszeichnet, wäre die Erde nicht unser Planet, sie wäre ein Himmelskörper unter vielen anderen – was sie gewiß auch ist, aber eben nicht nur. In einem Text, in dem die heutigen Abenteuer der Raumfahrt vorweggenommen sind, weist Husserl darauf hin, daß selbst Flugreisen von der Erde als der »Urstätte« all unserer Bewegungen ausgehen. Bei Raumflügen kehren, wenn nicht die Beobachter selbst, so doch die Beobachtungsdaten auf unsere Erde zurück. Darin hat der Raumfahrer dem Vogel, diesem Urwesen allen Fliegens, nichts voraus. »Der Vogel geht von der Erde, auf der er nicht-fliegende Erfahrungen hat wie wir, aus, fliegt auf und kehrt

13 Die *Krisis der europäischen Wissenschaften*, deren Abfassung auf Wiener und Prager Vorträge von 1935 zurückgeht und von der 1936 noch ein Fragment in Belgrad erscheinen konnte, gehört zu den Abgesängen der Weimarer Zeit, und wir tun gut daran, diese zeitgenössischen Zusammenhänge im Blick zu behalten, nachdem die Popularität des Lebensweltbegriffs inzwischen zu seiner unvermeidlichen Verwässerung beigetragen hat.

wieder zurück: zurückgekehrt hat er wieder die Erscheinungsweisen der Ruhe und Bewegung wie ich Erdgebundener [...].«[14] Unter deutlicher Aufwertung des Geographischen oder des Geo-logischen spricht Merleau-Ponty in seiner späten Schrift *Das Sichtbare und das Unsichtbare* (frz. S. 312, dt. S. 326) von einer »transzendentalen Geologie«. Dies besagt nicht nur, daß die Raum- und Erdorientierung an der Weltbildung maßgebend beteiligt ist, sondern daß Zeit- und Raumstiftung ineinander greifen. Es geschieht eine »gleichzeitige Urstiftung von Zeit und Raum, die bewirkt, daß es eine historische Landschaft und eine quasi-geographische Inschrift der Geschichte gibt«. Doch bei aller Fruchtbarkeit, die Husserls Konzeption der Lebenswelt auszeichnet, ist nicht zu leugnen, daß sie unter einem doppelten Geburtsfehler leidet. Dieser trifft sowohl das Ich, das sich in der Welt befindet, wie die Welt, in der es sich befindet. Der Ausgang vom Ich – ein Erbe Descartes' – hat mit den Fesseln eines Egozentrismus zu kämpfen, und der Ausgriff auf eine einzige Vernunftwelt – ein Erbe Hegels – führt immer wieder zurück auf die Bahnen einer Geschichtsteleologie, die der Kontingenz und Heterogenität jeglicher Ordnung letzten Endes zuwiderläuft und sich dabei in einem Eurozentrismus verfängt.

Doch in der Konzeption der Lebenswelt steckt eine Grundparadoxie, die von Husserl ausdrücklich hervorgehoben wird, selbst wenn er sie durch den Rückgang auf ein transzendentales Ur-Ich zu entschärfen sucht. In § 53 der *Krisis* ist die Rede von einer Paradoxie der menschlichen Subjektivität, die darin besteht, daß das *Subjekt für die Welt* zugleich *Objekt in der Welt* ist. Husserl sieht einen Widersinn darin, daß die Menschheit als ein Teilbestand der Welt das Weltganze konstituiert. »Der Subjektbestand der Welt verschlingt sozusagen die gesamte Welt und damit sich selbst.« Das Rätsel liegt in dem fraglichen Zugleich von Subjekt und Objekt. Eine Topologie, die sich an den Vorgegebenheiten der Lebenswelt ausrichtet, verrät uns, daß wir es hier nicht mit einem gedachten oder sprach-

14 »Grundlegende Untersuchungen zum phänomenologischen Ursprung der Räumlichkeit der Natur« (1940), S. 316. Der Text, der von 1934 stammt und gewöhnlich unter dem Titel »Umsturz der kopernikanischen Lehre« zitiert wird (Wiederabdruck in Dünne/Günzel 2006, S. 153-164), hat nicht nur bei Merleau-Ponty (1964, S. 312, dt. S. 325), sondern auch in Paul Virilios Dromologie (1996, S. 38) und in Jean Laplanches Kopernikanisierung der Psychoanalyse (1996, S. 13) Beachtung gefunden.

lich erzeugten, sondern einem *gelebten Paradox* zu tun haben. Das Paradox steckt in der Sache selbst und nicht in einer unzulänglichen Betrachtungsweise. Der traditionelle Gegensatz von objektivem Raumbestand und subjektiver Raumvorstellung schwindet, wenn wir von einem Hier ausgehen, das weder innerhalb noch außerhalb des Raumes anzusiedeln ist. Der Raumbetrachter, der leiblich in der Welt verankert ist, ist kein »Überschauer der Welt« (Hua VI, 331), kein Kosmotheoros, wie es später bei Merleau-Ponty heißt (1964, frz. u. dt. S. 32 u. ö.), er gehört selbst dem Raum an, den er betrachtet. Würde er ihm jedoch schlechterdings angehören, so wäre das Hier ein bloßer Teilort innerhalb des Gesamtortes; in Ermangelung der nötigen Distanz und einer bestimmenden Differenz wäre das Ganze nicht mehr *als Ganzes* faßbar und sagbar. Die Rede *vom Ganzen* wird totalitär, sobald sie sich als *Rede* vom Ganzen verleugnet. Das logische Paradox der Menge aller Mengen findet also sein topologisches Pendant im Raum aller Räume. Einer Topographie der Lebenswelt stellt sich die Aufgabe zu zeigen, wie Zugehörigkeit und Distanz, Nähe und Ferne sich zueinander fügen, ohne daß eines dem anderen den Boden entzieht.

Im folgenden werden uns immer wieder solche Raum- oder Ortsaspekte begegnen, die nicht zuletzt aufgrund ihres paradoxalen Charakters für eine genuine Topophänomenologie von besonderer Bedeutung sind. Die Paradoxien entspringen einer Selbstbezüglichkeit, die immer dann hervortritt, wenn die Annahme eines Ersten, eines Letzten oder eines Ganzen sich gegen sich selbst kehrt. Der cartesianische Dualismus schwindet nicht völlig, er wandert nach innen in Form von Rissen und Spalten, die sich einer Totalisierung widersetzen. Unsere Erfahrung ist durchzogen von Bruchlinien. Dies gilt auch für die Raumstrukturen und für die Prozesse der Verräumlichung, auf die es uns hier ankommt. Bei der Ausgestaltung dieser Phänomenologie des Raumes sind für mich zwei Grundmotive von durchschlagender Bedeutung, nämlich die Leiberfahrung und die Fremderfahrung, deren Zusammenspiel der Erfahrung eine besondere Radikalität verleiht. Leiblichkeit ist nicht zu denken ohne die Materialität des Körpers, und sie ist ebensowenig zu denken ohne eine gewisse Ferne des Leibes. Was die Fremdheit angeht, so ist sie nur zu denken als leibhafte Abwesenheit. Eine Phänomenologie, die sich auf diese Motive einläßt, nimmt selbst die Züge einer Xenologie an. Dieser Übergang bildet das Leitmotiv einer *Topogra-*

phie des Fremden, die zwischen Orten des Fremden und Fremdheit von Orten oszilliert. Die Sachen selbst sind nie ganz sie selbst, so wie wir selbst nie ganz wir selbst sind. Aus dieser originären Fremdheit resultiert eine Polarität von Ort und Raum, mit der unsere Sachanalysen beginnen.

2. Polarität von Ort und Raum

Wie sollen wir das bezeichnen, was seit einiger Zeit als *spatial, geographical* oder *topographical turn* wiederkehrt? Für eine Abspaltung von *topos* und *spatium*, *Ort* und *Raum*, *lieu/place* und *espace/space* bietet sich in der klassischen Kosmologie kein Anlaß; das Weltall erweist sich als der Ort aller Orte, »von dem nichts außerhalb ist« (*Physik* III, 6, 207 a 8). Es handelt sich strenggenommen um eine *Philosophie des Ortes*, nicht des Raumes.

In abgewandelter Form kennzeichnet diese innere Geschlossenheit auch noch den cartesianischen Naturraum, aus dem das denkende Ich ausquartiert ist: Das Ego bedarf zu seiner Existenz keines Ortes (*lieu*), heißt es im *Diskurs* (Teil IV, AT VI, 33). Der eine Raum (*spatium*) wird durch die Ausdehnung der Dinge gebildet. Genau genommen müßte es heißen: »Es existiert kein Raum, *in dem* die Dinge sind, sondern bloß eine Ausdehnung, ein Raum, *welcher* die Dinge sind« (Patočka 1991, S. 67). Dieser Raum umfaßt eine Vielfalt von Orten (*loci*). Terminologisch wird der Raum eher der Eigengröße und Eigengestalt des Körpers, der Ort eher seiner Lage (*situs*) in bezug auf andere Körper zugeordnet. Des weiteren wird unterschieden zwischen *locus internus* und *locus externus*; ersterer bedeutet nichts weiter als das Volumen, das der Körper selbst einnimmt, er fällt also mit dem Raum zusammen, während letzterer dessen Grenzverläufe und Positionen in Bezug auf andere Körper umschreibt (*Principia*, II, 13-15). Doch die Orte, die von den Dingen eingenommen werden, sind gleichartige Raumstellen, die der Homogenität des Raumes keinen Abbruch tun. Ähnlich rechnet auch Kant in seiner transzendentalen Ästhetik mit verschiedenen Orten des einen allumfassenden Raumes (KrV B 38, 48). Man kann sagen, daß in der Neuzeit der Ort durch den Raum absorbiert wird, und dies unabhängig davon, ob der Raum im Gefolge Newtons als absolut oder im Gefolge von Leibniz als relativ gedacht wird. Eine konsequente *Philosophie des Raumes* reduziert Orte auf bloße Stellen und Lagen im Raum.

Eine Kluft droht sich aufzutun, seitdem unter maßgeblichem Anteil der Phänomenologie der Versuch unternommen wurde, den alten Weltbegriff zu restituieren, ausgehend vom Weltbezug eines leiblichen Ich oder vom In-der-Welt-sein des menschlichen Daseins. Seitdem stellt sich die Frage, wie der neuartige Chorismos, der die Räumlichkeit des Leibes oder des Daseins von dem mathematisch vermessenen Naturraum oder von anonymen Raumstrukturen trennt, sich schließen oder gar vermeiden läßt. Der kantische Bewohner zweier Welten gerät in die Lage eines Bewohners zweier Räume, da er sich selbst *an seinem Ort* befindet und sich zugleich *in einen Raum* einfügt. Doch der Zusammenhang von Ort und Raum ist damit keineswegs geklärt. Der immense Ansturm von Raumstudien und Raumpraktiken, von dem eingangs die Rede war, erzeugt einen *embarras de richesse*. Er verlockt zu griffigen Parolen und kurzschlüssigen Lösungen. Dazu gehören gängige Raumkonstrukte und Raummodelle. Sie sind hilfreich und geradezu unentbehrlich, wenn es darum geht, zu beschreiben und erklären, wie soziokulturelle Raumformationen entstehen; doch die Wo-Frage, von der jede Ortsbestimmung und jede räumliche Zuordnung ausgeht, scheint beantwortet, bevor sie gestellt ist.

1. Phänomenologische Topik

Im folgenden bemühe ich mich um eine phänomenologische Topik, die analog zu Kants transzendentaler Topik darauf abzielt, einiges von dem, was uns unter den Titeln von Ort und Raum entgegentritt, in der Erfahrung zu verorten. Angesichts der Vieldeutigkeit der Schlüsselbegriffe, die teils der weitverzeigten Begriffsgeschichte, teils der verwickelten Sachlage zuzuschreiben ist, scheint es ratsam, mit einer terminologischen Vorverständigung zu beginnen.

Von *Ort* werde ich in dem Sinne sprechen, daß jemand oder etwas an *(s)einem Ort* ist oder daß etwas an einem bestimmten Ort stattfindet (vgl. *avoir lieu, to take place*). Der Ort breitet sich mehr oder weniger aus, doch ähnlich wie der Augenblick hat er keine Teile. Von herausragender Bedeutung ist die Verbindung des Ortes mit einem Selbst, das *sich hier* befindet und dieses Hiersein auch bezeichnet. Im Gegensatz zum abstrakten Raum ist der Ort ein *lieu investi*, ein »besetzter/belehnter/ausgestatteter Ort«, den Derrida bis auf die platonische Chora zurückverfolgt (1990, S. 42). Ausgeschlossen sind Konzeptionen, die den Ort als bloßes Datum äußerer Beobachtung behandeln. Jeder Ort hat ein wenigstens minimales Innen; er ist in sich gefaltet und bildet keine plane Fläche.[1] Auch für Marc Augé (1994, S. 98) stützt sich der Ort (*lieu*) auf zumindest ein Ereignis, das stattgefunden hat (*qui a eu lieu*), während der Raum (*espace*) wie jedes Schema eine Abstraktheit hat, die sehr leicht auswuchern kann. Von *Raum* spreche ich demgemäß in der Weise, daß etwas *im Raum* vorkommt, eine Raumstelle oder einen Raumpunkt einnimmt, sich in ein Raumnetz einfügt und von Raumgrenzen umgeben ist. Der Raum ist teilbar und meßbar. Man hält eine Rede an einem dazu bestimmten Ort, etwa vor Gericht, vor dem Parlament oder auf einem Fest, und die Veranstaltung findet ihrerseits in einem bestimmten Raum oder Saal oder auch im Freien statt. Der Raum kann als offizieller, sakraler oder alltäglicher, als euklidischer oder als Riemannscher Raum bestimmt werden. Die Frage, ob der Raum von sich aus leer oder ob er immer schon gefüllt ist, gehört zu den wichtigen Streitfragen. Immer, wenn ich mich im folgenden generell auf den Komplex Ort/Raum beziehe, werde ich das Raumvokabular bevorzugen, indem ich von Raumbewegungen, Raumhandlungen, Raumtechniken, Raumkünsten, Raumordnungen und von räumlichen Artefakten spreche. Das doppelte Sprach- und Begriffsregister stellt keine strikte Alternative dar, es schließt Grenz- und Übergangsfiguren nicht aus.

Der terminologische Vorsatz, mit dem wir den allgemeinen Sprachgebrauch soweit möglich berücksichtigen, ist als Versuch zu bewerten. Unser zentrales Sachinteresse gilt den Nahtstellen, an denen die beiden Pole unserer Thematik sich berühren. Eine Entgegensetzung von subjektivem und objektivem Raum wird ganz und gar vermieden wegen der problematischen Implikationen, die damit verbunden sind. Was daran sachgemäß ist, erfordert eine andere Sprache. Wir werden uns ebenso hüten, die Zweiheit von Ort und Raum in eine Dichotomie zu verwandeln, als wären Lebensort und vermessener Raum durch eine Kluft voneinander getrennt. Damit entfällt auch die Möglichkeit einer neuerlichen Kehre, die dazu führt, daß der Raum oder genauer: die Räume (*spaces*) ihrerseits durch den Ort (*place*) absorbiert werden.[2] Wenn

1 Das althergebrachte Motiv der Falte, das in Form von Ein- und Ausfaltung, von Im- und Explikation ein eigentümliches Raumregister entfaltet, findet sich wiederholt bei Merleau-Ponty und später bei Deleuze.

2 Edward S. Casey sieht darin eine »dritte Peripetie«, die den raumlosen Ort des aristotelischen Kosmos und den ortlosen Raum der Neuzeit durch die Rückkehr

einem solchen erneuten Pendelschlag etwas entgegensteht, so ist dies die Doppelfigur des leiblichen Selbst als eines *Leib-Körpers*,[3] und dem entspräche eine besondere Art von *Orts-Raum*.[4] Situative Örtlichkeit und meßbare Räumlichkeit würden sich auf ähnliche Weise ineinanderschieben wie die Leiblichkeit des Leibes, der wir sind, und die Körperlichkeit des Körpers, den wir haben, worin die neuronalen Funktionen des Gehirns beschlossen sind. Im übrigen scheint es ratsam, erforderliche Nuancierungen dem jeweiligen Sprachgebrauch zu überlassen, ohne neue terminologische Gräben auszuheben.

Der Gedankengang der folgenden Überlegungen bewegt sich auf verschiedenen Frageebenen. Er beginnt mit einer Ouvertüre, die der generellen Fraglichkeit des Wo gilt (2-4), um dann in einer Detailanalyse grundlegende Aspekte von Ort und Raum zu erörtern (5-8), bis hin zu Andeutungen zur Vermessung des Raumes (9).

2. Wo-Frage im Schatten der Was-Frage

Aus heuristischen Gründen schlage ich einen ungewohnten Weg ein, indem ich von der aristotelischen *Kategorienschrift* ausgehe. Dort wird in Kapitel 4 unter den zehn Aussageweisen auch der *Ort* (τόπος) angeführt, und zwar zunächst nicht in der üblichen substantivischen Form, sondern in Form des unbestimmten Pro-

zu einem leibhaftigen Ort ablöst. Vgl. *The Fate of Place*, 1997, S. 340, und zuvor schon: *Getting Back into Place*, 1993. Ungeachtet besagter Bedenken sei nachdrücklich und ergänzend auf beide Werke hingewiesen, von denen ersteres den breiten philosophiehistorischen Hintergrund liefert für die phänomenologischen Analysen, die sich in letzterem finden.

3 Zu diesem inzwischen ausgiebig erforschten Problemfeld, das aus dem Doppelthema von Leiblichkeit und Räumlichkeit hervorgeht, vgl. nach wie vor Elisabeth Strökers *Philosophische Untersuchungen zum Raum*; der Status des Leibes als eines gleichzeitigen »Körperleibs« hat zur Folge, daß es für den Leib wie für die Dinge einen »Ort im Raum gibt« (1965, S. 161 f.).

4 Er ist nicht zu verwechseln mit dem »Ortsraum«, den Herrmann Schmitz als eine tertiäre Weise des leiblichen Raumes aus dem »Weiteraum« und dem »Richtungsraum« hervorgehen läßt, wobei der »absolute Raum« des spürbaren Leibes sich mittels einer Lokalisierung in einen »relativen« Ort verwandelt (1967, speziell S. 45). Damit ist die Doppelheit des Leibkörpers zwar gewahrt, aber doch so, daß der subjektiv gespürte Leib gegenüber aller Materialität des Körpers die Oberhand behält (kritisch dazu Waldenfels 2000, S. 278-284).

nomens *irgendwo* (πού). Das Pronomen erhält seine Bestimmung, wenn die zugehörige Wo-Frage beantwortet wird, etwa mit »Sokrates ist im Lykeion« oder »auf dem Markt«. Es kommt Aristoteles in diesem Zusammenhang einzig darauf an zu zeigen, daß der Ortsangabe eine spezifische Aussageform entspricht. Mit ihrer Hilfe können wir sagen, wo etwas ist, nicht aber, was oder wie groß etwas ist.[5] Mit diesem kargen Resultat endet die Kategorienlehre, nicht aber die Ortsanalyse. Denn als Philosophen wollen wir ja nicht bloß wissen, wie wir Ortsangaben machen, sondern was es mit dem Ort selbst auf sich hat. So beginnt die Ortsabhandlung in Buch IV der *Physik* mit der gewohnten Frage: »Was ist ein Ort?« Die anfängliche Wo-Frage tritt völlig hinter der Was-Frage zurück.[6] Was zunächst als Prädikat behandelt wurde, wird nun als ein Seiendes besonderer Art angesetzt. Im Hintergrund steht die schon in *Timaios* 52 b zu findende Annahme, daß alles, was ist, irgendwo ist; wenn etwas wie etwa die Sphinx nirgendwo ist, existiert es nicht (IV, 1). Durch einige Aporien hindurch steuert die Erörterung auf die bekannte Definition zu: Der Ort ist die »Grenze des (den umfaßten Körper) umfassenden Körpers«, oder knapper: die »Grenze des Umfassenden« (IV, 4). Von der Logik sind wir zur Ontologie beziehungsweise zur Kosmologie gelangt. Die Psychologie ist als Teil der Physik darin beschlossen.

Doch kehren wir zur Ausgangsfrage zurück. Die Antwort auf die Frage »Wo ist Sokrates?« könnte auch lauten: »Hier« oder »Dort drüben, linker Hand«. Nun zieht Aristoteles die zentralen Richtungsunterschiede Rechts-Links, Oben-Unten, Vorn-Hinten durchaus in Betracht, aber er unterscheidet Ortsbestimmungen, die auf unsere jeweilige Lage oder Stellung (θέσις) bezogen sind und

5 Zur relativen Berechtigung dieses sprachorientierten Vorgehens vgl. Émile Benveniste, »Kategorien des Denkens und Kategorien der Sprache«, in: *Probleme der allgemeinen Sprachwissenschaft* (1974), Kap. 6, dazu den Kommentar von Tze-wan Kwan (1995), der einen Bogen spannt von der aristotelischen und kantischen Kategorienlehre zu fernöstlichen Grundbegriffstafeln, in denen auch Gegensatzpaare wie *Abysmal* und *Clinging* sowie die Leere (*sunyata*) eine besondere Rolle spielen.

6 Die Gesamtinterpretation der aristotelischen Raumlehre, die Hans Günter Zekl in jüngster Zeit vorgelegt hat (*Topos*, 1990), folgt ganz und gar dieser Leitlinie, so daß der Spalt zwischen Ort und Raum sich schließt, kaum daß er sich geöffnet hat. Dies hat zur Folge, daß ich in diesem gründlichen Kommentarwerk viel Lehrreiches finde, aber kaum das, was ich suche.

nur *für uns* gelten, von jenen, die in der Natur der Dinge liegen, so etwa das Oben als der natürliche Ort des Feuers (*Physik* IV, 1). Die Seele nimmt als Form des Körpers an dessen Ortsbewegung teil und ist also mit ihm an einem Ort (vgl. *De anima* I, 3). Okkasionelle oder indexikalische Ausdrücke tragen zur Eigenbestimmung des Ortes nichts bei. »Du bist an diesem Ort (ἐν τῷδε τῷ τόπῳ), der nichts enthält außer dir«. Dies ist ein seltener Fall, wo Aristoteles in die zweite Person überwechselt: »Du bist hier«, so könnten wir diesen Satz wiedergeben. Doch gleich im nächsten Augenblick wird der Eigenort (ἴδιος τόπος) in den Gemeinort (κοινὸς τόπος) verlegt, der alle Körper, also auch alle Eigenorte und also auch dich enthält (IV, 2, 209 a 32-b 1). Der Hinweischarakter, der dem Diesda (τόδε τι) wie allen Zeigwörtern anhaftet, fällt theoretisch nicht weiter ins Gewicht; denn die leitende Was-Frage berücksichtigt das Individuum nur in seiner Partikularität als einen Einzelfall, der ein allgemeines Wesen exemplifiziert. Dem entspricht eine topologische »Stufenreihe«, die vom konkreten Ort zum »All-Ort« des Ganzen hinauf- und von dort aus wieder zum Einzelort hinunterführt (Zekl 1990, S. 116). Es entfällt die Singularität, die Platon dem Sokrates als eine Form der Atopie, der Ortlosigkeit, zugesteht (siehe unten Kap. 5). Wie ›ich‹ und ›du‹ so werden auch ›hier‹ und ›dort‹ als Vehikel gebraucht, ohne daß sie als Diskursinstanzen im Sinne von Benveniste gewürdigt werden. Platon streift die Karikatur, wenn er im *Theaitet* (174 b) die gelehrte Ignoranz des Philosophen preist, der kaum weiß, ob sein Nachbar *ein Mensch* ist, sich aber brennend dafür interessiert, was *der Mensch* eigentlich ist. In der Terminologie der heutigen, neurologisch abgestützten Gedächtnisforschung impliziert dies, daß unter bestimmten Umständen das Wissensgedächtnis sich vom episodisch-autobiographischen und ebenso vom prozeduralen Gedächtnis ablöst (vgl. Markowitsch 2002, S. 88). Dabei stellt sich die Frage, ob und wieweit in der Ortlosigkeit des Wissens ein Ortsverlust oder eine Ortsüberlegenheit zum Vorschein kommt. Freilich hat der Philosoph, der von Platon als »Spezialist des Allgemeinen« vorgeführt wird, selbst etwas Singuläres. Die platonische Porträt- und Szenenkunst wirkt als Ritardando, das die Verallgemeinerungslust dämpft und die Flucht aus Raum und Zeit selbst an einen Ort bindet.

3. Ortsbestimmung als Antwort auf eine Wo-Frage

Fragen sind nicht gegeben, sie werden gestellt oder stellen sich, sobald etwas fraglich wird wie hier der Ort. Mithin findet in der Ortsbestimmung ein Prozeß der *Verortung* statt, der eine gewisse Ortlosigkeit voraussetzt, ähnlich wie die Benennung auf eine anfängliche Namenlosigkeit zurückverweist. Dieses Moment entgeht auch Husserl nicht, wenn er beiläufig bemerkt, daß das Hier als Nullpunkt »kein wirklich gesehener« sein muß (Hua IV, 158). Stärkeres Gewicht bekommt dieses Moment bei Heidegger, der in *Sein und Zeit* (S. 104) betont, daß die räumliche Zuhandenheit zunächst eine »unauffällige Vertrautheit« aufweist und der Platz des Geräts erst dann ins Blickfeld tritt, wenn etwas *nicht* an seinem Platz ist. Auslöser ist also eine Art Fehlmeldung. Allerdings orientiert Heidegger sich an einer fertig eingerichteten Werkstatt, deren Raumordnung vorliegt. Insofern nähert sich die Ortsfrage einer konventionellen Suchfrage, deren Antwort parat liegt. Dies trifft nicht zu, wenn die Ordnung selbst auf dem Spiel steht und das Erfahrungsfeld sich umstrukturiert; und ebensowenig gilt es für pathologische Erfahrungen, in denen die Identität brüchig wird, oder für das kindliche Spiel, das flexible Identitäten durchprobiert. Aron Gurwitsch (1977, § 15) verteidigt zu Recht die Vieldeutigkeit der Dinge gegen Heideggers »Zeugidentität«. Offene Situationen erfordern eine mehr oder weniger kreative Antwort. Orte werden nicht nur gefunden, sondern auch erfunden. Wer mit Glück oder unter Mühe an seinen Ort gelangt, hat ihn nicht schon. Das produktive Finden (nicht das Gefundenhaben!) geht dem Suchen voraus. Ähnliches trifft zu auf die Fundorte der Topik, die nicht nur abrufbare Argumente und vorhandene Kenntnisse enthalten, sondern auch zur Entwicklung neuer Gesichtspunkte anregen. Insofern frage ich mich, ob Manfred Sommers höchst ausgefeilte und lehrreiche philosophische Topik, die ihrem Titel gemäß ganz und gar auf der Sequenz von *Suchen und Finden* aufbaut, als »elementare Topik« (2002, Kap. 7) elementar genug ist. Wo-Fragen sind im übrigen nicht an die Sprache gebunden; sie können sich auch in der Körpersprache bemerkbar machen, so wenn jemand durch sein unsicheres Verhalten verrät, daß er sich nicht zurechtfindet oder sich verirrt hat.

4. Fremde und eigene Wo-Frage

Laut Aristoteles artikuliert sich die Bestimmung des unbestimmten Wo in wahrheitsfähigen Ortsaussagen wie »Sokrates ist auf dem Markt«. Jede derartige Aussage meint und behauptet nicht nur *etwas*, sie antwortet auch *auf etwas*, selbst wenn die zugehörige Frage nicht explizit formuliert wird. Aussagen, die auf nichts antworten, sind müßig.[7] Doch uns kommt es auf etwas anderes an. Sowohl die Wo-Frage wie die zugehörige Antwort können verschiedene Formen annehmen, je nach Art des Befragten und je nach Status des Fragenden. So läßt die Frage vier Grundvarianten zu. Sie kann lauten: (1) »Wo bist du?« – (2) »Wo bin ich?« – (3) »Wo ist er oder sie?« – (4) »Wo ist es?« Generell können wir mit Merleau-Ponty unterscheiden zwischen bloßen »Erkenntnisfragen«, die sich auf Tatsächliches beschränken und sich mit Antworten begnügen, die bestehende Lücken füllen, und »Wissensfragen«, die das vorhandene Wissen selbst in Frage stellen und nach neuen Antworten verlangen. Auch für schlicht anmutende Fragen wie »Wo bin ich?« oder »Wie spät ist es?« sollte dies gelten; die Antwort darauf würde die Scheidung in Tatsachen und Wesenheiten unterlaufen, sie wäre jenseits der erworbenen Kultur zu suchen, im »wilden Sein« (Merleau-Ponty 1964, S. 162, 171, dt. S. 161 f., 170).

Gehen wir mit der klassischen Metaphysik geradewegs auf das Wesen von Ort oder Raum zu, so spielen nur die dritte und die vierte Variante eine Rolle, und selbst diese würden letzten Endes unter ein einziges Frageschema fallen; denn für die prinzipielle Frage, was der Ort sei, scheint es gleichgültig, ob Sokrates im Lykeion oder Wein im Glas ist, nur die angebliche Ortlosigkeit der Sphinx scheidet aus. Was die zweite Variante angeht, so scheint das »leichte und selbstverständliche Präsenzbewußtsein« auszuscheiden; denn »hier kennen wir uns aus« (Sommer 2002, S. 181). Die Selbstbefragung paßt dann am ehesten in eine Ethik der Selbsterkenntnis. Wenn Sokrates, dem delphischen Geheiß folgend, sich fragt, ob er ein vielköpfiges und ungestümes Ungeheuer sei wie Typhon oder aber ein einfacheres und sanfteres Wesen, das am Göttlichen teilhat (*Phaidros* 230 a), so erhebt sich zugleich die Frage nach dem Ort des

7 Dies ist Gemeingut einer Logik von Frage und Antwort, wie sie von Collingwood, Gadamer, Michel Meyer und von mir selbst entwickelt wurde.

Menschen. Ein Stein kann nicht fragen, wo er ist; ein Tier läßt diese Frage höchstens ahnen; ein Gott braucht nicht zu fragen, wo er ist. Einzig der Mensch läßt sich charakterisieren als ein leibliches Wesen, das seinen Ort sucht. Diese Ortssuche findet aber laut Platon ihre letzte Antwort in der Betrachtung der kosmischen Natur: Wer die »Natur der Seele« erkennen will, muß imstande sein, die »Natur des Ganzen« zu erkennen (270 c). Im Grunde und letzten Endes weiß ich schon, wo ich bin und wohin ich gehöre. Es bliebe dann nur noch die erste Variante. Doch die Frage, mit der jemand anders mein Selbstsein zu erkunden sucht, hätte lediglich einen protreptischen oder didaktischen Wert, wenn die Ortsfindung meine ureigene Sache ist. Der Suchende würde durch die Frage lediglich auf den Weg der Selbsterkenntnis gebracht.

Diese wohlgeformte Frageordnung wird gestört, wenn wir zwei prominente Fragen aus der »heiligen Urkunde« der jüdisch-biblischen Tradition heranziehen. Dabei geht es um die Struktur der Frage, die sich von ihrem religiösen Gehalt ablösen läßt.[8] Die erste der beiden Fragen entspricht der ersten Variante der Wo-Frage. Gott fragt Adam, der sich schuldbewußt vor seinem Antlitz versteckt: »Wo bist du?« Adam antwortet, indem er erklärt, warum er sich dem göttlichen Blick entzogen habe. Indem er dies tut, gibt er implizit zur Antwort: »Hier bin ich.« *Er stellt sich der fremden Frage, bevor er Stellung nimmt.* Levinas erwähnt in ähnlichem Zusammenhang das alltagssprachliche *Me voici*, mit dem wir uns zur Stelle melden (1974, S. 190, dt. S. 327). Die Tatsache, daß das eigentümliche Eingeständnis, mit dem man ›sich stellt‹, vielfach in der Sprache polizeilicher Strafverfolgung und feindlicher Konfrontation auftritt,[9] kommt sicher nicht von Ungefähr. Darin zeigt

8 Kant benutzt diese »heilige Urkunde« zwar in seinem *Mutmaßlichen Anfang der Menschheitsgeschichte*, doch ohne dem eigentümlichen Wortwechsel zwischen Gott und Mensch Beachtung zu schenken; die »Stimme Gottes« verschmilzt mit dem »Ruf der Natur«, der uns zuerst als natürlicher Instinkt erreicht. Manfred Sommer hält den von Gott gestellten Wo-Fragen nicht ohne Witz eine »göttlichen Komik« zugute; denn Er müßte es doch eigentlich schon wissen (Sommer 2002, S. 183 f.). Ein gräzisierter Jehova? Einer der wenigen, bei denen die Wo-Frage unmittelbar mit dem Angesprochensein und dem Antworten verknüpft wird, ist Jan Patočka mit seiner 1960 verfaßten Studie über den Raum (1991, S. 93).

9 Vgl. im Französischen Redewendungen wie ›faire face à la critique‹ oder ›se livrer à la police‹ oder im Englischen: ›face up to an opponent‹ oder ›give up to the police‹.

sich, daß die fremde Ortsfrage, die mich selbst angeht und keine bloße Sache betrifft, hinter der ich mich verstecken kann wie hinter den Büschen eines Gartens, etwas Alarmierendes hat. Schon das Fort/Da-Spiel, das die Mutter mit dem Säugling spielt, indem sie ihr Gesicht wechselweise verdeckt und enthüllt (Freud, GW XIV, 203) und das sich im Versteckspiel der Kinder fortsetzt, verrät etwas von der Lust und der Angst, entdeckt zu werden. Das Wo ist hier höchst affektiv besetzt. Das ›ich‹, das Adam ausspricht, dient ebensowenig wie das ›hier‹ als ein referentielles Zeichen, mit dem wir etwas oder jemanden identifizieren. Mit dem ›hier‹ meldet Adam sich als Respondent zu Wort; das hervorstechende Ortsadverb ist zunächst noch Teil einer Antwort. Das ›Hier-sein‹ ist responsiv zu verstehen, anders als das ›Da-sein‹, dessen Selbstheit der Differenz von Ich und Du und auch der Geschlechtlichkeit gegenüber neutral ist.[10] Wir haben es mit keinem zentralen Hier zu tun wie im Falle von Husserls leiblichem Hier, sondern mit einem performativen Hier, das auf das Woher eines Appells antwortet. Doch muß ich nicht schon für mich selbst die eigene Frage »Wo bin ich?« beantwortet haben, um auf die fremde Frage »Wo bist du?« antworten zu können? Muß ich nicht schon an einem bestimmten Ort sein, um mich von anderswoher angesprochen zu fühlen? Dieses Argument, das auf die Bahnen vorgängiger Möglichkeitsbedingungen zurückführt, verkennt, daß jede Selbstbefragung eine Selbstspaltung in Fragenden und Befragten voraussetzt und somit ein Fragen in Gang bringt, das mir widerfährt und nicht auf einen eigenen Frageakt zurückgeführt werden kann. Ich werde mir selbst fraglich. Damit dringt eine Andersheit in mein Selbst ein, die es unmöglich macht, Selbstbefragung als reine Selbstbefragung zu verstehen. Auch Sokrates, der Heros der Selbsterkenntnis, geht von dem delphischen Spruch aus, der – ebenso wie der kategorische Imperativ – in der zweiten Person verfaßt ist: »Erkenne dich selbst!« Daraus folgt, daß Eigenorte, die wir einzeln oder gemeinsam einnehmen, stets Züge von Fremdorten aufweisen. Diese Fremdheit des Ortes ist auch der Nährboden für Foucaults *Heterotopien*, für jene *espaces autres*, durch

10 Vgl. Heidegger, *Vom Wesen des Grundes* (1955, S. 38). Mit der sprachgeschichtlichen Verwandtschaft von Ortsadverbien und Personalpronomina, die schon Wilhelm von Humboldt herausgestellt hat, ist Heidegger natürlich wohlvertraut; doch indem er die Ortsadverbien als »Daseinsbestimmungen« faßt, spielt er deren Bedeutung herunter (vgl. *Sein und Zeit*, S. 119).

die unsere gewohnten Raumordnungen erschüttert und nicht bloß abgewandelt werden.

Doch gehen wir einen Schritt weiter. Auch für die dritte Variante der Wo-Frage, mit der nach jemandes Ort gefragt wird, gibt es eine alte Vorlage. »Wo ist dein Bruder Abel?« Diese Frage gibt zu verstehen, daß ich nicht an meinem Platz bin, ohne stellvertretend den Platz eines Anderen einzunehmen, und dies gilt auch dann, wenn ich den Anderen auszulöschen versuche. Das Motiv der originären Substitution, das zu den Grundsteinen von Levinas' Ethik des Anderen gehört, hat einen Ortsaspekt besonderer Art. Das *an Stelle von…*, *au lieu de…* oder *in place of…*[11] widerspricht der Annahme einer strikten räumlichen Individuierung. Eigener und fremder Ort überdecken sich; ich bin *zugleich* dort, wo der oder die Andere ist. Ohne eine solche Ortsverschiebung sind Identifizierung und Übertragung in der Psychoanalyse nicht zu denken. Ähnliches trifft zu auf die Zeugenschaft, die von einem fremden Ort aus Kunde gibt, und selbst auf das Alibi, mit dem ein Tatverdächtigter einen negativen Ortsbeweis antritt: Ich war nicht dort, wo das Verbrechen stattgefunden hat, wo ich aber vermutet werde.

Nun könnte jemand einwenden: Wo-Fragen, die über den Rahmen sachlicher Ortsangaben und Ortsbestimmungen hinausgehen, mögen zwar ihre Bedeutung haben, doch gehören sie nicht in theoretische Abhandlungen; denn unser Fragen und Antworten ist als solches nicht wahr oder falsch, wahr oder falsch sind nur die Sätze, mit denen wir Fragen beantworten. Man könnte die Frage ähnlich wie Bitte oder Befehl in die Rhetorik und die Poetik verweisen, wie Aristoteles es tut (*De interpr.* 4). Doch abgesehen davon, daß die säuberliche Trennung von konstativer und performativer Rede durch die Sprechakttheorie mit guten Gründen in Frage gestellt wird, lassen alle Ansätze, die das Verhältnis von fremdem Anspruch und eigener Antwort ausschalten, auch bei der Bestimmung von Ort und Raum deutliche Mankos erkennen.

Dies gilt selbst für die bekannten Texte von Husserl und dem frühen Heidegger. Nehmen wir einige entscheidende Passagen aus den *Ideen II*. Husserl versucht, cartesianische Einsichten auf neue Weise wahrzumachen. Er geht dabei vom eigenen Leib aus als dem *Nullpunkt* aller Orientierungen. Dieser Nullpunkt ist na-

11 Vgl. vom Verf. »An Stelle von…« in: Busch/Därmann 2007.

türlich nicht zu verwechseln mit einem geometrischen Nullpunkt, der beliebig gegen einen anderen ausgetauscht werden könnte; er ist im strengen Sinne überhaupt kein Punkt und auch kein »Ort im Raum«, wie Descartes sich dies vorstellt (vgl. Hua XV, 659). Der bevorzugte Raumpunkt, den Husserl im Auge hat, versteht sich als *letztes zentrales Hier*, demgegenüber alle sonstigen Dinge im abkünftigen Modus des *Dort* gegeben sind. Allein das Hier zeichnet sich dadurch aus, daß es »kein anderes außer sich hat, in Beziehung auf welches es ein ›Dort‹ wäre« (Hua IV, 158 f.).[12] Wäre dies das letzte Wort, so gäbe es nur eine einzige Welt, nämlich meine. Daß es nicht dabei bleibt, liegt daran, daß in meiner Erfahrung Andere auftreten, die ebenfalls die Welt im Modus des Hier erfahren. Es kommt zur leiblichen Beziehung mit dem Anderen: »Ich muß hingehen und zu ihm sprechen.« Indem ich mich durch »Platzwechsel« an die Stelle des fremden Hier versetze, wird mein Hier zu einem *fremden Dort* und schließlich zum *Irgendwo* einer beliebigen Raumstelle, an der ich als realer Mensch vorkomme wie ein Ding (Hua IV, 168). Auf diese Weise konstituiert sich mein Hier nicht nur als Ich-Zentrum, sondern darüber hinaus als Ort der *eigenen Dezentrierung*. Das Ich zieht sich aus dem Sumpf, in den es sich selbst versenkt hat. Heidegger, der in *Sein und Zeit* nicht mehr von der leibhaften Dingwahrnehmung ausgeht, sondern vom praktischen Umgang mit dem, was er Zeug nennt, läßt diese Urzentrierung hinter sich. »Das Dasein ist gemäß seiner Räumlichkeit zunächst nie hier, sondern dort, an welchem Dort es auf sein Hier zurückkommt [...]« (*Sein und Zeit*, S. 107). Dennoch bleibt das Hier für das Dasein *sein* Hier, so wie in der aristotelischen Physis jeglicher Körper *seinen* Ort hat; das Zurückkommen stört nicht die Kreise des Daseins, dem es um sein Sein geht. »Im ›hier‹ spricht das in seiner Welt aufgehende Dasein nicht auf sich zu, sondern von sich weg auf das ›dort‹ eines umsichtig Zuhandenen und meint doch *sich* in der existenzialen Räumlichkeit« (ebd., S. 120). Der Kreis, der die »Räumlichkeit des Daseins« umschließt, weitet sich, wenn die Raumstiftung von Dingen oder speziell von Bauten ausgeht wie etwa der Brücke, die in dem Vortrag *Bauen Wohnen Denken* als Leitbild dient. Die Idee, daß auch Dinge ihren Ort haben und ein Um-

12 Die Formulierung erinnert an die aristotelische Bestimmung des Weltalls, die wir eingangs zitiert haben, nur daß sich das All in ein quasi-geometrisches Raumsystem verwandelt hat.

feld bilden, ist sicherlich bedenkenswert. Doch wiederum bleibt es bei der einseitigen Fixierung auf den Ort: »Demnach empfangen die Räume ihr Wesen aus Orten und nicht aus ›dem‹ Raum.« Der ortsgebundene Raum enthält mancherlei Plätze in verschiedener Nähe und Ferne zur Brücke, und diese Plätze lassen sich als »bloße Stellen« ansetzen, die durch einen Abstand voneinander getrennt sind (1954, S. 155). Was letzten Endes den tragenden Grund gibt, ist eine »Ortschaft« des Seins. Doch die »Topologie des Seyns« (*Aus der Erfahrung des Denkens*, 1954, S. 23), die an die alte Frage nach dem »Ort der Wahrheit« anknüpft (*Sein und Zeit*, S. 226), läßt die alltäglichen Niederungen einer Topologie des Daseins weit unter sich, und die gemeinsame Verortung von Sein und Mensch gibt zu weiteren Fragen Anlaß.

5. Hier als Standort: Grund und Boden

Bei näherer Betrachtung gliedert sich die generelle Frage nach dem Wo in Einzelaspekte, in denen Ort und Raum deutliche Konturen annehmen. Mit dem Ausdruck ›hier‹ antwortet ein jeder auf die Frage ›wo?‹, indem er mit Worten oder Gesten auf die Stelle weist, an der er oder sie als Redende sich gerade befinden. Karl Bühler (1982, § 7) bezeichnet diese Stelle als *Origo*, als den Ursprungsort eines Hier-Jetzt-Ich-Systems, auf den alle speziellen zeit-räumlichen Positionen sich beziehen. Ohne diesen funktional zu verstehenden Nullpunkt wären alle Orts- und Zeitangaben leer wie etwa der beziehungslos gebildete Satz: »A befindet sich rechts von B oder hinter C«. Das alles ist nichts Neues. Für unsere Frage sind zwei Momente von besonderem Belang, zum einen die Spaltung des Hier, die der Unterscheidung von Ort und Raum entgegenkommt, zum anderen die Verkörperung und Materialisierung des Hier, die dem Raum einen eigenen Bestand gewährt.

Im Hier tut sich ein Spalt auf, sofern das *›hier‹ des Sagens und Zeigens* nicht mit dem *gesagten und gezeigten ›hier‹* zusammenfällt. Das performative ›hier‹ tritt als ein immer wieder neues ›hier‹ auf; es ist okkasionell, wie Husserl sich ausdrückt, gebunden an wiederkehrende Gelegenheiten und eben deshalb mit dem Zeitindex ›jetzt‹ verbunden. Es kann aber auch eine emphatische Bedeutung annehmen wie in dem bekannten Ausspruch: »Hier stehe ich und kann nicht anders«. Dieses ›hier‹ verweist auf den Ort der rebellischen Rede, den Wormser Reichstag, es spricht aber nicht über ihn. Man kann das performative ›hier‹ nicht aufbewahren; seine Wahrheit wird über Nacht schal wie abgestandener Wein, darin hat der Autor der *Phänomenologie des Geistes* zweifellos Recht.[13] Würden wir uns damit begnügen, die Wo-Frage mit einem schlichten »Hier« zu beantworten, so erginge es uns wie Nietzsches Kühen auf der Weide, die an den »Pflock des Augenblicks« gebunden sind und in der Gegenwart versinken (siehe unten, S. 142). Anders steht es mit dem konstativen ›hier‹; dieses läßt sich erläutern durch ein »Hier bei mir zu Hause, in unserem Betrieb, in unserer Stadt und so fort«. Im Extremfall bleibt es bei Notsignalen oder puren Lebenszeichen wie den Klopfzeichen Verschütteter. Solche *Erläuterungen* führen über das momentane ›hier‹ nur wenig hinaus, selbst wenn sich der Eigenort zu einer Eigensphäre ausweitet. Deren Grenzen werden definitiv überschritten, sobald *singuläre Kennzeichnungen* eingeführt werden wie »in der Bochumer Universität, auf dem Kölner Domplatz, im Café Demel, auf der Piazza dei Fiori, im Pariser Quartier Latin und so fort« oder historische Daten beigefügt werden wie »zu Worms am 17. oder 18. April 1521«. Ein ähnlicher Sprung vollzieht sich, wenn jemand seine leibhaft gespürte Erregung als Herzklopfen oder erhöhten Blutdruck beschreibt. Das schlichte performative ›hier‹ ist nicht wahrheitsfähig und nicht täuschungsanfällig, wohl aber gilt dies für die explikative Wendung »Hier in München«, die einer Desorientierung entspringen kann. Die Verdoppelung des ›hier‹ zeigt an, daß der performative Ort und die positionale Raumstelle sich nicht decken.

Versucht man die Spaltung des Hier und die Gabelung in Ort und Raum zu überwinden, indem man die Raumkonstitution, das *Spacing*, selbst als ein *Plazieren* von Gütern und Menschen und als ein *Positionieren* symbolischer Markierungen bestimmt und Orte dementsprechend als bloßes Resultat von Plazierungen betrachtet, wie Martina Löw es in ihrer *Raumsoziologie* tut (2001, S. 158, 198), so wird die Raumkonstitution ihrerseits unräumlich oder raumlos. Mit anderen Worten, die Raumkonstitution liefe auf eine *Konstitu-*

13 Vgl. *Werke* 3, 84. Der grundlegende Fehler liegt nur darin, daß das performative ›dies‹, ›hier‹ und ›jetzt‹ restlos in ein konstatives Dieses, Hier und Jetzt verwandelt wird; dieses Präparat wandert dann auf dem Weg über die klassische Was-Ist-Frage in die Mühlen der Dialektik.

tion des Raumes hinaus, die wie das traditionelle Raumbewußtsein ihrerseits nirgends verankert wäre – außer in der Gesellschaft. Doch der Satz, der Raum sei ein »soziales Phänomen« (S. 263), ist genau so unspezifisch wie der Satz, die Sprache, der Leib oder die Kunst sei ein solches. Husserl zog es vor, in Fällen der Konstitution vielfach von einem »Sichkonstituieren« zu sprechen; im vorliegenden Falle entspräche die implizite Selbstbezüglichkeit, die Konstituierendes und Konstituiertes ineinander verwickelt, der Ortsverschiebung als einer Deplazierung inmitten der Plazierung.

Der Ort der Rede erhält ein um so größeres Gewicht, je mehr auf dem Spiel steht. Das emphatische ›hier‹ gehört generell zur Parrhesie, zum *dire vrai* im Sinne Foucaults, das mit den Spielregeln spielt und sie nicht nur anwendet (vgl. Foucault 1996). Dabei erweist sich der Ort als ein umstrittener, gefährdeter Ort. Wird das performative Sagen auf das Gesagte reduziert und die Herkunft der Rede unterschlagen, so bleiben vom Sprechereignis nur Protokollsätze und Protokolldaten zurück, deren Wahrheitswert jeder Beteiligung von Raum und Zeit entbehrt. Verantwortlich für das auffällige *Desinteresse an Ort und Zeit* der Rede, das die meisten Sprach- und Gesprächstheorien an den Tag legen, ist wohl die Fixierung auf die Verständlichkeit und Gültigkeit von Äußerungen und Sätzen. Die Pathologie, einschließlich der Neuropathologie des Raumerlebens ergibt ein anderes Bild. Sie zeigt, daß *Ortsgefühl* und *Raumwissen*, also auch das Gefühl, hier zu sein, und das Wissen darum, an welchem Ort man ist, auseinanderklaffen können in Form einer *Schizotopie*. So berichtet Oliver Sacks von einer Patientin, die unter einem Schwund der Propriozeption und unter einem entsprechenden Körperverlust leidet; auch hier komm es zu einer Spaltung von Ort und Raum: »Ich habe schon bemerkt«, so erklärt die Patientin, »daß ich meine Arme ›verliere‹, ich meine, sie seien *hier*, aber in Wirklichkeit sind sie *dort*.«[14] Umgekehrt kann eine Person so sehr im Hiersein aufgehen, daß es ihr unmöglich ist, Ortsangaben zu machen, mit denen sie von dem augenblicklichen Standort abrückt. Die Zugehörigkeit zum Ort, an dem man sich befindet, kann stärkere oder schwächere Formen annehmen; die Skala bewegt sich zwischen den Extremen eines Zusammenfalls von Ortsgefühl und Raumwissen und der wechselseitigen Abspaltung.

14 Vgl. die Krankengeschichte »Die körperlose Frau« in: Sacks 1990, S. 75.

Immerzu kann jemand hier sein und doch nicht *an seinem Ort*. Die Fallstudien aus dem Schul- und Stadtleben, mit der Martina Löw ihre Raumsoziologie untermauert, lassen ebenfalls solche Möglichkeiten zu. Entsprechende Fälle einer Raumpathologie kommen in Kapitel 4 zur Sprache.

Was nun die Verkörperung des Standortes angeht, so hat sie wie auch alle weiteren Verkörperungsformen nichts zu tun mit einer Verdinglichung des Raumes. Ähnlich wie unser Leib oder unsere Sprache *fungiert* sie, noch bevor sie *thematisiert* wird. Sie fällt ins Auge, wenn wir den Standort buchstäblich nehmen als den Ort, wo jemand oder etwas steht und sich aufrecht hält. Das *Stehen* bedeutet eine Körperhaltung, eine Gleichgewichtsübung, die durch die Zuordnung zu einer vertikalen Raumachse nicht adäquat zu beschreiben ist. Beim Menschen als einem Wesen, das von Anfang an nicht nur sprechen, sondern auch stehen und gehen lernt, ist es der aufrechte Gang, der ihn auf eigene Füße bringt, und die Schwerkraft, die ihn nach unten zieht. Das wiederholt sich mit dem alltäglichen Erwachen. »Das Aufstehen ist ein Aufstand gegen die Schwere.«[15] Eine Trennung von Raum und Körper liegt so fern wie nur etwas. Weil der Leib selbst Momente eines Körperdings an sich trägt, ergibt sich ein Bezug zur Statik der Dinge, auch zur Statik der Architektur, die sich am Leitfaden des Leibes beschreiben läßt (vgl. Waldenfels 1999, Kap. 9). Zum Stehen gehört ferner eine *Standfläche* oder eine *Unterlage*. Alte Begriffe wie Hypokeimenon, Substrat, Substanz oder Subjekt verdienen es, topologisch überprüft zu werden, bevor man sie formalontologisch enträumlicht oder sie umgekehrt einer »Verdinglichung von Räumen« zuschlägt, vor der zu Recht gewarnt wird (Löw 2001, S. 35). Phänomenologen wie Husserl machen ausgiebigen Gebrauch von der Rolle des *Bodens*. Doch als Stützfläche kommt nicht nur die Erdoberfläche in Frage, sondern auch die Wasser- und Luftoberfläche, die eine besondere Fertigkeit im Spiel mit Wind und Welle und ein Ausbalancieren von Schwere und Leichtigkeit erfordert. Die Ausweitung

15 Straus 1956, S. 291. Vgl. bereits die Skizzierung der Anthropogenese in Kants Schrift *Der mutmaßliche Anfang der Menschengeschichte* (Ausg. Weischedel, VI, 86) sowie Herders *Ideen zur Philosophie der Geschichte der Menschheit* (2002, S. 122-126). Zum evolutionären Hintergrund der spezifisch menschlichen Körperhaltung vgl. Leroi-Gourhan 1984, Kap. III und zur naturgegebenen und leiblich zu bewältigenden Schwerkraft Gosztonyi 1976, S. 787-789.

der Standfläche zum *Territorium* verweist auf den Erdplaneten insgesamt. Daß eine Leibphänomenologie bei gehöriger Ausarbeitung auf die Bahnen einer Geophänomenologie gelangt, ist inzwischen offenkundig.[16] Schließlich verweist das Wortpaar Grund und Boden auf Landnahme, Ackerböden oder Grundbesitz, also auf eine vielfältige *Institutionalisierung des Raumes*. Man nimmt nicht nur einen vorübergehenden Standort ein, sondern man besetzt oder okkupiert Raumstücke, die sich von anderen abgrenzen. Man ist nicht nur am rechten oder falschen Ort, sondern auch am rechtmäßigen Ort, am unrechtmäßigen Ort oder an keinem Ort wie Vogelfreie, vaterlandslose Gesellen, *displaced persons*, oder wie immer diese ortlosen Menschengruppen benannt werden. Damit eröffnen sich gewaltige Raumperspektiven ökonomischer, politischer, juridischer, militärischer, technischer und auch ethischer Art.

Ein erstes Fazit: Als leibliche Wesen sind wir jeweils am hiesigen Ort und zugleich über einen Raum hin verteilt. Ohne die nötige Spannung zwischen Zentrierung am Ort und Verteilung im Raum droht das Hier sich zu verflüchtigen, der Raum sich zu verfestigen. Die entsprechenden Extreme lassen sich pointiert kennzeichnen als *Ort ohne Raum* und *Raum ohne Ort*.

6. Woher und Wohin: Wegstrecken

Wäre jemand auf das Hier festgenagelt wie ein Brett oder im Hier verwurzelt wie eine Pflanze, so wäre er nicht einmal hier. Das Hier als Ort des Selbst wird nicht nur – wie anfangs gezeigt – durch den Anspruch des Anderen verfremdet, sondern es nimmt an sich selbst Züge des Fremden an. Schon die Frage »Wo bin ich?« setzt

16 Zahlreiche Quellennachweise finden sich in Teil II des erwähnten Bandes *Raumtheorie* (Dünne/Günzel 2006). Allerdings bedeutet es eine schematische Vereinfachung, wenn Husserl die »grundlegende Bodenständigkeit« als »fundamentale topologische Figur« zugewiesen wird (S. 111); denn die Kinästhese und die entsprechende Raumorientierung sind ebenso wichtig. Hierzu und zum folgenden vgl. Petra Gehrings Versuch, Husserls leiblich-konkreten Rückgang auf die Erde gegenüber der »großtheoretischen Geste«, mit der Carl Schmitt und Peter Sloterdijk Land und Luft beschwören, stark zu machen. Ihr Resümee lautet: »Mit dem homogenisierten Raum geht keineswegs ein Verlust der Orte einher, sondern es korrespondieren Myriaden heterogener Landmarken und Grenzen, die keineswegs alle im Schwinden oder Fließen sind.« (Gehring 2006, S. 20)

voraus, daß ich nicht schlichtweg dort bin, wo ich bin. Der Ort des Selbst gerät in Bewegung, wenn wir auf Fragen stoßen wie »Woher *kommst* du?« – »Wohin *gehst* du?« Der anfängliche Zusammenhang von ›hier‹ und ›jetzt‹ entfaltet sich als Zeit-Ort im Doppeltakt des Herkommens von ... und des Zugehens auf ... Das Hier beginnt zu schillern zwischen dem *Hier-her* des Ankunftsortes und dem *Von-hier* des Ausgangsortes. Das Hier ist ebensowenig ein toter Raumpunkt, wie das Jetzt ein reiner Zeitpunkt ist, es spannt sich aus zu einem Durchgangsort der Bewegung, einem *lieu de passage*.[17]

Einen Grenzfall bildet die rückläufige Kreisbewegung, bei der Woher und Wohin sich im Kreisen auf der Stelle permanent berühren. Sich-im-Kreise-drehen bedeutet Stagnation, wenn ein Ziel winkt, es wird zum Genuß, wenn es um die Bewegtheit als solche geht. Der Philosoph in Kafkas Erzählung »Der Kreisel« scheitert daran, daß er die Bewegung einzufangen versucht und dabei selbst ins Taumeln gerät. Die normalen Bewegungsarten finden ihre Entsprechung dagegen in Körperbewegungen wie Gehen, Laufen, Springen und Tanzen. Das Sichbewegen[18] ist auf je besondere Weise raumbildend. Während die Kreisbewegung ein Umfeld vorzeichnet, läßt die Fortbewegung Wegstrecken entstehen. Keine Bewegung tritt in Reinkultur auf; die krumme Linie spielt mit dem Kreis; der gekrümmte Raum ist nur dann eine Besonderheit, wenn man die Gerade zum Regelfall erhebt. »Krumme Linie – Sieg der freyen Natur über die Regel«, so Novalis (1960, S. 257). Die Bevorzugung der Kreisbewegung in archaischen oder traditionellen Kulturen entstammt vermutlich einem Ideal der Zeit- und Raumüberwindung, diese Sonderart der Bewegung kann sich aber auch ins Rauschhafte steigern wie beim Derwischtanz.

Die Frage nach dem Woher und Wohin, die uns hier beschäftigt, betrifft primär die Fortbewegung. Diese besteht weder bloß darin, daß etwas einem festen Ziel zustrebt wie ein programmiertes Geschoß, noch darin, daß etwas seinen Ort wechselt, ohne von dem Wechsel berührt zu werden. Wir sind *unterwegs*, *chemin faisant*,

17 Bruno Snell bezeichnet demgemäß Bewegungen wie die Bewegung auf etwas hin, die Bewegung von etwas her und das Befinden an einem Ort, denen im Griechischen und Lateinischen jeweils der Akkusativ der Richtung, der Ablativ und der Lokativ entspricht, als Urphänomene. Vgl. *Der Aufbau der Sprache* (1952), S. 164.

18 Vgl. vom Verf. »Sichbewegen«, in: Brandstetter/Wulf (2007).

Wegstrecken durchlaufend, die im Durchlaufen entstehen. Michel de Certeau, der dem Gehen als raumbildender Handlung eine Rolle zumißt, die sich mit der Rolle des Sprechaktes vergleichen läßt, verwendet in diesem Zusammenhang das französische Wort *parcours*, das diese Dynamik treffend zum Ausdruck bringt.[19] Die Bewegung von Ort zu Ort besteht nicht darin, daß etwas von hier nach dort transportiert wird wie der Schiffer auf seinem Schiff,[20] sie bohrt sich in den Raum ein.

Bewegungen hinterlassen Spuren auf dem Gelände, von dem sie sich abstoßen, aber auch in dem flüssigen und luftigen Element, von dem sie getragen werden. So entstehen *Bahnen* und *Wege*, die den Bewegungsablauf überdauern und der wiederholten Nutzung offenstehen. Wege führen von hier nach dort. Man kann neue Wege gehen oder sich mit ausgetretenen Pfaden begnügen. Wege haben teil an den Gewohnheiten, die in unseren Leib eingezeichnet sind. Schließlich entstehen Raumartefakte in Form von *Straßenzügen, Schienenanlagen* und *Kreuzungspunkten* und Raummarken in Form von *Wegweisern* und *Straßenschildern*. Straßen sind künstliche Artefakte, aber nicht durch und durch; sie werden angelegt, unter Nutzung natürlicher Vorgaben, unter Umgehung oder Beseitigung natürlicher Hindernisse. Ähnliches gilt für die Nutzung von Wasserstraßen und Luftschneisen. Auf die Wichtigkeit maritimer Räume hat Michel Serres wiederholt hingewiesen; die Lufträume haben längst nachgeholt, verstärkt durch militärische Ziele.

Die Vielfalt von Verbindungswegen läßt nicht nur Wegenetze entstehen, sondern auch Gabelungen und Kreuzungen, die zum Kern einer mannigfachen Raumsymbolik werden. Kreuzungen sind Orte, die uns vor Entscheidungen stellen, so daß es Wege und Abwege, auch Hauptwege und Nebenwege gibt. Es sind dies aber auch Orte, an denen unsere Wege sich kreuzen, bis hin zu den Bahnen unserer Blicke. Paul Valéry charakterisiert das Überkreuz zweier Blicke als ein *Chiasma*, das dem Überkreuz der Sehnerven gleicht, und Maurice Merleau-Ponty hat diesen Gedanken in seine späte Ontologie

19 Vgl. *Kunst des Handelns* (1988), Kap. 7 sowie den Textabdruck in: Dünne/Günzel 2006, Text 19.

20 So das stehende Beispiel einer relativen Bewegung, das sich von Aristoteles über Descartes bis zu Husserl forthält. Das griechische Wort für Fortbewegung (φορά), das wörtlich ›Tragung‹ bedeutet, verführt zu entsprechenden Mißverständnissen.

aufgenommen.[21] Bewegungen, die sich kreuzen, ohne auf einen Zielpunkt hin zu konvergieren, vereinen sich nicht, sie zerteilen den Ort, an dem sie sich treffen. Sie lassen sich auch nicht kommunikativ vernetzen; sie sind antwortfähig, nicht aber anschlußfähig. Abgenutzte Wörter wie Treffpunkt, Begegnungsstätte oder Kampfplatz wären von daher neu zu bedenken und aus ihrer Statik zu befreien. Sie verweisen auf Bewegungen, die nicht nur eine bestimmte Richtung einschlagen, sondern Schwellen überqueren. Schließlich können Wege sich in den Windungen eines Labyrinths verlaufen. In der weitverzweigten Wegesymbolik, die uns überliefert ist, manifestiert sich die Bedeutung, die dem Wegmotiv zukommt.[22]

Unser erneutes Fazit lautet: Wir bewegen uns von Ort zu Ort, aber auf Wegen, die sich in den Raum einzeichnen und auf den Bewegungsablauf zurückwirken.

Was aber hat es mit den Raumachsen auf sich, die mit der Graduierung von Oben-Unten, Rechts-Links und Vorn-Hinten eine geradezu kanonische Bedeutung erlangt haben? Bilden sie etwa das Grundgerüst der Selbstbewegung? Aristoteles spricht ganz selbstverständlich von den sechs ›Diastasen‹, von ›Erstreckungsrichtungen‹, wie Hans Wagner übersetzt (*Physik* IV, 1, 208 b 13f., *Werke*, Bd. 11, S. 82). Er führt sie zurück auf die Bewegung von Körpern, die ihren angestammten Ort im Kosmos haben und, sofern sie nicht gewaltsam gehindert werden, dorthin streben, wo sie hingehören. Dies betrifft in besonderem Maße die Differenz Oben-Unten und also die Vertikale. Auf nicht völlig geklärte Weise wird die kosmische Raumausrichtung mit einer spezifischen Ortsverhaftetheit der Elemente kombiniert. Das leichte Feuer entweicht nach oben, schwere Körper streben zur Erde als dem Erdmittelpunkt hin, Luft und Wasser halten sich dazwischen auf. Der menschliche oder tierische Körper spielt dabei keine entscheidende Rolle. Die Rechts-Links-Unterscheidung wird zwar erwähnt, aber mit ihr ist ebenso wie mit dem Unterschied Vorwärts-Rückwärts in einem sphärischen Universum wenig anzufangen.[23] Platon geht schlicht-

21 Vgl. *Le visible et l'invisible*, passim und speziell zur Anknüpfung an Valéry die Anmerkung des Übersetzers auf S. 274 der deutschen Ausgabe. Zur Kreuzung der Wege vgl. ebd., frz. S. 212, dt. S. 209.

22 Zum Symbol des Weges in der griechischen Antike vgl. Bruno Snell, *Die Entdekkung des Geistes* (1955), Kap. XIII.

23 Vgl. dazu den Exkurs über die Raumrichtungen in:Zekl 1990, S. 73-82 sowie die

weg davon aus, daß die ungleichseitige Ausbildung von rechter und linker Hand auf Erziehung und Gewohnheit zurückgeht, während die Natur keine solche Unterschiede macht; um ihr nachzueifern, sollten bei der Kriegsschulung beide Hände und Füße gleichermaßen geübt werden (*Nomoi* 794 d – 795 d). Aristoteles korrigiert Platon wie häufig, aber nur leicht: die rechte Hand gilt als von Natur aus stärker, doch nichts hindert uns daran, eine beidhändige Geschicklichkeit zu erwerben (*Nik. Ethik* V, 10, 1134 b 33-35). Die Naturalisierung der Unterscheidung von Rechts und Links führt also zu deren Bagatellisierung. Was schließlich das Paar Vorwärts-Rückwärts angeht, so gerät diese Doppelbewegung, die im neuzeitlichen Fortschrittsdenken eine solch prominente Rolle spielt, in die Kreisbahnen kosmischer Umschwünge, die sich in der Form von Auf- und Abschwung mit einem symbolischen Auf- und Abstieg verbinden. Wie schon bei der generellen Behandlung der Wo-Frage geht die Kontingenz des Hier, des Hier-her und des Von-hier in einer kosmologischen Kinetik unter.

Descartes macht auf andere Weise Tabula rasa. Die Bewegungen, die in dem homogenen und isotropen Behälterraum ablaufen, sind bloße Ortsveränderungen ohne die qualitative Auszeichnung bestimmter Bewegungsrichtungen. Husserl hat mit der leiblichen Selbstbewegung die Qualitäten der verschiedenartigen Bewegungsarten wiederentdeckt. Aber sein Bewegungsdiagramm, das mit dem Koordinatenkreuz und der euklidischen Dreidimensionalität operiert und einseitig auf den Orientierungsraum und die Kinästhesen der Wahrnehmung zugeschnitten ist, erweist sich als allzu schematisch, um dem verschlungenen und gekrümmten Raum der leiblichen Bewegung, den wechselnden Bewegungspraktiken und dem emotionalen Duktus der Motionen gerecht zu werden. Nur einiges wenige sei hier erwähnt. Zum Auf und Ab der Bewegung gehören die Anstrengungen, mit denen Höhenunterschiede bewältigt werden, desgleichen Höhenangst und Schwindelgefühle. Beflügelung und Fall, die das Seelengeschick im *Phaidros* bestimmen, bedeuten mehr als Bewegungen, die in zwei verschiedene Richtungen führen. Bei der Behandlung des Unterschieds von Rechts- und Linkshändigkeit berücksichtigt Platon zwar den Gebrauch von Waffen und

Ausführungen zu Raum und Ort bei Aristoteles in: Jammer 1960, Kap. I und in Casey 1997, Kap. 3.

Musikinstrumenten; doch anders als in Kants körperabhängiger Unterscheidung von Gegenden im Raum (Ausg. Weischedel, I, 995) bleibt die Schreib- und Leserichtung ebenso ausgespart wie die ethische und politische Symbolik von Rechts und Links. Ähnliches gilt für den Unterschied von Vor und Zurück, und zwar nicht erst unter dem Blickwinkel einer geschichtlichen Großperspektive. Zur Vorwärts- und Rückwärtsbewegung gehört das Zögern, das Abtasten, der Rückzug, das Anlaufnehmen, das Anhalten, das heißt Bewegungen, in denen sich eine Wende vorbereitet, die von der geraden Linie abweicht. Man sollte also Husserls leibliche Kinetik lediglich als Skizze nehmen, wie übrigens auch Heideggers Praktik und Technik des Daseins. Bei Autoren wie Erwin Straus, Eugène Minkowski, Maurice Merleau-Ponty, Gaston Bachelard, Michel Serres oder Edward S. Casey findet sich weit mehr dazu.

7. Worin: offene und geschlossene Räume

Mit der Frage ›worin?‹ überquert unsere Analyse eine Schwelle. Im Deutschen sagen wir: Wir sind *an einem Ort*, nicht in einem Ort, doch wir sind *in einem Raum*. Natürlich ist dies nur ein sprachlicher Wink, der sich sachlich zu bewähren hat; nicht jede Sprache läßt diese Nuance zu (vgl. gr. ἐν τόπῳ, lat. *in loco*). Doch in unserer Sprache formuliert können wir feststellen: Es droht die Gefahr, daß der Ort im Raum aufgeht und darin verschwindet wie die Nacht im Tag. Vieles von dem, was bisher in den Blick getreten ist, würde damit hinfällig.

Zunächst einmal ist festzuhalten, daß besagtes Worin zu den ältesten Schichten der Raumvorstellung gehört. Aristoteles erinnert an Hesiods *Chaos*, jenen Weltenschlund, dem alles, selbst die Erde, entstammt und der allem, was ist, *Raum* (χῶρα) gewährt (*Physik* IV, 1, 208 b 29-33).[24] Dieses urtümliche Worin ist strenggenommen

24 Das griechische Wort χῶρα, das sich von χωρεῖν: ›weichen, sich zurückziehen‹ herleitet, läßt sich sinngemäß wiedergeben mit »ausweichend Raumgebendes« oder »raumgebendes Ausweichendes«, so Zekl 1990, S. 106, 268. Heidegger umschreibt die Rolle der Chora, in der sich der durch Ausdehnung bestimmte Raum vorbereitet, aber eben nur vorbereitet, als »das Sichabsondernde von jedem Besonderen, das Ausweichende, das auf solche Weise gerade anderes zuläßt und ihm ›Platz‹ macht« (*Einführung in die Metaphysik*, 1953, S. 51).

ein Woraus, von dem Entronnene erzählen. In Platons *Timaios*, der sich auf der Schwelle von Mythos und Logos plaziert, finden sich Nachklänge dieses Ursprungsmythos, mehr allerdings nicht.[25] Die *Chora*, die alle Ideen aufnimmt, ihnen Unterkunft gewährt und sie nährt wie eine Amme, wird ausdrücklich als Worin (ἐν ᾧ) des Werdens bezeichnet (*Tim.* 50 d). Sie hat etwas Weibliches, Mütterliches und Nächtliches im Gegensatz zum Väterlichen und Himmlischen der Ideen. Selbst der aristotelische Ort behält noch gewisse Züge eines Worin. Es sei nur an die eingangs erwähnte Definition erinnert. Als »Grenze des *Umfassenden* oder *Umfangenden* (περιέχοντος)«[26] ist der Ort nicht ablösbar von dem Umfaßten, wie wenn er seine Oberfläche wäre, vielmehr schmiegt er sich dem Körper an wie eine Haut. Eben deshalb kann es keinen leeren Ort geben; dieser wäre wie ein Umfassendes ohne Umfaßtes. Und so sieht Aristoteles seine Lehre vom Topos durchaus im Einklang mit Platons Lehre von der Chora, die weder der Gattung der Hyle noch der Gattung der Morphe zuzurechnen ist (*Physik* IV, 2, 209 b 11-16). Sprachlich setzt Platon allerdings Topos und Chora nicht einfach gleich, wie Aristoteles es ihm in den Mund legt; wie so oft vermeidet er eine strenge Terminologie, doch nutzt er die Nuancen der Sprache. Das lautet dann so: Die dritte Gattung der Chora gewährt allem Werdenden einen Sitz (ἕδρα), so daß »alles Seiende irgendwo an einem Ort ist (εἶναί που ἔν τινι τόπῳ) und einen bestimmten Raum einnimmt (χῶραν τινά κατέχον) « (*Tim.* 52 b).

Das Motiv eines Worin verliert sich in der Neuzeit mit der Hypothese eines leeren Raumes, der mit seinem Inhalt nichts zu tun hat. Kant bedient sich noch einer mythischen Sprache, wenn er in seiner Schrift *Mutmaßlicher Anfang der Menschengeschichte* (Ausg. Weischedel, VI, 91) den Augenblick der »Entlassung« des Menschen »aus dem Mutterschoße der Natur« festhält, wonach ihm nichts mehr bleibt, um sich darin zu bergen und vor dem Auge des Gesetzes zu verbergen. Doch das gehört für Kant zur Vorgeschichte des Menschen. Uns geht es nicht um eine Remythisierung menschlicher Ursprünge, sondern um die Fremdheit hic et nunc, die am

25 Derrida stellt in seinem der Chora gewidmeten Essay (frz. 1987, dt. 1990) vor allem deren abgründigen, zwielichtigen Charakter heraus, der in kein dualistisches Schema und in keine Raumordnung paßt.

26 Zu dem unüberhörbaren erotischen Unterton vergleiche Goethes *Ganymed*: »Umfangend umfangen!«

eigenen Leib erfahren wird und eben auch in der Differenz von *Innen-Außen*, die sich im Zuge der neuzeitlichen Philosophie definitiv auf die Ebene der Reflexionsbegriffe verlagert. So tritt auch bei Kant der Außenraum, in dem die Dinge sich ausbreiten, dem Innenraum gegenüber, »darinnen ich mich befinde« (KrV B 38); es kommt zu einer Scheidung in Außenwelt und Innenwelt, in äußeren Raumsinn und inneren Zeitsinn. Wenn trotzdem die Schatten räumlicher Vorstellung in den Bereich des Denkens eindringen, so sind diese ›bloße‹ Metaphern, Symbole oder Schematismen, denn eigentlich treten nur die Dinge aus-einander. Doch die leibliche Erfahrung lehrt uns anderes als diesen hartgesottenen Dualismus, nämlich daß alles Lebendige sich gegen eine Umwelt abgrenzt (vgl. Plessner 1981, S. 149 ff.). Der menschliche Leib ist umfangen von der Haut als einer durchlässigen Grenz- und Schutzfläche. Diese Innen-Außen-Differenz erzeugt einen voluminösen Leibraum. Ich ›stecke in meiner Haut‹ oder ›möchte nicht in deiner Haut stecken‹. Das leibliche In-Sein läßt sich nicht ablegen wie ein lästiges Kleid. An der leiblich verankerten Differenz partizipieren auch die Dinge. Schlichte Präpositionen wie ›auf‹, ›unter‹, ›neben‹ oder ›in‹ verlieren ihren Sinn, wenn ich nicht annehme, daß da etwas ist, das *sich* im Raume situiert, als wäre ich selbst dort. Eine strikte Unterscheidung zwischen existentialem »Sein-In« und kategorialem »Sein in ...«, wie Heidegger sie in *Sein und Zeit* (S. 53 f.) vornimmt, läßt sich nicht aufrechterhalten. Jede Wahrnehmungsfigur profiliert sich vor dem doppelten Horizont von Außenraum und Körperraum, von Positions- und Situationsräumlichkeit, und das Dritte, das zwischen beiden vermittelt, ist eben unser Leib als Leibkörper (vgl. Merleau-Ponty 1945, S. 116-118, dt. S. 125 f.).

Die Differenz von Innen und Außen hinterläßt ihre Spuren in der Welt. Zitieren wir nochmals Aristoteles. »Wo ist Sokrates? Im Lykeion oder auf dem Markt.« Die Beispiele stehen für zwei verschiedene Formen des Worin. Der Markt ist ein *offener Platz*, deutlich gerahmt, aber nicht durch Tore verschlossen, zumeist unter freiem Himmel. Das Lykeion ist dagegen ein Ort des Forschens und Lernens mit speziellem Zugang, erst recht gilt dies für Privathäuser. Es sind *geschlossene Gehäuse*, die durch Außenwände und Dachflächen gegen physische Außeneinwirkungen, durch Türen und Tore zumindest symbolisch gegen Außenstehende abgeschirmt sind. Die Antwort auf die Wo-Frage könnte aber auch lauten: »Sokrates ist im Gefängnis.« Unter Zwang verwandeln sich geschlossene in *verschlossene Gehäuse*, in Gefängnisse und andere Internierungsanstalten, die den freien Verkehr zwischen Innen und Außen nicht nur unterbinden, sondern auch ummodeln.

Als *Gebäude*, also als Bauwerk gehören alle Gehäuse zu den Raumartefakten. Der Raum im Singular (*space*) verwandelt sich in einen Plural (*rooms*). Wiederum sollten wir uns vor einer vorschnellen Geometrisierung oder besser Ökometrisierung hüten. Gebäude sind mehr als bloß dreidimensionale Gebilde. Jede Behausung bildet sich um eine »anfängliche Muschel«, die das Haus bewohnbar macht; so äußert sich Gaston Bachelard, der seine *Poetik des Raumes* mit einem Kapitel über das Haus beginnen läßt. Betritt man ein Haus, so dringt man in eine räumliche *Tiefe* ein mit Zimmerwänden, die vor- und zurückspringen, und Treppen oder Fahrstühlen, die auf- und niedersteigen. Dies sind Innenhorizonte besonderer Art, die ein Interieur entstehen lassen. Türen und Türschwellen, Fenster und Fensterläden erlauben einen Verkehr zwischen Innen und Außen, indem sie Schritte und Blicke regulieren. Zwischen offenen und geschlossenen Räumen gibt es mancherlei Übergänge; so wie es halböffentliche Plätze gibt, so auch halbgeschlossene Häuser. Grenzfälle, denen wir uns annähern können, wären die finstere Höhle, die ins Nächtliche zurückführt, und das durchsichtige Glashaus, das überhell den Tag hineinläßt. Innen und Außen nötigen uns nunmehr dazu, die Geometrie gleichsam rückwärts zu lesen. Der konstruktive Gang der euklidischen Geometrie führt vom Punkt über die Linie und die Fläche zum Würfel (vgl. Zekl 1990, S. 28-33). Die Tiefe (βάθος) wird dann, wie etwa in Platons Bildungszyklus (*Politeia* 528 b), als »dritte Ausdehnung« eingeführt, wörtlich als dritte »Vergrößerung« (αὔξη), ähnlich die drei Dimensionen (gr. διαστήματα) des Körpers bei Aristoteles (*Physik* IV, 1, 209 a 4-6). Doch durch Zählung und Vermehrung der Dimensionen gelangt man nicht zur Erfahrung räumlicher Tiefe, die Merleau-Ponty im Raumkapitel seiner *Phänomenologie der Wahrnehmung* als »existentiellste Dimension« restituiert hat (1945, S. 296, dt. S. 299). Die Erfahrung der Tiefe entspringt nicht dem Ziehen einer Linie oder einer Vervielfältigung der Ebenen, sondern sie entsteht dadurch, daß etwas sich auf den Wahrnehmenden zu oder vom Wahrnehmenden weg bewegt. So entsteht ein Vor- und Hintereinander, daß sich aus keinem Nebeneinander herleiten läßt. Durch bloße Vervielfältigung der Dimensionen stößt man auch nicht zur Innen-Außen-Differenz vor, als könnte man einen Würfel betreten wie ein Haus. Um das Haus in ein dreidimensionales Raumschema zu zwängen, muß man die Fassade auf eine Vorderfläche, den Boden auf eine Grundfläche und Zimmerecken auf rechte Winkel reduzieren. Auf diese Weise verwandelt sich das Gehäuse in einen gewöhnlichen *Behälter*, der mehr oder weniger gefüllt ist.

Leer ist ein Behälter, der nichts enthält, voll einer, in dem nichts weiter Platz hat. Doch diese Vorstellung, die an die Grundannahmen der Mengenlehre erinnert, widerspricht jeder Raumerfahrung. Die Erfahrung der *Leere*, wie sie die Wüste hervorrufen kann, erzeugt einen *horror vacui.* In einem Raum, der dem Auge oder der Hand keine Anhaltspunkte bietet, fühlt man sich verloren. Ähnliche Wirkungen gehen vom Zwielicht und von der Dunkelheit aus, wenn die Konturen verschwimmen und nicht mehr zwischen Hund und Wolf zu unterscheiden ist. Umgekehrt fühlt man sich erdrückt von der *Überfülle* von Dingen und Personen, die sich in einem Raum zusammendrängen. Die Polarisierung von Leere und Überfülle, die einerseits ein Übermaß an Offenheit, andererseits ein Übermaß an Geschlossenheit erzeugt, findet ihren pathologischen Ausdruck in entsprechenden Phobien. In der Agoraphobie, auch Platzangst genannt,[27] leidet der Patient unter einem Übermaß an Offenheit, das keinen Halt gewährt, während in der Klaustrophobie alles als beengend empfunden wird. Im ersten Fall nähert die Raumerfahrung sich einem *Draußen ohne Drinnen*, im zweiten Fall einem *Drinnen ohne Draußen*. Gemessen an der Polarität von Ort und Raum bedeutet dies, daß wir es einmal mit einem *Ortsmangel* zu tun haben, bei dem der Raum sich uferlos ausweitet und die Verankerung im Ort nachläßt, das andere Mal mit einem *Raummangel*, bei dem der Ort zusammenschrumpft und sich sein räumliches Umfeld verliert. In einem dynamischen Raum gibt es nicht nur ausgedehnte Dinge, der Raum selbst dehnt sich und schrumpft im Einklang mit den Wesen, die ihn bewohnen. Anders gesagt: »Dehnen und Raffen gehören konstitutiv zum Raumgeschehen. [...] Dehnen alleine wäre bloßes Aufblähen. Raffung alleine wäre Verkümmerung ohne Ausgriff und Tragweite. Beides gehört zusammen« (Baier 1996, S. 53).

27 Freud spricht auch von Topophobie und Raumangst (GW XI, 278f.).

Es ergeben sich eine Menge weiterer Fragen, die hier nur angedeutet seien. Der Binnenraum eines Gebäudes wird außer bei Hallen, die sich einem überdachten Platz nähern, in Einzelräume aufgeteilt. Räume, die man nutzt, lassen sich aufteilen, nicht so der Ort, an dem man sich befindet. Räume oder Höfe können sich ineinander *verschachteln*, so daß Raumgrenzen sich überschneiden. Die *Disposition von Dingen* im Raum verursacht verschiedenartige Raumwirkungen. Hierbei werden alte Ordnungsvorstellungen wach. So definiert Cicero Ordnung als *compositio rerum aptis et accomodatis locis* – als eine Zusammenstellung von Dingen an passenden und ihnen zukommenden Plätzen (siehe oben, S. 16). Diese Zusammenstellung kann sehr stabil sein oder eher mobil vor sich gehen wie bei der Verwendung von Stellwänden oder Schiebewänden, wie wir sie von japanischen Hausanlagen kennen.

Ferner gehören zu unserer Alltagswelt Schlupfwinkel wie Schubladen, Truhen und Schränke, deren Ehrenrettung Gaston Bachelard in Kapitel III seiner *Poetik des Raumes* betrieben hat. Er wendet sich dort gegen das Klischee eines »Schubladendenkens«, dessen Invektiven auf dieses selbst zurückfallen. Die Schublade, französisch *tiroir*, ist kein neutraler Behälter, den man ausfüllt wie ein Formular, sie ist etwas, das man herauszieht, das sich öffnet und verschließt, das etwas für sich behält, es aufbewahrt. Dinge, die sich dort befinden, entfalten ein Eigenleben ähnlich wie das, was sich im eigenen Leib abspielt. Es sind Räume, manchmal Museen und Archive *en miniature*, auch Verstecke. Sie sind nicht zu verwechseln mit digitalisierten Datenspeichern, wenngleich deren Nutzung ebenfalls Überraschungen bereithält. Bei Ausstellungen wäre nicht nur nach dem zu fragen, was nicht ausgestellt wurde, sondern auch nach den Winkeln und Ecken in der Schaustellung selbst. Kein Schaustück gibt sich gänzlich preis, jedes hält etwas zurück. Ebenso wie die Dosen und Schachteln, denen auch Freud seine Aufmerksamkeit geschenkt hat, sind dies alles keine bloßen Container mit beliebigem Inhalt. In den Nischen des Alltags entfaltet sich ein Spiel mit den Möglichkeiten von Innen und Außen, das nicht zur Ruhe kommt.

8. Ringsum: Umgebung, Umwelt und Welt

Das Präfix ›um‹, das in Ausdrücken wie Umgebung, Umkreis, Umfeld oder Umwelt auftaucht und in fremdsprachlichen Ausdrücken wie *environment/environ*, *surroundings*, *entourage* oder *ambiente* seine Pendants findet,[28] suggeriert die Vorstellung von einer Mitte, die wie von Satelliten umkreist wird. Demnach bilden sich konzentrische Kreise, so daß die umliegenden Orte sich nach *Nähe* und *Ferne* staffeln. Im engsten Umkreis haben wir die Nachbarschaft, zu der die nahestehenden Angehörigen und auch die »nächsten Dinge« gehören. So entstehen Nah- und Fernwelten als Spielräume der leiblichen Bewegung und entsprechender Fortbewegungstechniken. Dies alles ist Gemeingut der Phänomenologie des Raumes. Im Gegensatz zu den Innenhorizonten räumlicher Interieurs haben wir es nun mit den *Außenhorizonten* räumlicher Exterieurs zu tun. Auch der uralte Gegensatz von Stadt und Land, den die neueren Kommunikations- und Verkehrsmittel längst abgeschwächt haben, beruht darauf, daß Städte nicht nur eine größere innere Wohndichte aufweisen, sondern auch eine Vielzahl von Außenverbindungen. Der Gegensatz von Stadt und Land wandert nach innen, wenn der Außenkontrast nachläßt. In diesem Sinne spricht Walter Benjamin in seinem Passagen-Werk von Stadtschaften (1983, I, 530).

Das »Umhafte«, das Heidegger in *Sein und Zeit* so intensiv herausstellt, findet sich auch bei Husserl, der häufig von »kulturellen Umwelten« oder von »Lebensumwelt« spricht. Merleau-Ponty nimmt dieses Motiv auf, indem er sich auf ein Sein bezieht, das »nicht mehr vor mir liegt, sondern mich umgibt (*m'entourant*) und mich in gewissem Sinne durchdringt« (1964, 154, dt. S. 153). Doch auch die Qualität des »Umhaften« hat etwas Zweideutiges. Sie kann so verstanden werden, daß das Hier von einem Kranz von Dorts umgeben ist. Das Umfeld des Hier würde damit nur erweitert und die Zentrierung verstärkt. Viele traditionelle Weltvorstellungen, die sich aus einer Schöpfung von Ordnung inmitten einer chaotischen Umgebung herleiten (Leroi-Gourhan 1984, S. 412), haben diesen konzentrischen Charakter, mit der Heimat oder der Heimwelt als

28 In diesen Substantiven stecken Verben wie *virer*, *tourner*: sich drehen, und *ambire*: wörtlich herumgehen. Zum Sprachgebrauch vgl. auch Descartes, *Principia* II, 15: Dort heißt es vom *locus externus* in einer quasi-aristotelischen Diktion: *sumi potest pro superficie quae proxime ambit locatum.*

Kern. Der Ort, an dem ich mich befinde, wäre nicht mehr und nicht weniger als der Kern des Gesamtraumes, eine Welt im Kleinen. Die Polarität von Ort und Raum würde im Universalhorizont der Welt verschwinden. Doch dies widerspricht der Pluralität der Hiers, die sich nicht totalisieren läßt. Die Ferne beginnt, wie wir zu zeigen versuchen, im Innersten. Die Frage »Wo bist du?« sprengt den Kern auf und verleiht dem Eigenort die Züge eines Fremdortes, ganz im Gegensatz zur Fixierung auf das Eigene, die das *Kommunistische Manifest* als »Idiotismus des Landlebens« brandmarkt. André Leroi-Gourhan weist in seinen paläontologischen Studien darauf hin, daß schon in der Frühzeit der Menschengeschichte zu unterscheiden ist zwischen dem *dynamischen Raum* einer Welt als Strecke, die man zurücklegt, und dem *statischen Raum* einer Welt aus Kreisen, die sich als Erd- und Himmelskreis am Horizont vereinen. Diese Polarität findet ihre biologische Entsprechung in den verschiedenen Sensorien von Landtieren und Vögeln und ihre ethnologische Entsprechung in der kontrastierenden Raumorientierung von Jägern und Sammlern einerseits, von seßhaften Bauern andererseits (1984, S. 402-405). Die Frage wäre, ob und wie beide Vorstellungen sich vereinigen oder aneinander abschleifen können.

Abgesehen davon besitzt das »Umhafte« die Qualität der *Umhüllung*, die mit dem Schema von Zentrum und Peripherie nicht zu fassen ist. Was mich umhüllt, befindet sich weder vor mir noch in meinem Rücken. Es ist immer noch da, auch wenn wir uns umdrehen oder auf den Kopf stellen. Es durchdringt uns, wie Merleau-Ponty sagt. Außerdem gibt es nicht nur den Erdboden, auf dem wir stehen, sondern auch Elemente wie Luft und Wasser, in denen wir uns bewegen und von denen wir leben. Wir bewegen uns *im* Wasser, fliegen *durch* die Luft oder gehen *zu* Boden. Elemente haben etwas Unbestimmtes, Atmosphärisches, auch Katastrophenträchtiges. Die Arche gehört als Rettungsschiff zu den Archetypen unserer Kultur. Die einseitige Orientierung an geraden Linien und festen Körpern läßt den »Fluida« (Serres 2005, S. 68) zu wenig Raum. Die Umhüllung ist jedoch kein sicherer Kokon, sie ist weder falten- noch lückenlos. Sie hebt die Innen-Außendifferenz nicht auf. Man denke an den Doppelrhythmus des Ein- und Ausatmens, an das Eintauchen in das flüssige Element und das Auftauchen aus ihm sowie an die Möglichkeiten, von den Elementen verschlungen zu werden oder an mangelnder Luftzufuhr zu ersticken. Schelers Gegensatz von Umweltgeschlossenheit und Weltoffenheit, der unter dem Dualismus von Trieb und Geist leidet, trifft die Sache nur zum Teil. Er wird der Ferne nicht gerecht, die der Welt in ihrer Verflechtung von Menschenraum und Naturraum (vgl. Merleau-Ponty 1945, S. 339 f., dt. S. 341), von Eigenem und Fremdem, von Territorialität und Exterritorialität anhaftet.

Ein letztes Fazit lautet: Das leibhaftige Hier des Eigenen und das ebenso leibhaftige Anderswo des Fremden entziehen sich der Eingemeindung in einen Gemeinort, der einstmals Kosmos oder Physis hieß und der heute in verschiedenen Fassungen, oftmals halb ökologisch, halb naturalistisch gefaßt, wiederkehrt.

9. Wie weit: Vermessene Räume

Der Übergang von der Orts- und Raumerfahrung zur Raumvermessung ist ein großes Thema. Wir werden nur einige Anschlußstellen markieren. Husserls *Krisis* lehrt uns, daß zwischen Raumerfahrung und Raummessung der Sprung einer konstruktiven Idealisierung liegt, der durch keine Rückfrage nach dem Ursprung der Geometrie zu tilgen ist. Konstrukte von Raumkörpern und Körperräumen gehören ebensowenig zu einer erweiterten Alltagserfahrung wie Atome oder Neuronen. Nahtstellen bilden sich bei der *Mathematisierung* dessen, was nicht aus Zahlen, Flächen oder Würfeln besteht, sich aber eben doch als zählbar und meßbar erweist und deshalb Vorgestalten und Nachgestalten des Mathematischen enthält. In diesem Sinne gibt es eine indirekte Sicht auf die Mathematik, wie es eine indirekte Sicht auf die Moral oder die Musik gibt. Wir leben nicht in mathematischen Räumen, aber in mathematisierbaren und teilweise mathematisierten Räumen. Die Frage, ob die Geometrisierung und Arithmetisierung des Lebensraumes unserem Leben zum Vorteil oder zum Nachteil gereicht, stellt sich nicht, weil es keine Schutzzone gegen sie gibt; nur die Voraussetzungen, die Wirkungen und die Reichweite dieser Prozesse stehen zur Debatte. Husserl ist in dieser Hinsicht entschiedener als manch anderer, da er sich weigert, Descartes leichthin zu verabschieden. Obwohl die Bastelei in den *Ideen II* sich nicht durch hermeneutische Finessen auszeichnet, bleibt sie der Sache näher als so manche vorsichtigen Umschweife. Der Leib tritt »zugleich als Leib und als materielles Ding« auf, so heißt es dort (Hua IV, 158). Dies impliziert, daß er *zugleich hier und irgendwo* auftritt; leiblich befinde ich mich an meinem Ort, und zugleich bin ich körperlich einer Stelle im Raum zuzuordnen. Dieses Zugleich von örtlicher Befindlichkeit und räumlicher Position bedeutet, daß es Irrelatives inmitten aller Relationen und in diesem Sinne »Absolutes im Relativen« gibt.[29] Die Verwandlung des Hier in ein Irgendwo bedeutet dann eine »rechtmäßige ›Naturalisierung‹« (ebd. 168), da sie sachlichen Anforderungen entspringt. Mit der Kennzeichnung des homogenen Naturraumes als eine »Entweltlichung der Umwelt« (*Sein und Zeit*, S. 113) trifft Heidegger nur die Verlustseite.[30] Der Spalt, der den Menschen als »denkendes Schilfrohr« und auch seine Lebenswelt von sich selbst scheidet, ist die Einfallspforte für Berechnungen und Messungen, die nicht gleich einer *natura ex machina* von außen her einbrechen.

Schon die Messungen unserer Alltagspragmatik machen sich ei-

29 Vgl. das Raum-Kapitel in Merleau-Pontys *Phänomenologie der Wahrnehmung*, frz. S. 287, dt. S. 289. Dieses Absolute im Sinne eines Irrelativen im Relativen, eines »absoluten Hier« (siehe Casey 1997, S. 220), ohne welches es im strengen Sinne nur Selbes und Anderes, aber kein Selbst gäbe, tritt durchaus im Plural auf, anders als das metaphysische Absolute, das schlichtweg im Mittelpunkt steht. Die Entgegensetzung von absolutistischer und relativistischer Raumauffassung, mit der Martina Löws Raumsoziologie ständig operiert, erinnert an den Gegensatz von Substanz- und Funktionsdenken, wie er von Ernst Cassirer herausgestellt wurde, und speziell an Newtons absoluten Raum, der seit Leibniz und Huygens Zielscheibe der Kritik ist (vgl. Jammer 1960, Kap. IV). Doch abgesehen davon, daß in der Physik andere Maßstäbe gelten und daß auch dort die Auflösung des Raumes in bloße Relationen von Körpern auf Widerstände stößt (vgl. C. F. von Weizsäcker 1971, S. 149), ist der entscheidende Punkt damit nicht getroffen. Ein Raumnetz, das aus lauter Relationen besteht, ist ein Modell, das vieles erschließt; was es nicht erschließt, ist das Raumwerden des Raumes, sein Nullpunkt, sein Nicht-Ort, der auch durch eine gesellschaftliche oder sprachliche Symbolik nicht aufzufüllen ist. Patočka rekurriert in einem ähnlichen Zusammenhang auf eine Beziehungsstiftung: »nicht eine Beziehung, *in der* das Subjekt steht, sondern ein Beziehen, *das* das Subjekt ist« (1991, S. 91). Kants auf die eigene Körpererfahrung gestützte Unterscheidung zwischen Lage der Dinge und Gegenden im Raum kommt hier ebenfalls in Betracht.

30 Im ähnlichen Fahrwasser bewegt sich Franz Xaver Baier, wenn er sein Buch *Der Raum* (1996) antithetisch auf den *ungelebten Raum*, darunter den geometrischen, und den *gelebten Raum* aufteilt. Die mit Phantasie und Witz ausgebreitete Vielfalt von Lebensräumen, die geradezu als »Lebewesen« auftreten und ein »Eigenleben« führen (S. 7, 9), gerät dadurch in ein schiefes Licht.

ner Vereinfachung ›schuldig‹, indem sie etwas quantitativ gleichbehandeln, was qualitativ nicht gleich ist. So kommt es noch nicht zur völligen Homogenisierung des Raumes, wohl aber zur Abschwächung der Heterogenität, ohne die es jedoch kein Erfahrungswissen gäbe. Auch dieser Prozeß läßt sich auf eine Leitfrage zurückführen, nämlich auf die Frage: *Wie weit?* Wie weit ist es von hier zum Nachbarhaus, zum Nachbarort? Da die Frage von jemandem gestellt wird, der sich im Raume bewegt, schließt sich die Raum und Zeit in sich vereinigende Frage an: *Wie lange* braucht man dorthin? Die Frage beantwortet sich zunächst durch ein vergleichendes *So-wie*. Von hier nach A ist es etwa so weit wie nach B. Da es sich um eine symmetrische Relation handelt, läßt sich die Vergleichsrichtung umkehren: Von A oder B nach hier ist es so weit wie von hier nach A oder B. Das Hier wird durch den Vergleich selbst zu einem austauschbaren Bezugsglied C: Von A nach C ist es so weit wie von B nach C. Das Hier nimmt auf diese Weise eine bestimmte, aber keine bevorzugte *Stelle im Raumnetz* ein. Der Vergleich erlaubt es uns ferner, von der aktuellen Bewegung zu potentiellen Bewegungen überzugehen. Ähnliches gilt für Höhenunterschiede. »Der Weg nach oben und der Weg nach unten sind ein und derselbe«; dieser Satz Heraklits, der sich auch auf die Vorwärts- und Rückwärtsbewegung anwenden läßt, gilt nur, wenn man von den Umständen der Bewegung absieht und allein die räumlichen Verhältnisse berücksichtigt. Auf diese Weise verwandelt sich die Wegstrecke, die wir durchlaufen, in eine feste Bahn, in ein Wegschema, das von der Bewegung ebenso ablösbar ist wie das Bewegungsschema. Dem Körperschema, in dem sich unsere Lage im Raum abbildet, entsprechen nun verschiedene *Raumschemata*. Dazu gehören scharfe Kurven ebenso wie steile Böschungen, Anstiege oder Kreuzungen. Dies sind transponierbare Schemata, die vielfach durch Weg- und Straßenschilder angezeigt werden. Die »Entferntheit« der Dinge, die Heidegger von dem »Entfernen« unterscheidet, das vom Dasein vollzogen wird (*Sein und Zeit*, S. 105), ist nur ein Kernschema unter anderen. Das Worin der Räumlichkeit unterliegt einer ähnlichen Wandlung. Der geschlossene Raum, der ebenso viele Personen oder Dinge faßt wie ein anderer, nimmt die selbständige Form eines *Behälters* an. So ist die Fassungskraft eines Fahrstuhls unabhängig davon, wer ihn benutzt. Die eigene Wohnung wird registriert als Wohnung mit einer bestimmten Quadratmeterzahl.

Die Vergleichsmaße lösen sich ab von dem, was vermessen wird, wenn ein allgemeiner und starrer *Maßstab* angelegt wird wie etwa der Erdumfang. Dies führt uns bereits zur nächsten Stufe.

Die exakte Messung operiert mit diskreten Einheiten und entsprechenden Meßskalen; sie gelangt auf diese Weise zu Raumstrukturen, die sich von der subjektiven Zuwendung der gelebten Räumlichkeit ablösen.[31] Man hält sich nicht im Ungefähren auf, sondern erstrebt einen Grad der Genauigkeit, der selbst wieder rechnerisch festgehalten wird. Man rechnet mit idealen Größen, Zahlen und Gebilden, so wenn im Architektenbüro von dem geplanten Haus ein *Grundriß* oder eine Computersimulation angefertigt wird oder wenn durch Landvermessung *Grundstücke* eingegrenzt werden. Hinzukommen *Raummeßinstrumente* wie Kompaß oder Theodolit und maßstabgerechte *Raumgraphiken* wie Karte, Atlas oder Globus, mit denen die Raumerfahrung eine spezifische Form der Aufzeichnung erreicht.

Innerhalb der neueren Mathematik und Physik findet sich eine Menge gegenläufiger Tendenzen, durch die dem cartesianischen Gegensatz von geistigem oder psychischem Innen und physischem Außen auch von seiten der Raumforschung der Boden entzogen wird. Ich nenne einige Gesichtspunkte, die eng mit den von uns behandelten Fragen zusammenhängen. Der Begriff des *Feldes*, den Maxwell in die Elektrophysik eingeführt hat und der inzwischen eine breite Verwendung gefunden hat, so auch in der Phänomenologie und der Gestalttheorie, unterscheidet sich von dem Konzept des leeren Raumes dadurch, daß Feldstrukturen wesentlich mitbestimmt werden durch die Körper und Kräfteverhältnisse, die das Feld bilden. Ein Schwerefeld ist mehr als ein mit schweren Körpern angefüllter Behälter. Es bilden sich ›singuläre Punkte‹, an denen Prozesse umschlagen, und ›Orte‹, in denen der Raum sich gleich-

31 Vgl. dazu die schon erwähnten Untersuchungen von Elisabeth Ströker (1965), die in Anlehnung an Oskar Becker einen Bogen schlagen vom gelebten Raum hin zu euklidischen und nichteuklidischen Räumen. Vgl. ferner die Darstellung des Übergangs von der Raumerfahrung zu metrischen, geometrischen und physikalischen Raumstrukturen bei Gosztonyi (1976), 8. Kap. Dessen kenntnisreiche Enzyklopädie strandet allerdings in einer dubiosen Metaphysik, die über den Raum als »Schoß« oder »Wirkungsmacht« zum »großen Ereignis – genannt Welt« – zurückführt, um den Menschen »zu einem integrierten Teil des Alls« zu machen. Die Spannung von Ort und Raum löst sich auf in den Schwingungen eines Gefühlsraums.

sam ausbeult und aushöhlt. Anders als in der klassischen Physik, die auf die Bestimmung einer Natur an sich abzielte, lassen sich physische Körper in der modernen Physik nicht mehr einer eindeutigen »Lokalität« zuordnen; an die Stelle atomistischer Individuen tritt die »Individualtypik« von Gruppen, deren Elemente sich nur »spielraummäßig« nach Wahrscheinlichkeitsgesetzen bestimmen lassen.[32] – Die auf Leibniz zurückgehende mathematische Topologie konzentriert sich auf die *Lage* von Raumpunkten, die relational bestimmt sind, und im Gegensatz zur klassischen Geometrie arbeitet sie mit Termini wie ›Umgebung‹ oder ›Nachbarschaft‹ (siehe unten, S. 107). – In dynamischen Systemen stößt man auf schillernde Übergangsphänomene. So ist beim Umschwung der Pendelbewegung von der Oszillation zur Rotation mit verschiedenen *Phasenräumen* zu rechnen, die es ausschließen, individuelle Trajektorien eindeutig zu lokalisieren wie Billardkugeln, die sich auf festen Bahnen bewegen, und ähnliches gilt für die Bahninstabilität einer Kugel bei ungewissen Anfangsbedingungen (vgl. Prigogine/Stengers 1986, Kap. IX). – Schließlich unterminiert Heisenbergs Unschärferelation auf der mikrophysikalischen Ebene die Annahme einer objektiven Ortsbestimmung, die vom ›hier‹ der Messung ganz und gar unabhängig ist. Die *Interferenz* zwischen den Raumdaten der vermessenen Vorgänge und dem Ort der Messung unterläuft den cartesianischen Dualismus. Auch hier tritt Verschiedenes *zugleich* auf, ohne daß eines vom anderen getrennt werden kann.

Was sich hier andeutet, spricht ebenfalls dafür, daß unser leiblich-räumliches Selbst nicht in einem autarken und zentralen Hier festen Stand gewinnt, daß es aber auch nicht irgendwo in einem homogenen Raum zerstäubt wie die Reste eines Meteors. Die Frage nach dem Wo, von der wir ausgegangen sind, erhält durch die Polarität von Ort und Raum immer wieder neue Nahrung.

32 Vgl. hierzu Beilage IV der *Krisis*; in diesem 1936 entstandenen Text, der zur Lebensweltproblematik gehört, betont Husserl, daß die moderne Physik anders als die klassische Physik nicht mehr darauf aus ist, die Relativität der Anschauung zu überwinden, sondern daß sie sich selbst in einer immer wieder neuen Relativität hält. Dennoch besteht die Gefahr, daß auch die neue mathematische Physik – ein »großartiges Instrument der Erkenntnis der Natur, in der wir wirklich leben« – ihre theoretische Situation verkennt und sich anmaßt, alle Konkretionen der konkreten Welt physikalisch herzuleiten (Hua VI, 390). Heute wäre an die Neurologie zu denken, soweit sie dazu neigt, ihre Modellvorstellungen lebensweltlichen Erfahrungen unterzuschieben.

3. Leibliches Wohnen im Raum

Die Revision der Raumauffassung, von der im Eingangskapitel ausgiebig die Rede war, stellt zwei Axiome gründlich in Frage, nämlich die Annahme, der Raum sei ein leeres Schema, mit dessen Hilfe wir uns das Neben- und Auseinander der Dinge vorstellen, und der Raum sei ein leerer Behälter, der von Körperdingen und so auch von unserem eigenen Körper ausgefüllt werde. Was diesen Axiomen zugrunde liegt, ist ein *homogener* und *isotroper Raum*. Er besteht aus Raumstellen, Raumpositionen, Raumlinien und Richtungen, die allesamt gleichrangig sind und von denen keine einen besonderen Vorzug genießt. Alles ist irgendwo, gleich wo, einschließlich des Menschen, soweit sein Geist an den Körper gebunden ist. Anders der *orientierte Raum*, der bestimmte Orte und Richtungen bevorzugt. Das Wort ›Orientierung‹ verweist bekanntlich auf den Orient als den Ort des Sonnenaufgangs; in traditionellen Kirchen- und Tempelanlagen kehrt diese Ausrichtung als sakrale Form der Verortung wieder. Wie dieses Kapitel zeigen soll, bildet der Leib gerade jenen Dreh- und Angelpunkt, der die Rückverwandlung des homogenen in einen orientierten Raum erfordert und ermöglicht.

Das Leben und Wohnen im Raum läßt sich nicht denken ohne eine innere Zugehörigkeit der Bewohner zu dem Ort, an dem sie sich aufhalten. Dabei ist der Raum zwar ortsgebunden, aber nicht ortsfixiert; das Wohnlichmachen der Natur und das Wohnen in einem Oikos hat als solches nichts mit Bodenständigkeit zu tun. Selbst das Nomadentum älteren und jüngeren Datums steht für eine bestimmte Weise, die Welt zu bewohnen. Die wechselseitige Verwiesenheit von Ort und Raum, von der zuvor die Rede war, zeigt sich somit in einem neuen Licht.

1. Vielfalt des Raumes

Der Raum, um dessen Beschaffenheiten und Wirkungen es geht, verschmilzt nicht zu einem einheitlichen Begriff, der eine Vielzahl von Individuen auf gemeinsame Merkmale festlegt oder sie in eine Stufenleiter von Arten und Gattungen einfügt. Daran denkt auch

Kant, wenn er den Raum der Sinnlichkeit zurechnet und nicht dem Verstand. Die Ordnung des Raumes bildet keine »pyramidale Ordnung«, und das Ortssystem des Raumes zeichnet sich gleich unserer Welt durch eine Singularität aus, »für die der Plural sinnlos ist« (vgl. Hua VI, 146). Es gibt nicht Räume, wie es individuelle Dinge oder Lebewesen gibt. Gäbe es sie, so würde sich erneut die Frage stellen, wo sie ihren Ort haben. Doch das schließt nicht aus, daß der Raum sich von sich aus in eine Vielfalt von regionalen Räumen zerteilt und verzweigt und Zwischen-Räume entstehen läßt, wo ein Raum in den anderen übergeht. *Den* Raum gibt es nur in der Vielfalt von Raumweisen und in der raumübergreifenden Verkettung oder Verschmelzung verschiedenartiger Räume.

Im gelebten Raum, der sich seinerseits von den Konstruktionen des geometrischen und des physikalischen Raumes abhebt, spiegelt sich die ganze Vielfalt der leiblichen Sinne, der leiblichen Bewegung und der leiblichen Befindlichkeit. So ist zu unterscheiden zwischen einem Wahrnehmungsraum als dem Raum des Gewahrens, einem Bewegungs- und Handlungsraum als dem Raum des Wirkens, einem pathisch geprägten Raum der Widerfahrnisse, einem atmosphärischen Raum der Gestimmtheit oder einem Phantasieraum als einem Spielraum von Möglichkeiten. Der Wahrnehmungsraum zerteilt sich wiederum in einen Sehraum, Hörraum, Tastraum, Geschmacks- und Geruchsraum.[1] Wir werden unser Hauptaugenmerk auf solche Momente richten, die quer durch alle Sinnessphären gehen und einen *locus communis* entstehen lassen, der mit einem kinästhetisch verfaßten *sensus communis* korrespondiert. Schon Aristoteles rechnet räumlich relevante Momente wie Größe, Gestalt, Zahl, Bewegung und Ruhe zu den κοινά, den gemeinsamen Bestimmungen, die wir immerzu mit wahrnehmen, wenn wir etwas auf spezifische Weise wahrnehmen (*De anima* III, 1). Dies schließt nicht aus, daß die Orientierung und Bewegung im Raum und der Raum selbst jeweils eine besondere Färbung annehmen. Das Problem der Synästhesie, das es mit dem Zusammenspiel und Widerspiel der Sinne zu tun hat, wiederholt sich in einer besonderen Art von *Syntopie*.[2]

1 Zu der Problemfülle, mit der eine spezialisierte Raumforschung zu kämpfen hat, vgl. zusammenfassende Darstellungen wie Ströker 1965 und Gosztonyi 1976, 6. Kap. sowie die entsprechenden Handbuchartikel.

2 Ich verweise auf meine Ausführungen zur synästhetischen Rhythmik der Sinne in den *Sinnesschwellen* (1999).

Doch dies sind Fragen, die wir ebenso wie die kulturhistorische Vielfalt der Raumordnungen und Raumformen nur auszugsweise oder exemplarisch behandeln werden, soweit sie unsere zentrale Frage nach dem Wohnen im Raum und nach dessen Bewohnbarkeit berühren.

2. Verankerung im Hier

Beginnen wir nochmals mit dem Hier. Wo ist hier? Eine merkwürdige Frage, wie sie nur von Kindern, Schildbürgern, Irren oder Philosophen zu erwarten ist. Die Frage suggeriert, man hätte schon einen Raum, in den man das Hier einordnen kann als eine Raumstelle unter vielen anderen. Doch das fragliche Wo wäre erschlichen, als hätte die Ortsangabe nicht selbst einen Ort. Wo also ist hier? Hier ist dort, wo derjenige, der ›hier‹ sagt oder nach dem ›hier‹ fragt, sich jeweils befindet. Das ›hier‹ gehört zu den sogenannten Zeigwörtern, zu den okkasionellen oder indexikalischen Ausdrücken. Schon der Gebrauch von Zeigegesten ist keine einfache Sache. Die Tatsache, daß Menschenaffen im Gegensatz zu Kleinkindern, sich schwer damit tun, die Symbolik des Zeigens aus der Pragmatik des Hantierens herauszulösen, läßt erkennen, daß hier mehr verlangt ist als die Ausführung von Basishandlungen.[3] Was diese in concreto besagen, kann sich nur zeigen. Wer nicht aus eigener Erfahrung weiß, wo derjenige sich aufhält, der ›hier‹ sagt, versteht schlichtweg nicht, was diese Äußerung meint. Ein situationsloses ›hier‹ bliebe eine leere Sprachgebärde. Ihr Aussagegehalt gliche einer Wegkarte, die nichts taugt, solange der Benutzer nicht weiß, welche Stelle auf der Karte seinem eigenen Standort entspricht. Das ›hier‹ markiert ein Moment des Aussagegehaltes (*énoncé*), in dem der Aussagevorgang (*énonciation*) aufscheint wie der rote Punkt auf der Wegkarte. Die genuine Bestimmung des Wo ist nicht zu trennen von dem Wer eines Sprechers, der sich hier und nicht anderswo äußert. Betrachten wir dieses Sichbefinden als Ausdruck einer Leiblichkeit, die weder einem reinen Geist noch einem bloßen Ding eigen ist, so zeigt sich eine originäre Beziehung zwischen Räumlichkeit und Leiblich-

3 Vgl. dazu die Leipziger Forschungen zur evolutionären Anthropologie, die sich auch mit Frühformen der gestischen Kommunikation und der gemeinsamen Aufmerksamkeit befassen (Tomasello 2002).

keit, und eben diese Beziehung findet im ›hier‹ ihren sprachlichen Ausdruck. Der Ort des Leibes bildet zugleich einen genuinen Ort der Rede, an dem sich etwas zeigt und zur Sprache kommt. Das Hier der Rede geht in dem beredeten Raum ebensowenig auf, wie das Jetzt der Rede in der beredeten Zeit. Ohne Verankerung im Hier liefe jede Ortsangabe ins Leere.

3. Raumachsen

Das leibliche Hier fungiert nicht nur als Ankerplatz, es fungiert gleichzeitig als Orientierungszentrum, von dem Raumachsen wie Oben-Unten, Vorn-Hinten, Rechts-Links ihren Ausgang nehmen. Räumliche Bestimmungen haften den Dingen nicht an wie Farben und Gerüche, die sich in Skalen und Büscheln anordnen; sie treten paarweise auf, bezogen auf ein Hier, das wie eine Drehscheibe funktioniert. All diese Kontraste wären jedoch formal wie die strukturalen Differenzen und Oppositionen eines Lautsystems, nähme man sie rein für sich. Rechts wäre dann dort, wo nicht links ist, oben dort, wo nicht unten ist, und so fort. Wir hätten nichts als ein Netz von Relationen. Den Differenzen läge eine Indifferenz zugrunde, wie sie für den homogenen und isotropen Raum der euklidischen Geometrie charakteristisch ist. Das räumliche Hier ist also unentbehrlich, um das Raumsystem zu verorten und es gleichsam zu erden. Dieses Hier bildet, wie Husserl in Anspielung auf das mathematische Koordinatenkreuz bemerkt, einen *Nullpunkt*, da es keiner der genannten Alternativen zugeordnet werden kann (siehe oben, S. 41). Es ist selbst weder oben noch unten, weder rechts noch links. Im strengen Sinne markiert das Hier keinen Punkt, auch keinen Mittelpunkt, als sei der hier befindliche Leib genau zwischen Rechts und Links angesiedelt. Der Nullpunkt bedeutet keine Stelle im Raum, auch nicht in seiner Mitte. Ebensowenig entspricht er jenem reinen Punkt, der laut Hegel (*Enzyklopädie*, § 254) in seiner Un-ausgedehntheit den endlos sich ausdehnenden Raum negierend aufhebt. Strenggenommen handelt es sich um gar keinen Nullpunkt, sondern um einen Nullort. Gleich dem Augenblick hat er eine bestimmte Breite, die sich mit den Wanderungen der Aufmerksamkeit und den Variationen der Körperhaltung verändert. Zugleich markiert er den Ort, an dem eine bestimmte

Raumordnung mitsamt ihren Implikationen und Konnotationen entspringt. Der Nullpunkt, der bei Roland Barthes als »Nullpunkt der Literatur« wiederkehrt, gleicht dem blinden Fleck des Sehens. Er ist der Ort, wo das Sehen, aber auch das Sprechen stattfindet. Dieser Ort nimmt damit Züge eines genuinen Nicht-Ortes an. Auch Foucault greift darauf zurück, wenn er sich in seinem Vortrag über den utopischen Körper wie folgt äußert: »Der Körper ist der Nullpunkt der Welt, der Ort, an dem Wege und Räume sich kreuzen. Der Körper selbst ist nirgendwo. Er ist der kleine utopische Kern im Mittelpunkt der Welt, von dem ich ausgehe, von dem aus ich träume, spreche, fantasiere, die Dinge an ihrem Ort wahrnehme und auch durch die grenzenlose Macht der von mit erdachten Utopien negiere.«[4] Diese Fassung des Hier als Nicht-Ort deutet auf eine noch zu erörternde Fremdheit des Ortes hin.

Betrachten wir die verschiedenen Raumorientierungen, so zeigt sich, daß sie allesamt überdeterminiert sind und gleichzeitig einer Bewertung unterliegen, in der sich bestimmte Ordnungsvorstellungen niederschlagen. Das beginnt mit *Oben und Unten.* Diese vertikale Achse entspringt dem aufrechten Gang, der uns zwingt, den Kopf oben zu halten, gegen die Schwerkraft des eigenen Körpers anzukämpfen und mit den Füßen auf der Erde zu bleiben. Die mythische Figur des Antaios, der seine Kraft einbüßt, sobald er den Erdboden verläßt, weist auf diesen einfachen Sachverhalt hin. Er verschwindet auch nicht, wenn wir uns in die Lüfte erheben; noch der Verlust der Erdenschwere in der Raumkapsel weist hin auf den Erdboden, von dem der Raumflieger aufgestiegen ist (siehe oben, S. 27). Die Begeisterung, mit der Levinas den Raum-

4 Im Original heißt es: »Le corps, il est le point-zéro du monde, là où les chemins et les espaces viennent se croiser, le corps, il est nulle part ...« Ich zitiere hier wie auch später aus den beiden Radiovorträgen von 1966 (2005, S. 34 bzw. 64), die dem 1984 unter dem Titel »Des espaces autres« veröffentlichten Schrifttext (siehe *Dits et Écrits*, Bd. IV) zugrunde lagen. Der Text, in dem sich unsere Unterscheidung zwischen Ort und Raum durchaus wiederfinden läßt, zeigt, daß von einem »völligen Bruch mit dem Leib der Phänomenologen von Husserl bis Merleau-Ponty« (so Daniel Defert in seinem Kommentar, a. a. O., S. 72) nicht die Rede sein kann. Ein *völliger* Bruch würde aus Foucault einen Strukturalisten machen, der er alles in allem nicht sein wollte (vgl. dazu *Idiome des Denkens*, 2005, S. 119). Dies bedeutet keinen bloßen Schulstreit, sondern einen Sachstreit. Zum Verhältnis Foucaults zur Phänomenologie, namentlich zu Merleau-Ponty, vgl. ausführlich Gerhard Unterthurner: *Foucaults Archäologie und Kritik der Erfahrung* (2007).

flug von Gagarin begrüßt und gegen Heideggers Erdverhaftung ausspielt, schießt über das Ziel hinaus, wenn sie den »Aberglauben des Orts« durch eine kosmische Ortlosigkeit wettmachen zu können glaubt.[5] Solche Reaktionen gehören bereits zur Bewertung von Oben und Unten, und diese ist nicht eindeutig. Der orientierenden Über-sicht steht die sichere Unter-lage gegenüber, Aufstehen und Ruhelage wechseln miteinander ab. Oben und Unten können sich steigern zur emphatischen Höhe und Tiefe, in der unser Blick sich verflüchtigt oder umgekehrt der Boden in einem Abgrund versinkt. Die Vertikale kehrt in der Statik des Bauens wieder, und die Asymmetrie eines leiblichen Oben und Unten spiegelt sich in Decken und Böden, in Dachkammern und Kellergeschossen. Die Hierarchisierung nach Oben und Unten, die ein soziales Gefälle auslöst, verlockt zur Umkehrung, in der alles ›drunter und drüber‹ geht, *sans dessus dessous*. Heraklits Gedanke, daß der Weg hinauf und hinunter derselbe sei, setzt schon einen Maßstab voraus, der qualitative Unterschiede über einen Leisten schlägt, indem er Weglängen homogenisiert. Solche Homogenisierung gehört zu unserem technischen Alltag. Wer mit dem Lift hinauffährt, wird sich kaum als Bergsteiger fühlen, obwohl die durch Schwindelgefühle erzeugte Höhen- und Tiefenangst auch vor Rolltreppen und Fahrstühlen nicht haltmacht, ganz zu schweigen von der Flugangst, die niemals völlig durch Sicherheitsmaßnahmen behoben werden kann. Die Angst verrät, daß die leibhaftige Erfahrung von Oben und Unten sich nicht völlig auf relative Höhenunterschiede reduzieren läßt. Die Raumerfahrung hat selbst etwas Pathisches, das sich in wechselnden Affekten bekundet. Die Differenz von Oben und Unten gibt auch der Physiognomie des fremden Gesichts ihr eigentümliches Gepräge. Merleau-Ponty weist auf die verfremdende, ja monströse Wirkung hin, die sich einstellt, wenn wir ein menschliches Gesicht falsch herum betrachten, und er folgert daraus, daß der Wahrnehmungs- und Ausdruckssinn in solchen Fällen selbst eine räumliche Orientierung aufweist. Es gilt dann: »Einen Gegenstand umkehren, heißt ihm seine Bedeutung nehmen« (1945, S. 292, dt. S. 294 f.).

Die Differenz von *Vorn und Hinten* findet ihren leiblichen An-

5 Siehe seinen Aufsatz »Gagarin, Heidegger und wir«, in: *La liberté difficile* (1963), S. 325, dt. S. 175.

halt darin, daß der Mensch ein Gesicht hat, das heißt nicht nur Augen, die schauen, was vor ihm liegt, sondern auch ein Angesicht, das einen Verkehr von Angesicht zu Angesicht ermöglicht und in Vorsicht, Rücksicht oder Nachsicht eine ganze Blickszenerie durchläuft. Was in unserem Rücken liegt, erzielt nicht die gleiche Aufmerksamkeit; doch die Tatsache, daß etwas in unserem Rükken liegt, verwandelt den Raum in ein Umfeld, das uns umgibt und nicht vor unseren Augen aufragt wie eine Leinwand. Die Verletzlichkeit, der wir als leibliches Wesen ausgesetzt sind, unterliegt wiederum einer gewissen Polarität; es gibt frontale Angriffe und solche, die uns rücklings überfallen. Dem entspricht in der klassischen militärischen Strategie die doppelte Bedeutung von Vorhut und Nachhut. In der Architektur begegnet uns diese Dimension in den traditionellen Formen von Fassade und Rückwand, von Vorder- und Hinterhaus, von Straßenseite und Hinterhof. Diese Formen können innerhalb einer Kultur und von Kultur zu Kultur variieren. Die Verschachtelung japanischer Häuser, die Kernstruktur von Innenhöfen in orientalischen Wohnpalästen oder die zirkuläre Anlage von Zentralbauten lassen den Kontrast von Vorn und Hinten zurücktreten, aber ›gesichtslos‹ sind auch solche Bauten nicht.

Schließlich bleibt die Unterscheidung von *Rechts und Links*. Wie schon Aristoteles betont, hat das konventionelle Umlernen im Fall von Rechts- und Linkshändigkeit die größten Chancen, die uns auch in der Doppelmöglichkeit von Rechts- und Linksverkehr begegnen. Bei anderen Organen, etwa bei Auge und Ohr, spielt die Rechts- und Linksseitigkeit keine besondere Rolle. Doch die Hirnforschung zeigt, daß auch die Rechts-Links-Orientierung des Körpers nicht einfach austauschbar ist, sondern einer bestimmten Asymmetrie unterliegt. So führt die bildliche Vertauschung der beiden Gesichtshälften zu identitätsstörenden Effekten, die mit dem heterogenen Funktionieren der beiden Gehirnhälften zusammenhängen (vgl. Pöppel 1997, Kap. 15). Hinzu kommen kulturelle Gewohnheiten, etwa der Duktus des Schreibens, der unsere allgemeinen Sehgewohnheiten und auch den Eintritt in den Bildraum nicht unberührt läßt. Lange bevor Platon und Aristoteles ihre kosmischen und ethischen Ordnungskonzepte entwickelten, wies Herodot als frühzeitiger Ethnograph auf entsprechende interkulturelle Differenzen hin. Bei der Behandlung der Ägypter macht er auch auf Varianten der Schreibkultur aufmerksam. »Die Griechen schreiben und rechnen von links nach rechts, die Ägypter von rechts nach links, und dabei behaupten sie, sie selbst machten es richtig, die Griechen dagegen linkisch oder verkehrt.«[6] Schließlich steckt die Unterscheidung von Rechts und Links voller moralisch-rechtlicher und politischer Konnotationen, von dem Beiklang des Rechtmäßigen und Linkischen bis zur parlamentarischen Sitzordnung, die bezeichnenderweise den Änderungsfreudigen die linke Seite vorbehält; wo Rechts als normal gilt, verbindet sich mit der Linken eine abweichlerische und aufsässige Haltung. Daß man in einer Zeit, als Linkshänder noch umgeschult wurden, die rechte Hand als die ›schöne Hand‹ zu bezeichnen pflegte, gehört zur Anstandstopik, die eine bestimmte Körpermoral und Körperpolitik widerspiegelt. Heute hat die Minoritätenpolitik auch die Linkshänder erreicht, die sich mit eigenen Zeitschriften zu Worte melden. Daß Fechter und Tennisspieler von der Linkshändigkeit profitieren, ist bekannt. Die Abweichung führt hier zur Bereicherung.

Die Raumachsen, nach denen sich das Raumbefinden orientiert, bilden allerdings kein starres Raumgefüge, in das unser Leib eingespannt wäre wie in ein Gitternetz. Richtungen entstehen durch Bewegungen des *Sichausrichtens*, bei denen eine Raumrichtung in die andere umschlagen kann, so etwa in der *Fallbewegung*, in der jemand oder etwas seinen Stand verliert, oder in der Bewegung des *Wiederaufstehens* und der *Wiederaufrichtung*, in der ein früherer Zustand wiederhergestellt wird. Dieses Auf und Ab zieht ebenfalls eine reiche Symbolik nach sich, die vom Sündenfall oder vom Fall der Seele in den Körper bis zu steigenden und fallenden Kursen und Preisen reicht und in Ausdrücken wie Einfall, Rückfall, Unfall und Zufall eine Labilität aufscheinen läßt, die ebenfalls einen körperlichen Anstrich hat. Erinnert sei daran, daß nur ein Körper, der nach Oben und Unten hin orientiert ist, fallen kann; die Deutung der physikalisch meßbaren Raumbewegung, die Galilei vom Turm zu Pisa aus untersuchte, als eine Form des freien Falles stellt strenggenommen einen Anthropomorphismus dar. Nicht nur die vertikale Orientierung, sondern auch die nach Vorn und Hinten mobilisiert sich. Dies geschieht in der *Zu- und Abwendung* sowie im *Vor- und Zurücktreten*, ohne welches es keine artikulierte Erfahrung, sondern

6 *Historien* 2, 36. Die griechischen Ausdrücke δεξιός und ἀριστερός haben wie das deutsche ›rechts‹ und ›links‹ einen bewertenden Nebensinn.

nur ein gestaltloses Allerlei gäbe. Schließlich führt die *Kehrtwende* zu einer Vertauschung von Rechts und Links. Das Sichausrichten unterliegt also einem offenen Prozeß, der durch Abweichungen immer wieder aus der Bahn geworfen wird. In all diesen Fällen haben wir es mit keiner bloßen Bewegung im Raum zu tun, sondern mit einer Selbstbewegung, die sich ihren eigenen Raum und auch ihre eigene Zeit schafft. Der Raum gerät selbst in Bewegung, wenn etwas oder jemand *sich* im Raume bewegt.

4. Durchmessung, Dehnung und Schrumpfung des Raumes

Bewegte Räume entstehen nicht derart, daß Linien, Flächen und Abstände maßgerecht bestimmt werden, sie entstehen daraus, daß Raumbewohner – gleich Giacomettis Gehendem – den Raum durchmessen. Die Raumachsen, die unseren Erfahrungsraum durchschneiden, sind daher nicht mit förmlichen geometrischen Dimensionen zu verwechseln, die durch die Bewegung eines Punktes bei gleichbleibender Bewegungsrichtung erzeugt werden.[7] Das erste Maß ist ein Schrittmaß, in dem Raum und Zeit sich begegnen. Ähnlich den Zugvögeln, die ihre Bahn ziehen, indem sie den Lichteinfall registrieren, und ähnlich den Fledermäusen, die nachts zum Beuteflug ansetzen, indem sie Echos orten und die Strahlen des Erdmagnetfeldes nutzen, entwickelt auch der technisch versierte Mensch seinen Raumsinn zunächst im Bewegungsvollzug, nicht aus einer Bewegungsbeobachtung heraus. Zenon, einer der frühen Theoretiker der Bewegung, war so vermessen (oder so verschmitzt), den fliegenden Pfeil ruhig zu stellen wie einen unbequemen Patienten. Der Pfeil scheint an dieser oder an jener Stelle zu ruhen, solange man die Wegstrecke in winzige Raumpunkte zerteilt. Aristoteles brachte den Pfeil wieder in Bewegung, indem er die aktuelle Bewegungsphase mit Potentialitäten durchsetzte, bei ihm bleiben die Potentialitäten allerdings gebunden an eine Wesensverfassung. Das Feuer strebt nach oben, der Stein nach unten. Der Pfeil, der sein Ziel sucht, wäre dann recht eigentlich dort, wo er noch nicht

7 Vgl. hierzu Gosztonyi 1976, Kap. 8, wo die eigentümliche »Phänomenologie der Dimensionalität« sorglich von der mathematischen Dimensionalisierung des Raumes abgehoben wird.

ist. Ebenso geht es jedem Körper, der sich auf seiner vorgezeichneten Bahn bewegt. Die Bewegung unterliegt einer kosmischen Zielordnung, die auf ewig in sich selbst ruht. Geht man mit Galilei über zur bloßen Mechanik einer Ortsbewegung, die äußeren Kräften gehorcht, so bleiben bloße Raumstellen zurück, die man mit Zeitstellen korreliert; das Raum- und Zeitnetz, das ausgeworfen wird, entstammt nicht selbst der Bewegung, die darin eingefangen wird. Doch die lebendige Bewegung eines Wesens, das *sich bewegt*, läßt sich nicht auf ein solches Bewegungsskelett reduzieren. Darin behält Aristoteles Recht. Die leibliche Bewegung eröffnet Dimensionen der Höhe und Tiefe, der Nähe und Ferne, und sie orientiert sich in verschiedenen Richtungen, ausgehend von einem leiblich markierten Nullpunkt, an dem die wechselnden Raum- und Zeitbezüge entspringen. Selbst in der Physik kann der objektiv gemessene Ort sich nicht völlig freimachen von den Bedingungen seiner Messung. Der gemessene Ort fällt nicht zusammen mit dem Ort der Messung. Zudem vollzieht eine Bewegung, die nicht bloß hier entspringt, sondern von hier nach dort verläuft, keinen bloßen Ortswechsel, sie beschreibt eine Bewegungsbahn. Dies entspricht dem Ziehen einer Linie, das selbst beim Ziehen einer Linie in Gedanken (KrV B 154) in der gezogenen Linie so wenig aufgeht wie das Sagen im Gesagten. Durchmessene Räume sind niemals deckungsgleich mit vermessenen Räumen.

Doch wie verträgt sich die fortdauernde Bewegung mit den Möglichkeiten der Ruhe und des Stillstandes? Von der Eigenbewegung aus betrachtet, bedeutet der Stillstand ein Stillhalten, ein Anhalten der Bewegung, eine Bewegung auf der Stelle. Das Urbild einer vollkommenen Bewegung, die sich selbst aufhebt, ist die schon erwähnte Kreisbewegung, die sich mit einem Minimum an Veränderung begnügt. Die Rekursivität der kreisförmigen Bewegung spiegelt sich in der Reflexivität einer rückläufigen Bewegung, mit der jemand zu sich selbst zurückkehrt. Es gehört zu den alten Träumen der Vernunft anzunehmen, daß in einem Denken, das seine eigenen Voraussetzungen einholt, Anfang und Ende sich verschlingen. Es ist ein ebenso alter Traum der Mystik, daß unser Selbst, wenn es in vollkommener Selbstkonzentration sich selbst umkreist oder auch körperlich umtanzt, im Nirwana eines Überall und Nirgends versinkt. Doch ist eine vollkommene Wiederholung überhaupt denkbar? Ist dasselbe, das *als dasselbe* wiederkehrt, noch völlig dasselbe? Wir werden diese Frage in einem späteren Kapitel ausführlich behandeln.

Räume, die sich in der Bewegung herausbilden, nehmen vielerlei Gestalt an. Dazu gehören Prozesse der Dehnung und Schrumpfung, die auch in der Expansion und Verdichtung des Kosmos eine Rolle spielen wie schon in Platons spekulativer Kosmologie (vgl. *Tim.* 58 a). An der Schwelle der Neuzeit stoßen endliche Raumerfahrung und unendliche Raumberechnung aufeinander. Pascal sieht den Menschen eingezwängt zwischen zwei Unendlichkeiten, dem unendlich Kleinen und dem unermeßlich Großen. Dehnung und Schrumpfung besagen mehr als jene Ausdehnung, die Descartes dem Körper als einer *res extensa* zuspricht und dem Geist als einer *res cogitans* abspricht. Schon Leibniz ersetzt die statische Größe der Ausdehnung (*extension*) durch eine dynamische Form der Ausbreitung (*étendue* oder *diffusion*): »La diffusion du lieu formera l'espace«, so heißt es in dem *Entretien de Philarete et d'Ariste* (Gerhardt, Phil. VI, 585). Wir stoßen auf eine raumbildende Dynamik, innerhalb deren etwas aus dem anderen heraustritt und sich eines in das andere hineinschiebt. Auch die Seele bleibt davon nicht verschont. Schon bei Augustinus begegnet uns eine *distentio animi*, eine Zerdehnung des Geistes. Was hier noch, gemessen an der göttlichen Allgegenwart, als bloße Zerstreuung erscheint, taucht in der kabbalistischen Tradition selbst als Attribut Gottes auf, so wenn Henry More, ein Freund Newtons und Gegner Descartes', Gott als »unendlich ausgedehnt« vorstellt (vgl. Jammer 1960, S. 42-50). In neuerer Zeit stoßen wir auf eine eigentümliche Topik der Seele: »Psyche ist ausgedehnt: weiß nichts davon«, heißt es bei Freud (GW XVII, 152). Expansion und Kontraktion gleichen dem Ein- und Ausatmen; der Raum scheint von einem Atem beseelt. Selbst Gott hat daran teil in der kabbalistischen Deutung der Schöpfung als einer Kontraktion Gottes, »Zimzum« genannt. Alte Ängste, die der ruhigen Berechnung gewichen zu sein schienen, tauchen aus dem Untergrund auf. In der bereits erwähnten pathologischen Polarität von Agoraphobie und Klaustrophobie wird der Raum als *zu weit* oder *zu eng* erlebt, als fliehend oder beklemmend, als zu leer oder zu voll. All dies betrifft den Raum als eine Umwelt, die uns umfängt, ohne daß sie uns einschließt wie die Muschel in ihre Schale.

5. Nähe und Ferne

Die raumbildende Bewegung setzt sich fort in der Annäherung und Entfernung, die eine gestaffelte Form der Nähe und Ferne hervorbringt und die in der Berührung eine gesteigerte Form der Fernnähe erreicht. Diese Nähe und Ferne beruht nicht lediglich auf meßbaren Abständen zwischen verschiedenen Dingen, sondern sie bemißt sich nach den Mitteln und Techniken der Fortbewegung. Ein leiblich durchmessener Raum ist kein bloßer Zwischenraum zwischen Dingen, sondern ein Spielraum, der in unserem leiblichen Können verankert ist. Dementsprechend unterscheidet Paul Virilio (1996, S. 74 f.) zwischen unmittelbarer Nähe, die an die Körperbewegung gebunden ist, mechanischer Nähe, die von bestimmten Transportmitteln wie Kutsche, Auto, Flugzeug oder Lift abhängt, und elektronischer Nähe, die mit Lichtgeschwindigkeit erzielt wird und in eine absolute Nähe umzuschlagen droht. Bedeutet die Ferne einen Ort, wo wir noch nicht sind, aber einst sein werden, oder begleitet die Ferne jede Annäherung wie ein Schatten? Gibt es eine unerreichbare Ferne? Auch die traditionelle Staffelung der Sinne in Nah- und Fernsinne sowie die einseitige Bevorzugung des Auges geraten ins Wanken, wenn alle Nähe und Ferne aus diversen Bewegungen der Annäherung und Entfernung hervorgeht.[8]

6. Drinnen und Draußen

Wäre das Hier nichts weiter als ein Orientierungszentrum und ein Ausgangspunkt für Bewegungen, die sich mit wechselnder Geschwindigkeit in verschiedene Richtungen ausbreiten, so wäre das Hier letzten Endes doch wieder ein relatives Irgendwo in einem offen-endlosen Raum; ihm entspräche ein Blick von nirgendwo. Der Trend hin zu einer allgemeinen Relativierung wird dann unterbrochen, wenn etwas oder jemand an *seinem* oder *ihrem* Ort ist, das heißt, wenn der hiesige Ort sich aushöhlt zu einem Eigenort und wenn das, was einen Platz einnimmt, *sich selbst* an diesem Ort befindet. Das Hier verdichtet sich auf diese Weise zu einem Auf-

8 Die Verschiedenheit der Sinnesräume wird im nachfolgenden Band über *Sinne und Künste* stärkere Berücksichtigung finden.

enthaltsort. Eben dies ist in der Hier-Rede vorausgesetzt; mit ihr weist der Redende nicht auf irgendeinen Ort hin, sondern auf den eigenen Ort, an dem die Rede stattfindet. Diese Selbstbezüglichkeit entspringt einer eigentümlichen Grenzziehung, einer *Ein-* und *Ausgrenzung*, die nicht bloß zwei gleichwertige Orte entstehen läßt, sondern ein Drinnen und Draußen, einen Innen- und Außenbereich (vgl. Waldenfels 1990, Kap. 2). Wir stoßen hier auf eine Präferenz in der Differenz. Linguistisch gesprochen ist das Innen markiert; es ist kein bloßes Unterscheidungsglied, sondern der Ort, an dem die Grenzscheidung geschieht. Innen ist, wo jemand oder etwas *sich* absondert. In der Bestimmung des Raumes als eines bloßen Behälters, der einen Inhalt hat, oder in der Bestimmung der Räumlichkeit als *Aus*einander ist der irreduzible Unterschied von Innen und Außen bereits vorausgesetzt.[9] Das Drinnen hat Sinn nur für ein Selbst, das *sich* hier befindet, es kommt ursprünglich zur Sprache in der Weise, daß jemand für sich selbst oder stellvertretend für andere(s) ›hier‹ und ›dort‹ sagt. Die soziale Unterscheidung von Eigenem und Fremdem gewinnt von daher einen topischen Charakter, der über eine bloße Metaphorik hinausgeht und eine genuine »Topographie des Fremden« erfordert.

Die Eingrenzung beginnt wiederum am eigenen Leib mit der *Haut* als Grenz- und Berührungsfläche. Dieses »In-Sein«, dem ein »Haut-Ich« entspricht (vgl. Anzieu 1992), setzt sich fort in der *Haut der Dinge*, die dem eindringenden Blick und der eindringenden Hand Widerstand entgegensetzt.[10] Daß Kinder ihre Spieltiere und Puppen zerschneiden, um in ihr Inneres hineinzuschauen, zeigt, daß sie die Dinge noch ernster nehmen als der bloße Zuschauer, der sie in die Blickfläche verbannt. Auch die leibliche Innensphäre weitet sich aus. Ähnlich wie es üblich ist, Werkzeuge als Erweiterung oder Verlängerung des Leibes zu bezeichnen, bedeutet die *Wohnung* eine Ausweitung des leiblichen Innen- und Eigenbereichs.

9 Vgl. hierzu Bachelards Forderung nach einer »Phänomenologie des Präfixes Ex« (1957, S. 178 dt. S. 225), und ähnliches gilt für räumliche Präpositionen wie ›auf‹, ›unter‹, ›vor‹ oder ›hinter‹. Auch Bruno Snell (1952, S. 167) weist darauf hin, daß die Adverbien, aus denen sich die räumlichen Präpositionen entwickelt haben, ihren Ursprung in der leiblichen Erfahrung haben: »was vor einem ist, ist vorn; was auf einem ist, ist auf dem Kopf; was neben einem ist, ist zur Seite; was hinter einem ist, ist hinten usw.«

10 Vgl. hierzu Käte Meyer-Drawe, *Diskurse des Lernens* (2008), Kap. VI: »Der Einspruch der Dinge«.

Der Realismus der Alltagserfahrung, der auch die Raumkünste nicht verschont, legt die Annahme nahe, es gebe reale Gehäuse, künstlerisch verfertigte wie den Wohnraum oder die Werkstatt, natürlich entstandene wie das Schneckenhaus oder die Muschel. Doch dabei gerät leicht aus dem Blick, daß jedes Innere, auch das eines Gebäudes, jemanden voraussetzt, der *sich selbst* dort befindet oder befinden könnte wie in Menzels *Balkonzimmer*. Elementare architektonische Bestandstücke wie Wand und Mauer setzen geradeso wie Stadt- und Landesgrenzen unweigerlich die Differenz von Drinnen und Draußen voraus. Das leibliche Selbst fungiert als Grundmuster für Gebäude, die sich nach innen hin aushöhlen und nach außen hin durch Wände, Böden und Dächer abschirmen, und dies auch dann, wenn sich das Haus einem Glashaus annähert und sein Inneres nahezu verleugnet wie die monumentalen Installationen von Anish Kapoor.

Bewohnte Räume haben eine Tiefe, die sich – wie Heraklit von der Seele sagt – nicht ausmessen läßt. Die Tiefe enthält gleichsam einen räumlichen Vorbehalt, eine *reservatio spatialis*. Um sie auszuloten, müßten sich Fluchtlinien in bloße Abstände verwandeln. Raumgrenzen gleichen der leiblichen Haut, die zugleich trennt und verbindet. Das leibliche Interieur ist verletzlich wie das wohnliche Interieur. In der alten Habeaskorpusakte verbindet sich der Hausfriedensbruch mit einem Leibfriedensbruch. Die Verkörperung des Raumes in Gebäuden ist nicht nur im übertragenen Sinne zu verstehen, sondern buchstäblich als Verkörperung und Erweiterung unseres Leibes. In Freuds *Traumdeutung* häufen sich die Beispiele, in denen Gebäude, Örtlichkeiten und Landschaften zur symbolischen Darstellung des Körpers und speziell der Genitalien benutzt werden. Die Körpersprache schließt einen Raumdialekt ein. Le Corbusiers Modul ist gewiß kein universaler Kanon, aber in ihm deutet sich an, daß die architektonische Vermessung die Maße des menschlichen Körpers nicht einfach überspringen kann. Dies spricht für eine Architektur am Leitfaden des Leibes. All dies ließe sich von den verschiedenen Körperfunktionen her spezifizieren. Die Technisierung bedeutet keinen Einwand, da unser Leib nicht in ein subjektives Gespür eingesponnen ist, sondern als Leibkörper ebenso technomorph ist wie die Technik somatomorph, einschließlich der Wechselbezüge von natürlichem und künstlichem Gehirn.

Räume haben schließlich auch eine zeitliche Tiefe, in der sich

Geschichten und Geschichte ablagern. In seinem Essay »Prousts Interieur« bezeichnet Karl Schlögel (2003, S. 322 f.) Interieurs als so etwas wie »die nach außen gewandte Mode, die Mode des Futterals«, die nachträglich von einem ortskundigen Historiker als »Futterale der Epoche« beschrieben werden können. Daß solche Interieurs leicht etwas Gespenstisches annehmen, liegt daran, daß etwas von früheren Bewohnern darin fortlebt, je mehr diese sich darin eingenistet und nicht nur einen vorübergehenden Unterschlupf gefunden haben. So wie es Arten und Grade der Individuierung von Personen gibt, so auch von Räumen, die sie bewohnen.

Die Art und Weise, wie jemand oder etwas seinen Raum einnimmt und einen gemeinsamen Binnenraum mit anderen und anderem teilt, ist vielförmig. Sie oszilliert zwischen Arten der Fülle und Leere, die mit verschiedenen Stimmungslagen einhergehen (vgl. Ströker 1965, S. 25-31). Die Verteilung der Dinge im Raum erreicht jeweils einen entsprechenden Grad an Dichte. Die erfahrene Leere ist nicht zu verwechseln mit dem Vakuum der Newtonschen Physik, da sie wie die entsprechende Fülle qualitativ bestimmt ist. Ein Zimmer, ein Haus, eine Stadt, eine Bühne ist *zu voll* oder *zu leer*. Das ist keine bloße Sache abzählbarer Elemente, in beiden Fällen geraten wir an die Grenze der jeweiligen Raumordnung. Man kann sich in einem Raum beengt oder verloren fühlen, eine Wohnung kann vollgestopft sein wie eine Bürgerwohnung des 19. Jahrhunderts oder leer stehen wie eine Mönchszelle. Eine Stadtlandschaft kann sich dem bunten Vielerlei eines Flohmarktes annähern oder dem Einerlei einer Wüste. Auf gewisse Weise wiederholt sich dieser Kontrast im Tag- und Nachtrhythmus unserer Cities. Nächtlich ausgestorbene Straßen und Plätze sehen aus, als wären sie von Chirico gemalt. Als Grenzerfahrungen genommen haben beide Extreme etwas Befreiendes, das überquellende Durcheinander, das den normalen Ordnungsrahmen sprengt, wie aber auch den Rückzug in die Kargheit, der jedem Ding und jedem Wesen ein Eigengewicht zurückerstattet. Die Ambivalenz von Ruinen rührt daher, daß Konstruktion und Destruktion nicht eindeutig auf die Licht- oder die Schattenseite fallen. Da Fülle und Leere des sozialen Raumes sich nach dem Grad wechselseitiger Kontakte und nach dem Ausbau des Verkehrsnetzes richten, läßt sich die Einwohnerdichte, die das Zusammenleben der Raumbewohner prägt, nicht allein nach Einheit pro Quadratmeter berechnen. Die Lust an der Geselligkeit und die

Fähigkeit dazu spielen eine wichtige Rolle. Fülle und Leere geben einen Zündstoff ab für Raumkonflikte. Menschen und Dinge bevölkern nicht nur den Raum, sie machen sich ihn auch streitig, so vor allem den sprichwörtlichen Platz an der Sonne. Diese Tatsache findet ihren trefflichen Ausdruck in Schopenhauers Vergleich des menschlichen Sozialverhaltens mit dem Verhalten von Stachelschweinen, deren Stacheln verhindern, daß sie auf der Suche nach Wärme ganz eng zusammenrücken.

7. Interieur und Exterieur im Blickfeld der Malerei

Ich gestatte mir an dieser Stelle einen Seitenblick ins Atelier der Malerei. Mit dem Begriff des Interieurs beziehe ich mich auf die Darstellung von Innenräumen, wie wir sie der holländischen Malerei des 17. Jahrhunderts verdanken. Dabei habe ich einen Maler wie Vermeer vor Augen. Es geht mir nicht um das besondere Genre, sondern um die Entdeckung einer bestimmten Räumlichkeit durch die Malerei. Das sprichwörtliche *penser en peinture* verkörpert sich in einer besonderen Form von »dichter Beschreibung«. Wir stoßen auf Material, das nicht auf seine Formung wartet, sondern selbst schon im Prozeß der Formwerdung begriffen ist. Die Malerei *zeigt* in Farben und Linien, was Phänomenologen zu *sagen* und zu *denken* versuchen. Dazu gehört auch Unsichtbares, das sich zeigt, indem es sich dem Blick entzieht.

Das Rätsel des gelebten Raumes widerspricht nicht dem geometrischen Raum, bindet ihn aber zurück an die leibliche Erfahrung. Es gehört zu den ungeplanten, aber nicht unerwarteten Parallelaktionen der Kulturgeschichte, daß zur gleichen Zeit, als Descartes, Hobbes und Spinoza die Natur *more geometrico* konstruierten, Maler wie Vermeer den Raum auf neue Weise veranschaulichten. Ich greife einige zentrale Aspekte heraus, die uns allen vertraut sind. Die Darstellung der Interieurs umkreist einen *Ort im Raum*, der von einer Figur eingenommen wird, die als Lesende, Trinkende, Musizierende, Hantierende, Schlummernde den Raum mit ihren Blicken, Handlungen und Haltungen belebt. Von der Dichte dieses Ortsraumes aus, der in seiner Verkörperung die Punktualität eines bloßen Stand- oder Gesichtspunktes weit hinter sich läßt, entfalten sich die verschiedenen räumlichen Bewegungsrichtungen und

Bewegungsbahnen. Der dargestellte Innenraum ist kein bloßer Raumbehälter, in dem sich alles Mögliche ansammelt, er entspricht keinem homogenen Raumschema, das durch Meßwerte bestimmt ist. Vielmehr präsentiert er sich als ein *bewohnter Raum*, dessen Inneres nach außen hin durch Wände abgeschirmt, aber zugleich durch Fenster, Türen, gelüftete Vorhänge oder Hausgänge geöffnet ist. Das Licht dringt durch das Fenster in den Raum ein und inszeniert dort seine Schattenspiele. Es gibt den Dingen ihre Konturen und hinterläßt seine Leuchtspuren wie eine natürliche Photographie. Nur Schildbürger werden versuchen, es einzusammeln wie reife Früchte. Das leibliche »In-Sein« nimmt kosmische Züge an, ohne daß die Differenz von Drinnen und Draußen schwindet. Die Bewohner und Besucher befinden sich weder ganz und gar drinnen noch ganz und gar draußen, sondern besetzen einen *Schwellenraum*, den man betritt und verläßt, in dem man verweilt und der sich mit bewegt, wenn jemand sich bewegt. Interieur und Exterieur berühren sich wie Vorder- und Rückseite. Dabei ist der Raum kein bloßer Sehraum, gebannt in einen Guckkastenblick, sondern ein *synästhetisches* und *kinästhetisches* Feld.[11] Im Sichtbaren sehen wir klingende Gitarren, schmackhaften Wein, körniges Brot, samtene Stoffe, wie wenn sich im Ton eines einzigen Instruments der Klang eines ganzen Orchesters zusammenzöge, und wir sehen, wie Teppiche Falten werfen, wie Milch aus dem Krug rinnt, die Schreibfeder über das Papier kratzt. Im Gesehenen sehen wir Unsichtiges mit. Jede Sehpartikel, so etwa das »kleine gelbe Mauerstück« auf der *Ansicht von Delft*, die Proust so fasziniert hat, ist überdeterminiert wie ein Traumbild. Auch *Fernes* ist indirekt gegenwärtig, so etwa in den Schriftzügen eines Briefs, dessen Absender wir nur erraten können, und auf den Markierungen einer Landkarte oder einer Weltkugel, die in die Weite deuten. Das Spiel von Nähe und Ferne und der Kontrast von Innen- und Außenraum setzen sich anderweitig fort, wenn der Maler den häuslichen Schauplatz verläßt, eine Straße in Delft betritt oder über den Fluß hinweg auf die Stadt schaut. Der Blick weitet sich bis hin zum Spiel der Wolken am Himmel, die über die Landschaft dahinziehen, ohne sich niederzulassen. Doch bleiben wir in unserem Interieur. An dem Geschehen der Raumwer-

11 Nur so ist eine Blindenkunst möglich, die mit ihren tastenden Bewegungen den Raum neu entdeckt und der Normalität des Sehens neue Lichter aufsteckt. Vgl. Volkmar Mühleis, *Kunst im Sehverlust* (2005).

dung nehmen auch die *Dinge* teil. Das Glitzern der Perlen oder das Aufleuchten der Polsterknöpfchen verwandelt die Dinge in stumme Mitspieler, deren Blickstrahlen uns treffen. Schließlich dringt die Differenz von Innen und Außen in den Bildraum ein in Form von *Spiegeln* und *Gemälden*, die Bildräume im Bildraum oder wie bei Teniers ganze Bildergalerien entstehen lassen. Bildzitate schaffen eine eigentümliche Konpikturalität, vergleichbar der Kontextualität.

Das Widerspiel von Innen und Außen verstärkt sich, wenn der Maler selbst ins Bild rückt wie in Vermeers Wiener *Maler im Atelier*. Obwohl wir ihn nur vom Rücken aus sehen, nähern wir uns den Aporien eines Malens des Malens, das an die Grenzen des Bildhaften rührt. Mit der *Selbstverdoppelung* in einen malenden und einen gemalten Maler schlüpft der Maler in die Rolle eines *fremden Bildbetrachters* oder *Galeriebesuchers*. Blick und Hand des Malers schreiben sich in eine Bildfläche ein, die weit entfernt ist von der Innerlichkeit eines reinen Geistes oder eines reinen Seelenlebens. Der Maler sieht nicht sein Malen, er sieht höchstens, was er gemalt hat. Der Bildraum, der sich von einem Ort im Bilde aus entfaltet, greift am Ende über auf den Standort des gewöhnlichen Bildbetrachters. Der Betrachter ist eingeladen zum Mitsehen und Mitspielen, zur Blickerwiderung, wenn der Bildblick nach außen dringt, zum diskreten Seitenblick, wenn er in sich ruht. Der Betrachter, der von der Wirkmacht des Bildgeschehens angerührt wird, ist kein Außenbeobachter, es sei denn, er vertauscht die Bildwirkung gegen ein Bildobjekt. Er ist aber auch kein schlichter Mitspieler, als könne er jederzeit das Zimmer betreten und die Schlafende wecken. Der Bilderrahmen wirkt wie eine Bühnenrampe; man kann mit den Grenzen des Fiktiven spielen, man kann sie nicht völlig aufheben, ohne das Bild zu zerstören. Doch der Appell, der vom Bild ausgeht, verwandelt den hinzutretenden Betrachter in einen heimlichen Komplizen, indem er ihm die Rolle eines *indirekten Mitspielers* anträgt, vergleichbar der des beteiligten Beobachters in der ethnographischen Feldforschung. Der Bildraum geht ein in eine *Zwischensphäre*, an deren Konstitution Maler, Betrachter und Bild auf verschiedene Weise beteiligt sind. 1676, kurz nach dem Tod von Vermeer, schreibt Roger de Piles in seinem *Cours de peinture par principes*: »Das wahrhafte Gemälde muß seinen Betrachter anrufen [...], und der Betrachter muß überrascht zu ihm gehen, wie um ein Gespräch anzuknüpfen.« Um schlichte Vertraulichkeiten handelt es sich allerdings nicht. Wäre der Betrachter vorweg auf vertrautem Terrain, so würden in dem Bildgespräch nur visuelle Gemeinplätze ausgetauscht. Was uns im Bild überrascht, kommt aus der Fremde und bleibt in der Fremde; andernfalls gäbe es keinen Grund, immer wieder hinzugehen und das Gespräch zu suchen.

8. Raumanlage und Raumbühne

Verwandt mit Fülle und Leere ist schließlich die Raumanlage, sowohl die Verteilung der Räume wie die Verteilung der Dinge im Raum. Dies betrifft Wohnungsanlagen, Zweckbauten oder Kultbauten ebenso wie Garten- oder Stadtpläne. Städte, in denen die Domestikation von Raum und Zeit ihren sozialen Ort hat, haben eine lange, weltweite Vorgeschichte (vgl. Leroi-Gourhan 1984, S. 405-428). Sie können eine geometrische oder eine labyrinthische Form annehmen. Der Zentrierung in Agora, Forum, Markt, Stadtkirche und Rathaus, wie wir sie aus alteuropäischen Städten als eine Form der *centre-ville* kennen (Augé 1994, S. 79), stehen serielle Siedlungsformen gegenüber, die sich in der Fläche ausbreiten wie eine Art Fortsetzungsstadt, oder polyzentrische Stadtanlagen wie die Tempelstadt Kioto. Straßennamen spielen vielfach mit historischen Reminiszenzen, während bloße Straßenzahlen, wie sie etwa in San José, der Hauptstadt von Costa Rica, verwendet werden, der räumlichen Orientierung den unmittelbaren Vortritt lassen. Stadtbewohner entwickeln auf diese Weise ein räumliches Selbst mit einem eigentümlichen, kulturell geprägten Raumprofil, und es bilden sich räumliche »Drehpunkte«, um die sich bestimmte Beziehungsformen und auch gemeinsame Erinnerungen gruppieren (Simmel 1992, S. 706, 711). Die dabei entstehenden Grenzen können enger oder weiter gezogen werden, sie können eine größere oder geringere Durchlässigkeit aufweisen, das Verweilen im Raum kann stabilere oder mobilere Formen annehmen. Dies sind Fragen, mit denen sich die kulturgeschichtlich ausgerichtete Landschafts- und Stadtforschung in zunehmendem Maße beschäftigt. All diese Varianten gedeihen nur auf dem Boden einer individuell und kollektiv bestimmten *place identity*.[12]

12 Vgl. aus neuerer Zeit die bereits in Kapitel 1 erwähnten stadtgeschichtlichen Er-

Eine Raumanlage besonderer Art begegnet uns in Gestalt der Bühne. Der Raum, der stets mehr bedeutet als ein bloßes Gehäuse, präsentiert sich als Bühne, *auf der* sich etwas ereignet. Der Raum wird zu einem Spielraum in des Wortes vielfacher Bedeutung. Das reicht vom Alltagstheater über das Schauspieltheater bis zum Welttheater. Die klassische Bühne bildet einen abgezirkelten Bereich, gleich dem antiken Tempelbereich, den der Stab des Auguren aus der Welt herausschnitt. Man betritt ihn, verweilt in ihm und verläßt ihn. Einst hieß es: »All the world's a stage, / And all the men and women merely players: / They have their exits and their entrances.« Doch das große Welttheater, das noch den Weisungen eines einzigen Regisseurs folgte, hat sich ebenso geöffnet und vervielfältigt wie der alte Kosmos. Die Szene, die *skené*, im griechischen Urtheater zunächst ein einfaches Gerüst, bezeichnet ebensosehr das Geschehen, das sich dort abspielt, wie den Ort, an dem es sich abspielt, wie die Auslage, die mit allem Zubehör zur Schau gestellt wird. Das zeitgenössische Theater macht sich diese improvisatorischen Elemente zunutze. Auf der Bühne verkörpert sich ein Geschehen, das seinen Ort und seine Zeit nicht schon hat, sondern sucht. Was in-szeniert, also in Szene gesetzt wird, entsteht immer wieder neu, es wird buchstäblich auf-geführt, ungeachtet aller Ermüdungs- und Abnutzungserscheinungen, die häufige Wiederholungen mit sich bringen. Was auf die Bühne gebracht wird, entspringt einer »performativen Setzung«, die durch keine »Vorlage« abzusichern ist (Lehmann 1999, S. 241).[13] Das »postdramatische« Theater nimmt das Theatrale auf besondere Weise ernst, indem es mit seinen eigenen Grenzen spielt. Dazu gehört die Rhythmik der Bewegung, das

kundungen von Karl Schlögel. Der Autor spricht sich für »phänomenologische Studien« aus, die sich bei der Entzifferung von Stadt- und Landkarten von einer möglichst »unrestringierten Wahrnehmung« leiten lassen, beflügelt von Anregungen, die von Herodot bis Walter Benjamin reichen (vgl. Schlögel 2003, S. 485). Von phänomenologischen Studien ist sicher nicht zu befürchten, daß Bedeutungen unterschlagen und Räume verdinglicht werden.

13 Der Begriff der »Inszenierung«, der aus der Theatergeschichte des 19. Jahrhunderts stammt, bedeutet ursprünglich das Zur-Anschauung-bringen der literarischen Textvorlage; dementsprechend wird nach der »performativen Wende« die *geplante Inszenierung* durch die *performative Aufführung* konterkariert (vgl. Fischer-Lichte 2004, S. 318-332). Man kann »Inszenierung« aber auch, wie im folgenden gezeigt, im weiteren Sinne verstehen als das *In-Gang-setzen* eines Geschehens, das sich auf der Bühne des Theaters oder der Öffentlichkeit abspielt.

Zusammenspiel der Sinne, bei dem die übliche Synästhesie eine Steigerung erfährt (ebd., S. 143 f.); dazu gehört ein Sprechen, das sich selbst ausstellt, sich in vielen Stimmen äußert und eine »Poetik der Störung« entwickelt (ebd., S. 261-283); dazu gehören Kunstmittel wie die Verteilung von Licht und Schatten, die Drapierung von Körpern und das Geschiebe der Kulissen, die einen medialen Raum entstehen lassen. Das Experimentieren mit dem Bühnenraum führt dazu, daß dieser sich entweder zu einem *zentripetalen* Raum geballter Energien zusammenzieht oder sich umgekehrt der Sprengkraft eines *zentrifugalen* Raumes aussetzt (ebd., S. 285 f.). Die Schaubühne verliert den reinen Schaucharakter, indem sie den Zuschauer in eine Bewegung hineinzieht, die nicht am Bühnenrand endet. Die »Antworten« der Zuschauer werden zum aktiven Bestandteil des Theaterereignisses (ebd., S. 100). Dies geschieht auch dann, wenn die Zuschauer nicht selbst die Bühne betreten wie im afrikanischen Volkstheater und die Bühnenstege nicht in den Zuschauerraum hineinragen wie im japanischen Kabuki. Ein Interface entsteht so oder so.[14]

Das Spiel der Inszenierung beschränkt sich jedoch nicht auf den förmlichen Theaterraum. Die Raumkunst der Architektur hat selbstverständlich daran teil, wenn sie in der Statik der Bauten die Bewegung des Bauens wachhält, wie es der japanische Architekt Arakawa auf phantastische und extreme Weise tut.[15] Wird schließlich bei Francisco J. Varela die Verkörperung unseres Erkennens und Handelns generell als eine Inszenierung gefaßt, die nicht bloß vorgegebenen Regeln folgt, sondern sich im Gehen ihren Weg

14 Vgl. dazu Erika Fischer-Lichte, *Die Entdeckung des Zuschauers* (1997); die Autorin zeigt, wie die Revolutionierung des Theaters im 20. Jahrhundert in wiederholten Anläufen »andere Räume« entstehen läßt (S. 15-24). Bei Jens Roselt erwächst daraus eine neuartige *Phänomenologie des Theaters* (2008), in der sich die selbst geübte Bühnenpraxis des Autors auf höchst fruchtbare Weise mit einem phänomenologischen Bühnenblick verbindet. Wichtige Themen sind auch hier die Unterscheidung von geplanter Inszenierung und wiederholter Aufführung, ferner der Weg von der perspektivisch begrenzten Guckkastenbühne zur beweglichen Raumbühne oder das Theater als ein soziales Zwischengeschehen; es sind Themen, die samt und sonders in der *Ästhetik des Performativen* von Erika Fischer-Lichte eine wichtige Rolle spielen. Doch anders als dort wird das Zwischengeschehen nicht mehr autopoietisch als »feedback-Schleife« gedacht, sondern als ein Antwortgeschehen, das nicht »selbstreferentiell« um sich selbst kreist.

15 Vgl. *Sinnesschwellen* (1998), S. 215-223: »Aus dem Gleichgewicht«.

bahnt, so geht die Verwendung der Bühnensprache über die Grenzen einer bloßen Metaphorik hinaus.[16]

9. Raumtechniken und Ortskarten

Die diversen Raumtechniken, die sich mit raumgestaltenden Medien verbinden, verdienen eine ausführlichere Erörterung. Doch im Rahmen der vorliegenden Untersuchungen mag es genügen, die Nahtstellen zu markieren, an denen die diversen Mediatisierungen in die Erfahrung eingreifen. Ausgangspunkt ist wiederum die Doppelgestalt des Leibkörpers, die sich in der Polarität von Ort und Raum auf spezifische Weise spiegelt. Die Selbstbefindlichkeit, die uns hier an einem Ort situiert und uns von hier aus die Welt durchstreifen läßt, wird erst allgemein faßbar, wenn sich das Hier in ein Raumnetz einordnet. Das singuläre Hier, das sich von verschiedenen Dorts abhebt, verwandelt sich dabei in ein austauschbares Irgendwo im Raume. »Die metrische Fixierung von Orientierungsrichtungen und Orientierungspunkten ermöglicht die überindividuelle geometrische Orientierung« (Gosztonyi 1976, S. 831). Die Festlegung, die hier geschieht, kann sich weder auf kategoriale Regelungen noch auf natürliche Daten stützen, sie ist ebenso zu erfinden wie die Grammatik unserer Sprache oder die Rituale unserer Handlungen. Daß diese Erfindungen sich zunächst anonym und implizit vollziehen, ändert nichts daran, daß wir es mit einer *bestimmten* Raumordnung zu tun haben, die zwar nicht beliebig ist, wohl aber kontingent. Sie könnte in gewissem Umfang auch anders sein. Das Wie des Raumerlebens und Raumverhaltens artikuliert sich in diversen Zwischeninstanzen, in Raumpraktiken, Raumsymbolen, Raummedien und eben auch in Raumtechniken. Damit wird unsere Raumkörperlichkeit funktionalen Regeln unterworfen, die weder in subjektiven Intentionen und Einstellungen wie Eroberungslust oder Bodenständigkeit, noch in sozialen Regelungen wie Stadtgrenzen oder Straßenordnung, noch in natürlichen Vorgegebenheiten wie Klima, Bodenbeschaffenheit oder Meeresnähe ihren zureichenden Grund finden. Raumtechniken gehören

16 Siehe F. J. Varela und E. Thompson, *Der mittlere Weg der Erkenntnis* (1992), Kap. 8. Schon Husserl spricht in den *Ideen II* von einem Inszenieren im Bereich des Handelns und der Sinnlichkeit (Hua IV, 98, 259, 336).

zu den Phänomenotechniken, die an der originären Konstitution der Phänomene beteiligt sind und nicht als sekundäre Hilfsmittel hinzutreten.[17]

Die Raumtechnik fächert sich auf in spezielle Raumtechniken, entsprechend den einzelnen Dimensionen, in denen sich die Verräumlichung der Erfahrung vollzieht. Dazu gehört die räumliche Fortbewegung mit ihrer Bewegungstechnik, ihrer Verkehrstechnik und ihren Geschwindigkeitsstandards, von der im folgenden Kapitel die Rede ist, und dazu gehört auch die räumliche Orientierung, auf die sich die folgenden Andeutungen beschränken.

Die Verdoppelung von Ort und Raum begegnet uns wieder in der *Kartographie*, mit der die Topographie ein technisches Gerüst erhält. Die kartographische Orientierung beginnt nicht erst mit der Anfertigung von Kartenblättern und ihrem ausdrücklichen Gebrauch, sie ist in der Ausbildung von Körperschemata bereits Bestandteil einer genuinen Körpertechnik. Die leibliche Verankerung erweist sich aber auch bei technologischer Weiterentwicklung als unentbehrlich. Die Landkarte liefert ebenso wie der Stadtplan wertlose Raumdaten, wenn es dem Benutzer nicht gelingt, sich selbst auf der Karte zu verorten und die Karte auf die Himmelsrichtungen einzustellen. Die Markierung des Standortes auf dem Lageplan kommt diesem Orientierungsbedürfnis entgegen. Doch die Korrespondenz zwischen dem Ort des Kartengebrauchs und dessen kartographischem Pendant hebt die Differenz nicht auf. Was drinnen ist, ist draußen, was draußen ist, ist drinnen, aber eben nicht ganz und gar wie im Falle eines reinen Geistes. Die Verwandlung des bevorzugten Hier in eine Raumstelle unter anderen ist zwar die Bedingung dafür, daß jemand sich als leib-räumliches Wesen mit Hilfe der Karte zurechtfindet; die Verdoppelung des Ortes geht Hand in Hand mit einem Re-entry.[18] Doch wenngleich das Hier als der Ort, an dem das »Ortssystem« (Hua IV, 83) entspringt, in das System eingeht, das sich dem Hier verdankt, so geht es eben nicht

17 Zur Phänomenotechnik vgl. *Bruchlinien der Erfahrung* (2002), Kap. VIII und zur Verortung der Techniken in Zwischeninstanzen der Erfahrung *Phänomenologie der Aufmerksamkeit* (2004), Kap. V.

18 Vgl. dazu Patočka 1991, S. 91: »Das Außerhalb ist die notwendige Voraussetzung der Existenz jedes Netzes von Beziehungen, in das sich das beziehende Wesen selbst an irgendeinem Ort eingliedert, ist die Ausgliederung, ohne die eine *Gliederung* und daher auch die *Eingliederung* seiner selbst nicht möglich ist.«

restlos darin auf. Es wird nicht von ihm »verschlungen«. Ohne den Rückbezug auf das Hier als Orientierungszentrum würde die Karte sich in ein Ortsbild verwandeln, das man betrachten, aber nicht benutzen kann. Ich gestehe, daß mir als Kind Atlanten, Landkarten und Stadtpläne als eine besondere Art von Kartenbildern willkommen waren, da sie zu Wolkenkuckucksreisen einluden. Inzwischen ist es selbstverständlich, daß wir Karten und Reiseprospekte auch als ästhetische Gebilde würdigen, die unserer Raumphantasie Nahrung geben. Dennoch ist die Kartentechnik durch keine Kartenästhetik zu ersetzen.

Ähnliches gilt für jene komplizierten *Navigationssysteme*, die inzwischen nicht nur von Schiffsleuten, sondern auch von Autofahrern und selbst von ortsbeflissenen Fußwanderern genutzt werden. Ein solches System ist zwar außerstande, sich selbst zu situieren, wie es jeder einfache Redner tut, der ›hier‹ sagt, es ist aber sehr wohl imstande, die gesuchte und benannte Straße in Beziehung zu setzen zu dem Ort, an dem sich der oder die Suchende befindet. Fahrtrichtungen verwandeln sich dann in Raumkoordinaten, Nähe und Ferne in raum-zeitliche Abstände. Das Hier dessen, der sich navigieren läßt, gleicht dem roten Punkt auf der Karte, der nicht selbst hier ist, aber das Hier des Kartenbenutzers vertritt. Die leibliche Bewegung, die sich einen Raum schafft, findet ihr technisches Pendant in den Steuerungsvorrichtungen eines *Roboters*, einer Arbeitsmaschine, die mit Sensoren und Effektoren ausgestattet ist und der es gelingt, Wege auszusondern, Hindernissen auszuweichen und Ziele anzusteuern, also topologische Strukturierungsleistungen auf automatischem Weg zu erbringen. Natürlich treten in dem Falle, wo zwischen Robotern Fußballspiele ausgetragen werden, genau genommen nicht Roboter gegeneinander an, sondern Roboterhersteller, da Gewinn oder Verlust sich ebensowenig völlig funktionalisieren lassen wie das Hier der Befindlichkeit.[19]

In all solchen Fällen verfehlt man die Sache, wenn man den Boden der Erfahrung verläßt oder vergißt. Artifizielle Leistungen wie die eines Navigationssystems sollte man nicht überbewerten. Das

19 Ich verweise auf Kapitel VI der erwähnten *Phänomenologie der Aufmerksamkeit*, das sich mit der Findigkeit des Körpers in der Technik befaßt, sowie auf Manfred Sommers eindringliche phänomenotechnischen Analysen: *Suchen und Finden* (2002), 2. und 3. Teil, wo Orientierungstechniken einen breiten Raum einnehmen.

Gerät rechnet aus, wie der Benutzer am schnellsten von einem Ort zum anderen gelangt, doch anders als ein leibliches Wissen weiß es nicht, wo es selbst ist. Hier wie auch sonst fällt der Ort der Vermessung nicht mit dem vermessenen Raum zusammen.

An dieser Stelle lohnt sich ein Seitenblick auf Kants kleine Raumstudien, die wie Annexe seine großen Abhandlungen begleiten. In seinem frühen Aufsatz *Von dem ersten Grunde des Unterschiedes von Gegenden im Raum* von 1768 (Ausg. Weischedel, I, 993-1000) beharrt Kant gegenüber der Leibnizschen Relationierung des Raumes auf dem Unterschied zwischen der *Lage* der Dinge, die deren »Beziehung aufeinander« bestimmt, und einer entsprechenden *Gegend*, »nach welcher sie in solchem Verhältnis geordnet sind«.[20] Er bezieht sich dabei auf Newtons absoluten Weltraum; doch seine subjektive Wende bringt es mit sich, daß er den ersten Grund, der es uns ermöglicht, »den Begriff der Gegenden in Raume zu erzeugen«, der Beziehung auf uns selbst und auf unseren Körper entlehnt. Das Ausgangsbeispiel liefert also die Räumlichkeit des eigenen Körpers, insbesondere die Unterscheidung von rechter und linker Hand, aber auch die aufrechte Haltung. Selbst wenn rechte und linke Hand einander völlig gleich wären und also wie zwei kongruente Dreiecke dieselbe Fläche einnähmen, kämen sie keineswegs miteinander zur Deckung, als wären sie in denselben Grenzen beschlossen. Mit Kant zu sprechen, handelt es sich um inkongruente Gegenstände. Wäre eine Hand mit der anderen völlig kongruent, so würden beide auf jede Seite des menschlichen Körpers passen; damit wäre dieser aber kein menschlicher Körper mehr, der von einem sich räumlich orientierenden Selbst bewohnt würde. Die Anordnung des räumlichen Körperschemas überträgt sich auf die Schrift, deren Blätter eine obere und untere, eine vordere und hintere Seite aufweisen und deren Züge beliebig von links nach rechts oder umgekehrt verlaufen – falls man die bloße *Lage* der Zeichen berücksichtigt. Doch beschränkt man sich darauf und läßt man die Unterschiede der *Gegend* außer acht, die ein bestimmtes Schriftbild ergeben, so wird der Gegenstand förmlich »unkenntlich« und das Geschriebene unleserlich. Ähnliches zeigt sich in der astronomischen und geographischen Orientierung anhand von Himmels-

20 Heidegger greift in seiner Analyse der Räumlichkeit des Zuhandenen auf diesen Begriff zurück, indem er Gegend als das »Wohin des möglichen zeughaften Hingehörens« begreift (*Sein und Zeit*, S. 103).

und Landkarten, aber auch in minimalen Bewegungsgestalten der Natur wie dem Wirbel der Haare, den Windungen des Hopfens, den Drehungen der Schnecke oder dem Gewinde einer Schraube, deren Richtungsunterschiede jeweils auf einem »inneren Grunde« beruhen.[21] Da der absolute Raum als ein Grundbegriff, der alle räumliche Orientierung ermöglicht, nicht selbst Gegenstand einer Empfindung sein kann, können wir das irrelative Raummoment, in dem sich die Zuordnung zu einer bestimmten Gegend widerspiegelt, nur indirekt oder differentiell in der »Gegenhaltung mit anderen Körpern« erfassen, indem wir etwa den Schriftsatz auf den Kopf stellen oder ihn im Spiegel betrachten. Kant betätigt sich hier als indirekter Phänomenologe, indem er *zeigt*, daß »die Folgen eines angenommenen Begriffs der augenscheinlichsten Erfahrung widersprechen«. Das Gesuchte ist etwas, woran bestimmte Konzepte scheitern. In seiner 1786 erschienenen Schrift »Was heißt sich im Denken orientieren?« greift er in einem weiteren Rahmen auf diese Einsichten zurück. Dabei gelangt er zu der Annahme, daß unsere geographische ›Orientierung‹, die – wie es das Wort sagt – vom Aufgang der Sonne ausgeht, auf ein Körpergefühl angewiesen ist, das in der rechten und linken Hand lokalisiert ist und sich niemals gänzlich mathematisieren und logifizieren läßt (Ausg. Weischedel, III, 269 f.).

Rechts und links zu unterscheiden lernen wir also nicht mittels geometrischer Zeichenmuster, sondern anhand alltäglicher Verhaltensweisen wie dem Geben der Hand, dem Schreiben von links

21 Man hat dagegen eingewandt, die fragliche Asymmetrie lasse sich beheben, indem man auf die mathematische Operation der Permutation rekurriere oder die Bewegung in einen vierdimensionalen Raum verlege, und man hat umgekehrt erwogen, ob nicht etwa der Drehimpuls molekularer Teilchen (rechtsdrehender Spin beim Neutrino, linksdrehender beim Antineutrino) einen physikalischen Beleg für Kants Annahme liefere. Vgl. zu dieser Debatte Jammer 1960, S. 144-149, und ferner Günzel 2006, S. 195, wo Marie-Luise Heuser entsprechende Anwendungsfälle aus der mathematischen Topologie von Johann B. Listing anführt. Diese mathematisch-physikalischen Überlegungen haben sicher ihre Berechtigung; doch sie sollten nicht dazu führen, daß man das *Sich*-im-Raum-orientieren, das beim Anziehen von Handschuhen, beim Drehen einer Schraube, bei der Benutzung einer Karte oder beim Schreiben geschieht, geradewegs in einen geometrischen oder physikalischen Raum verlegt und dabei den nicht-geometrisierbaren Rest vernachlässigt. Die Pointe des Kantschen Textes, der die Grenzen der Meßkunst berührt, ginge damit verloren, vor allem wenn man die spätere Frage nach der Orientierung im Denken im Auge behält.

nach rechts oder der Beachtung des Rechtsverkehrs. Körperschemata fungieren als innerer Kompaß. Man sollte sich also hüten, die Topographie mit der Kartographie gleichzusetzen und unsere Raumerfahrung mit Raumkonstrukten zu verwechseln. Konstrukte sind *künstliche Ordnungsschemata* wie die unendliche Zahlenreihe, die farbliche Kennzeichnung von Höhenunterschieden oder die Markierung von Landesgrenzen. Man kann sich Konstrukte einverleiben wie eine zweite Natur, doch ohne die primäre Artikulation und Strukturierung der Erfahrung würden alle Konstruktionen leerlaufen. Raumtechniken sind also Teil einer genuinen Phänomenotechnik und Somatotechnik, die den Logos der Phänomene durchdringt, ohne ihn ersetzen zu können.

10. Lokale Räume und globaler Raum

Was wir hier in Grundzügen skizziert haben, gehört zum ABC einer Phänomenologie des Raumes. Doch selbst wenn dies zugestanden wird, bleiben wir von Problemen nicht verschont, die sich teilweise bereits angedeutet haben. Die Rehabilitierung der Welt als Lebenswelt, des Raumes als eines gelebten Raumes und des Körpers als eines fungierenden Leibes führt uns zur kosmischen Welt- und Raumauffassung zurück, von der wir ausgingen, doch dies trifft nur auf gewisse Weise zu. Die Komplexität der Lebenswelt, die sich schon bei Husserl abzeichnet, prägt auch den Lebensraum, da alles, was wir durchleben, sich *sub specie loci* oder *sub specie spatii* betrachten läßt.

Wir können zunächst zwischen speziellen *Sonderräumen* unterscheiden, die den verschiedenen Sonder- und Berufwelten entsprechen. Dazu gehören Arbeitsräume wie Fabrik oder Büro, Geschäftsräume wie das Kontor oder die Börse, institutionell eingezäunte Räume wie das Parlament oder das Gericht, Pflegeräume wie die Klinik oder das Altersheim, Schulungs- und Erziehungsräume wie Schule und Kindergarten,[22] Aufbewahrungsräume wie Bibliothek und Museum, Freizeiträume wie Sport- und Gartenanlagen und so fort. Die Arbeitsteiligkeit der modernen Gesellschaft zieht eine

22 Vgl. dazu die von Kristin Westphal herausgegebenen Beiträge zu einer Pädagogik des Raumes: *Orte des Lernens* (2007).

Segmentierung und auch eine Fragmentierung des Lebensraumes nach sich; es bilden sich spezifische Lokalräume, die jeweils besonderen Zugangsbedingungen, Abgrenzungen, Aufteilungen und Ausgestaltungen unterliegen. Daneben gibt es *Übergangsräume* wie Wartehallen, Ruheplätze oder öffentliche Anlagen, die nur vorübergehend benutzt werden, *Verkehrsräume* wie Straßen, Bahnanlagen, Häfen und Flugplätze, *Transporträume* wie Bahn, Auto oder Schiff. Marc Augé (1994) faßt die zunehmende Ortlosigkeit solcher Übergangsorte unter die Rubrik der Nicht-Orte (*non-lieux*), und für Hans-Thies Lehmann (1999, S. 303) bedeutet die Theaterbühne einen möglichen »Ausnahme-Ort«. Die Doppelheit von Ort und Raum nimmt ebenfalls spezifische Formen an. Ob einer sich an einem stabilen Arbeitsplatz befindet wie ein Fließbandarbeiter oder wie ein Beamter oder ob eine Person in einem offen umgrenzten Arbeitsrevier tätig ist wie die Postbotin, der Streifenpolizist oder der Straßenfeger, in jedem Fall fügt sie sich in einen Arbeitsraum ein, den sie durch ihre Arbeit immer wieder neu hervorbringt und aufrechterhält. Den Ort könnte man als Raum in actu bezeichnen. Die Bedingungen dieser vielfältigen Raumkonstitution im Detail zu untersuchen, ist tatsächlich Sache einer synchron und diachron verfahrenden, differentiellen Raumsoziologie und Raumpsychologie, die auf kulturelle Muster zurückgreifen kann.[23]

Zur Lebenswelt gehört aber auch die kulturell geprägte *Alltagswelt*, die als »Schmelztiegel der Rationalität« (und der Irrationalität) fungiert,[24] da sich in ihr verschiedene Tätigkeitsbereiche und somit auch verschiedene Raumordnungen überschneiden, durchdringen und auch bekämpfen. Der Alltag, wie er in Nachbarschaften und Stadtvierteln, auf öffentlichen Plätzen, in Gaststätten oder in Privatwohnungen stattfindet, bildet also einen von Expertentum freien Ort der Geselligkeit, einen Gemeinort in dem Sinne, wie man von einem Gemeinsinn, einem Sensorium commune, spricht.

23 Vgl. dazu Untersuchungen zum sozialen Raum wie die von Georg Simmel, Pierre Bourdieu und Marc Augé sowie die schon mehrfach zitierte *Raumsoziologie* von Martina Löw. Letztere bietet reiche Materialien und wichtige Gesichtspunkte zur Konstitution des sozialen Raumes unter wechselnden historischen Bedingungen; die Bedeutung dieser Raumsoziologie steht außer Zweifel, nur daß mir der theoretische Rahmen, philosophisch und phänomenologisch betrachtet, zu eng geschnitten scheint.

24 Vgl. vom Verf. *Der Stachel des Fremden* (1990), Kap. 12: »Alltag als Schmelztiegel der Rationalität«.

Alltäglich befindet man sich an einem Ort, an dem sich eine Pluralität von Räumen zu einem Ortskondensat vereint. Jede alltägliche Lokalität stellt eine *Multilokalität* dar.[25] Nur so kann die Behandlung beim Zahnarzt in ein persönliches Gespräch übergehen, eine Autofahrt in einem Verkehrsdelikt enden, ein Theaterbesuch dem Geschäft dienen, ein Kirchenbesuch zum Staatsakt werden oder eine Reise der Landeskunde dienen, und nur so kann ich auch anderswo sein, wenn ich hier bin. Die Überfülle an Räumen, die Marc Augé (1994, S. 40-46) für unsere hypermoderne Gegenwart diagnostiziert, bedeutet lediglich eine Steigerungsform, die allerdings in der Gefährdung unserer persönlichen und gemeinsamen Identität eigene Probleme aufwirft.

Wie aber steht es dann mit *der* Lebenswelt. Gibt es eine einzige Lebenswelt, die als Gesamtort alle Sonderorte in sich faßt und in der alle Raumordnungen fundiert sind? Das Ich, das uns Descartes beschert hat und das in dem Hier-Jetzt-Ich neuerer Sprachtheorien seinen Platz gefunden hat, konfrontiert uns mit einer neuen Problematik, von der kosmische Weltbewohner verschont blieben. Es fragt sich nämlich, wie die *Zentrierung* auf einen beschränkten, kontingenten Ort, den Ort des Cogito, sich mit dem Anspruch auf ein Weltganzes und eine entsprechende *Totalisierung* vereinbaren läßt. Ist es möglich, an einem unaufhebbaren Eigenort zu beginnen und dennoch bei einem Ganzen zu enden? Wie löst sich der »Widerspruch zwischen der Ubiquität des Bewußtseins und seinem Engagement in einem Präsenzfeld«? So fragt sich Merleau-Ponty in der *Phänomenologie der Wahrnehmung* (frz. u. dt. S. 382). Die Lösung, die sich schon in der Leibnizschen Monadenlehre andeutet und die Husserl weiter ausgearbeitet hat, sucht unser Autor in der Perspektivität und der Horizontstruktur der Erfahrung, die ein Ganzes *auf unbestimmte Weise* vorwegnimmt. So schreibt er: »Die Landschaft, die mir vor Augen liegt, kündigt mir wohl die Gestalt derjenigen an, die hinter jenem Hügel gelegen ist, doch nur in einem gewissen Grade der Unbestimmtheit: hier sind Felder, dort

25 Vgl. *In den Netzen der Lebenswelt* (1985), S. 208 f. In den Kapiteln 9 und 10, die sich mit der Landschaft und der Heimat befassen, versuche ich die Geschlossenheit der Lebenswelt aufzubrechen, indem ich eine Heterogenität von Raumordnungen ins Spiel bringe, mit Kategorien wie Polyzentrik, Interregionalität und Multilokalität arbeite sowie Zwischen-räume und Übergangsräume berücksichtige. Dort findet sich auch weitere Literatur zum Lebensraum.

vielleicht Wälder, und jedenfalls weiß ich von der Gegend hinter dem nächsten Horizont allein, daß dort Land oder See ist, ferner jenseits offenes Meer oder Eismeer, ferner jenseits noch der Bereich der Erde oder Luft, und von den Grenzen der irdischen Atmosphäre weiß ich allein, daß überhaupt etwas wahrzunehmen sein muß, von jenen Fernen ist mir bloß ein abstrakter Stil gegeben« (Üb. leicht verändert). Diese Beschreibung gleicht der Beschreibung eines Landschaftsgemäldes, nur daß die Entfaltung der Horizonte nicht an einen Bilderrahmen gebunden ist. Sie verbindet sich mit bestimmten Beschreibungstechniken. Wie also ist die Offenheit der Welthorizonte zu verstehen, als offen-unendlicher Prozeß, als ein unendliches Und-so-weiter? Hieße dies nicht, der Phantasmagorie eines Ganzen nachlaufen wie einer Luftspiegelung? Die im Eingangskapitel erwähnten Paradoxien der Lebenswelt holen uns ein und fordern zu weiteren Überlegungen auf, bei der die Scheidung der Lebenswelt in Heimwelt und Fremdwelt eine besondere Rolle spielt. Die Verfremdung von Ort und Raum geht über eine bloße Pluralisierung hinaus, da sie den Kern des Hierseins antastet.

4. Ortsverschiebungen

Wiederkehr des Raumes besagt nicht, daß wir in den Raum zurückkehren wie in eine wiedergefundene Heimat, in der alles und wir selbst einen sicheren Platz hätten. Wie wiederholt angedeutet wurde, ist dieser wiederentdeckte Raum so wenig aus einem Guß wie unser Leib. Es gibt nicht nur Verschiedenheiten von Raum zu Raum, sondern auch Risse und Spalten, Verwerfungen und Verzweigungen innerhalb der Räumlichkeit selbst, ausgehend von Ortsverschiebungen, die durch keine Vermittlung aufzufangen sind. Nichts und niemand ist jemals ganz an seinem Ort. Die folgenden Fragen knüpfen an die verschiedenen Aspekte an, die den leiblich orientierten Raum auszeichnen, und versuchen von daher, einige neuralgische Punkte des Raumerlebens und der Raumgestaltung nicht nur, aber auch zeitdiagnostisch ins Licht zu rücken.

1. Hier und Anderswo

Wo bin ich? Wäre die Frage eindeutig zu beantworten, so ließe sie sich erst gar nicht stellen. Schon die Frage selbst setzt eine zumindest minimale Distanz zu dem Ort voraus, an dem sie gestellt wird. Der Ort der Frage fällt nicht zusammen mit dem befragten Ort. Ich bin hier in München, aber hier bin ich auch, wenn ich mit meinen Gedanken und Wünschen anderswo bin. Wer nur hier wäre, wäre nicht einmal hier. Rimbauds vielzitierter Satz »JE est un autre« wäre zu ergänzen durch ein »JE est ailleurs«. Die Wo- und Wann-Frage, an der kein Heranwachsender vorbeikommt und die auch später in heiklen Situationen immer wieder auftaucht, erzeugt eine affektive Verunsicherung, ein Erstaunen und Erschrecken, das allen Orts- und Zeitangaben, allen sinnlichen Anschauungsformen und allen Datensammlungen vorausgeht. In solchen Situationen des Umbruchs ist es nicht vorweg schon ausgemacht, ob eine »unverständliche geistige Störung« auf uns wartet oder ob sich eine »Insel der Bedeutung, eine Erhöhung und Verdichtung des Geistes aus der flüssigen Niederung des Daseins« erhebt, so daß sich das »Fragment eines anderen Lebens« abzeichnet (Musil 1978, S. 1087).

Wenn wir also das leibliche Hier als den Ort bezeichnen, von dem alle räumliche Eigenbewegung ausgeht und in dem jegliche Orientierung verankert ist, so müssen wir abermals daran erinnern, daß wir als Leibwesen niemals schlechthin vor Anker gehen. Selbst der Aufenthalt an einer Stelle geht zurück auf eine Bewegung, die angehalten wird; wir *bleiben* stehen und stehen nicht herum im Raum wie ein Weinglas und sind nicht im Boden verwurzelt wie ein Baum.[1] Diese Zwiespältigkeit des Hierseins führt dazu, daß unser räumliches Dasein sich zwischen zwei Extremen bewegt. Die jeweilige Situation kann zusammenschrumpfen zu einer fixen Raumstelle, und sie kann in einer diffusen Räumlichkeit verschwimmen. Diese doppelte Grenzbewegung führt zu einer polaren Schwächung des leiblichen Hier, die sich seiner Aufhebung mehr oder weniger annähert. Mit der völligen Fixierung verwandelt das Hier sich in ein *Irgendwo* innerhalb eines Raumes, dessen Quellen verschüttet sind, und mit der völligen Verflüchtigung verschwindet das Hier in einem *Überall*, das jeder Situation enthoben ist. Dies ist eine der Ursachen für den Cartesianismus, der dem geistigen Innen ohne Außen ein dinghaftes Außen ohne Innen entgegensetzt.

Die Spaltung, die sich hier anbahnt, begegnet uns heute unter besonderen technologischen Vorzeichen. Was wir *Globalisierung* nennen, ist gewiß ein komplexes Phänomen, aber eben auch ein räumliches. Ein wichtiger Aspekt besteht darin, daß der leiblich-räumliche Standort buchstäblich gleichgültig wird. Das Hier schrumpft zusammen zu einem Maschinenfortsatz oder einer Kommandozentrale: Hier ist dort, wo die Taste sich befindet, die ich auswähle, oder der Knopf, den ich drücke. Die technisch erzeugte Ubiquität wirft ihre politischen Schatten; politische Foren verlieren an Gewicht. Eine solche Möglichkeit deutet sich schon an in Platons *Theaitet*: Der anschauungsverliebte Philosoph erscheint als jemand, der nur mit seinem Körper in der Stadt wohnt, während Geist und Seele im All umherstreifen – ein All, das im Internet eine technologische Neuauflage erlebt. Es ist kein Wunder, daß diese elektronisch verdünnte Ubiquität vielfach wettgemacht wird durch eine forcierte

1 ›Wurzel‹ und ›Erdboden‹ sind metaphorisch blühende Ausdrücke. Da ist es nicht unnütz, darauf hinzuweisen, daß schon dieses Wurzeln nicht einförmig abläuft und verschiedene Tiefenlagen erreicht. Da gibt es Bäume mit flachen, bodennahen Wurzeln wie die Fichte, solche mit Herzwurzeln wie die Platane und solche mit tiefen Pfahlwurzeln wie Eiche und Buche.

Bodenständigkeit. Provinzialisierung und Globalisierung schließen einander nicht aus, im Gegenteil, sie verstärken einander. Die Rede von einem Global Village gewinnt einen ungewollten Doppel- und Hintersinn. Handelt es sich um die Verweltlichung des Dorfes oder um die Verdörflichung der Welt? In diesem extremen Hin und Her bekundet sich die Doppelheit unseres Leibes, der *als Leib* eine Welt eröffnet und vermittelt, in der er zugleich *als Körper* vorkommt. Der Selbstverdoppelung eines leiblichen Wesens, das zugleich sieht und gesehen wird oder berührt und berührt wird, entspricht eine räumliche Verdoppelung, die Helmut Plessner als exzentrische Positionalität bezeichnet. Ich bin zugleich hier – und anderswo, und eben dies macht die Seinsweise des Leibes aus.

Wenn wir dem räumlichen Selbst eine *place identity* zubilligen, so müssen wir ihm zugleich eine gewisse *place non-identity* zusprechen. Damit geraten wir an die Grenzen der Normalisierung. Die Daten, die mit zunehmender Genauigkeit in unserem Paß verzeichnet sind, würden diesem Spuk gern ein Ende machen, indem sie uns identifizieren, doch wieweit gelingt ihnen dies? Ist das unstete Schweifen des Blicks, das Zittern der Stimme, das Zusammenzukken der Glieder etwas, das sich schlichtweg protokollieren läßt? Befehle wie »Halten Sie still« oder »Schauen Sie mich an«, die uns der Grenzbeamte erteilt, haben auch etwas von Regieanweisungen, die darauf hindeuten, daß hier eine Szene arrangiert und nicht bloß eine Vorlage reproduziert wird. Mit keinem Stuhl und keinem Computerschirm würde man so reden, wohl aber mit jemandem, dessen Gegenwart immer leicht deplaziert wirkt. Der Ort, den wir gerade einnehmen, ist mit einer gewissen Ortlosigkeit, einer Atopie durchsetzt, und eben dies schafft die Möglichkeit für vielfältige Heterotopien, die sich weder als Teilräume ineinander verschachteln oder in ein Ganzes einfügen, noch in ein einziges Koordinatensystem zwängen lassen.

2. Aktualität, Habitualität und Virtualität der räumlichen Bewegung

Ähnliche Probleme tauchen auf, wenn wir die Eigenbewegung in Betracht ziehen, mit der wir den Raum durchqueren. Das Hiersein, das sich nicht auf einen Zeitpunkt beschränkt, sondern in eine

Leib- und Raumgeschichte eingebettet ist, konfrontiert uns mit dem alten Problem von Wirklichkeit und Möglichkeit. Die Räumlichkeit modalisiert sich. Zeitlich betrachtet verweist der Ort, wo ich sein kann, auf einen Spielraum künftiger Möglichkeiten, während der Ort, wo ich schon war, sich im aktuellen Hier verkörpert. Das räumliche Dasein erhält damit eine zeitliche Dichte. Im Zuge einer Leibgeschichte verdichtet sich das *aktuelle* Hier des aktuellen Leibes zum *habituellen* Hier eines habituellen Leibes. Leibliche Orientierung und leibliche Bewegungen sind in der leiblichen Gewöhnung verankert, die uns in der Welt wohnhaft werden läßt. Dies gilt für all jene Fälle, in denen wir uns spontan orientieren, ohne Karte und Kompaß zu Hilfe zu nehmen. Auf den ersten Seiten seiner *Recherche* beschwört Proust die alltägliche und allnächtliche Macht der Gewohnheit. Der Erzähler schildert, welche Mühe es ihm bereitet, sich nach dem Aufwachen in einem neuen Hotelzimmer zurechtzufinden. Wie die Einschlafszene eine kaleidoskopartige Bilderfolge entrollt, in der die zeitlichen und örtlichen Koordinaten sich heillos verwirren, so gerät auch die Aufwachszene zu einer mühsamen Orts- und Zeitsuche. Seine Orts- und Selbstverwirrung nötigt ihn, das Puzzle der Wirklichkeit neu zusammenzusetzen. Was ihm aus seiner Verlegenheit hilft, sind kein abfragbares Wissen und keine technische Apparatur, es sind die Glieder des Leibes, die als »Hüter der Vergangenheit« fungieren. Gleich beim Erwachen strecken sie ihre Fühler aus; sie setzen einen inneren Kompaß und eine innere Uhr in Gang und lassen mit der Wiederentdeckung des Ortes auch das ortsansässige Selbst wiederauferstehen. Es stünde schlimm mit uns, wenn die morgendliche Geistesabwesenheit durch eine ebensogroße Leibabwesenheit verstärkt würde. Nur die Gewohnheit, die sich – mit den Worten Prousts – als »Umzugskünstlerin« betätigt, verhilft uns Tag für Tag zu einem wohnlichen Heim, das sich aber nie völlig der Schatten des Unheimlichen und Nächtigen entledigt.

In aller Vertrautheit öffnen sich die Spalten und Spielräume eines *virtuellen* Leibes, der immer schon anderswo ist, nämlich dort, wohin sein Begehren ihn treibt, wohin seine Erwartungen, seine Befürchtungen und Erfindungen ihre Antennen ausstrecken. Wenn die Bildphantasie des Begehrens regiert, wie es im Traum der Fall ist, so entstehen neben vielen anderen »Mischgebilden« auch »Mischlokalitäten«, wie Freud sie in seiner *Traumdeutung* verzeichnet, etwa als Mischgebilde aus Badekabine, Abort und Bodenkammer (vgl. GW II/III, 330). Aber auch im Wachzustand haben wir es mit verschiedenen Gewichtungen und möglichen Spaltungen zu tun. Der doppelte Rück- und Vorverweis wirft keine besonderen Probleme auf, solange wir mit Husserl von einem einzigen, zusammenhängenden Gegenwartsfeld ausgehen. Von einem Kern der Gegenwart aus erschließt sich dann *mein* Vergangenheits- und *mein* Zukunftsraum. Vergangenheits- und Zukunftshorizonte sind in der Gegenwart mit da, und ausdrücklich erschlossen werden sie in der wiederholenden Wiedererinnerung und in der vorwegnehmenden Erwartung. Räumlich gesprochen bedeutet dies: ich *bin* auch dort, wo ich *sein kann*, ähnlich dem fliegenden Pfeil, der laut Aristoteles der Möglichkeit nach dort ist, wo er noch nicht ist. Doch dieser einheitliche Raum bekommt Sprünge, sobald die Raumordnung nicht mehr fest in den Dingen verankert ist. Schon die Polarität von Nomadentum und Seßhaftigkeit, die zu den frühen Anfängen der Menschengattung gehört, pendelt zwischen den extremen Möglichkeiten eines Umherirrens und einer Überseßhaftigkeit. »Möglichkeitssinn« und »Wirklichkeitssinn« widersprechen einander nicht, doch können sie gegeneinander ausgespielt werden. Nimmt letzterer überhand, so nähern wir uns einer *Realität ohne offene Möglichkeiten*; nimmt dagegen ersterer überhand, so geraten wir auf die Bahnen einer *Virtualität ohne Verankerung in der Realität.* Die »Abschaffung« oder »Selbstabschaffung« der Wirklichkeit, die Ulrich experimentierend und nicht ohne Ironie in Erwägung zieht (Musil 1978, S. 289), ist nicht weniger problematisch als deren Verfestigung.

Eine zweifache Steigerung ins Extreme begegnet uns auch in der Raumpathologie. Eugène Minkowski sieht darin den Keim für zwei diametral entgegengesetzte Formen pathologischen Erlebens und Verhaltens. Er stellte zwei Patienten die Frage: »Wo bist du?« Der eine, ein Paralytiker, beantwortet diese Frage auf sehr rudimentäre Weise, indem er auf die Stelle weist, an der er sich gerade befindet, während der andere, ein Schizophrener, erklärt: »Ich weiß, wo ich bin, fühle mich aber nicht dort« (1968, S. 257, dt. Bd. II, S. 110). In der Verschmelzung mit dem Hier und der Abspaltung vom Hier begegnen uns zwei Möglichkeiten eines gravierenden Ortsverlustes. Etwas anders liegt der Fall bei dem Patienten Schneider, einem Hirnverletzten mit einer Schädigung der optischen Zone des Hinterhaupts, den Kurt Goldstein und seine Mitarbeiter über Jahre hin untersucht haben. Er ist bei der räumlichen Orientierung einerseits auf konkretistische Details angewiesen, die er vielfach durch manuelle Betätigungen gewinnt, indem er etwa einer optischen Figur mit der Hand nachfährt. Wie Merleau-Ponty bemerkt, sieht sich der Patient »ins Aktuelle eingesperrt«, während beim Normalen der Leib als »virtuelles Aktionszentrum« fungiert. Andererseits besitzt er abstrakte Kenntnisse, so etwa die Kenntnis von Farbnamen, Ortsnamen und den Namen der Wochentage, ohne daß er sie im konkreten Fall einsetzen kann. Motorische Betätigung und symbolisches Wissen, Ortsgefühl und Raumkenntnis klaffen abermals auseinander, ähnlich wie bei der Dissoziation von konkreter Greifbewegung und symbolischer Zeigegeste.[2] Die neuere Neurologie und Neuropathologie, die durch ihre bildgebenden Verfahren die Möglichkeit, psychisches Erleben, körperliches Verhalten und neurologische Prozesse einander zuzuordnen, enorm gesteigert hat, liefert weitere Details für eine solche Schizotopie. Dazu zwei Beispiele aus der Gedächtnisforschung. Ein Patient, bei dem das episodische Altgedächtnis geschwunden ist, kann zwar angeben, daß der Kilimandscharo (mit seiner gewöhnlichen Aufstiegsseite) in Tansania liegt, weiß aber nach einem Unfall nichts mehr davon, daß er ihn selbst einst erstiegen hat. Das geographische Wissen ist ortlos geworden. Auf der anderen Seite findet sich eine Patientin, der nach einer traumatischen Hirnschädigung das Wissenssystem abhanden gekommen, das man auch als semantisches oder deklaratives Gedächtnis zu bezeichnen pflegt. Folge davon ist eine Dissoziation zwischen dem erhaltenen episodischen Gedächtnis und dem gestörten Weltwissen. Nicht nur sind namentlich bekannte Ereignisse wie der Zweite Weltkrieg oder bekannte Gestalten wie Mozart beziehungslos geworden, die Patientin kann auch beim Kochen Zutaten wie Essig und Öl nicht mehr richtig zuordnen, obwohl sie weiterhin einen Teig kneten, Auto fahren und Schreibmaschine schreiben kann. In diesem Falle ist die Situation ihrer weiteren Wissenshorizonte beraubt (Markowitsch 2002, S. 128-130).

Nicht jedes Extrem muß ins Pathologische umschlagen, aber zuvor schon gibt es einiges, das uns alarmieren sollte. So scheint

2 Vgl. das Kapitel »Die Räumlichkeit des eigenen Leibes und die Motorik« in Merleau-Pontys *Phänomenologie der Wahrnehmung*, insbesondere frz. S. 124-130, dt. S. 132-138. Dazu Waldenfels 2000, Kap. III.

es außer Zweifel, daß die explosionsartige Entwicklung der modernen Technologie den abstrakten Möglichkeitssinn stärker fördert und beansprucht als den konkreten Wirklichkeitssinn. Bleiben wir im Bereich geographischer Räume, so ergeben sich merkwürdige Vergleiche, die jeden Vergleichsmaßstab sprengen. Jemand, der per Flugzeug die Anden überfliegt, verfügt gewiß über einen größeren Möglichkeitsspielraum als Bolivar, der sich mit seinen Truppen über das Gebirge quälte und auf Hindernisse stieß, die von der Vogelperspektive aus betrachtet keine mehr sind. Doch was ist andererseits von einem Passagier zu halten, der die einheimischen Rocky Mountains überquert, ohne sie mit einem Blick zu würdigen, ja ohne sie auch nur zu identifizieren? Gleicht er nicht einem Paket, das durch die Luft befördert wird, ohne sich selbst mit zu bewegen? Möglichkeitsschwund und Möglichkeitsvervielfältigung gehen ein merkwürdiges Bündnis ein, wenn die Verwirklichung der bloßen Auslösung von Effekten nahekommt. Werfen Piloten, die sich im Radarnetz bewegen und in ihrem Cockpit auf den Knopf drücken, wirklich Bomben auf Irak oder Serbien ab? Waren sie überhaupt dort? Die moderne Technologie zwingt uns, nicht nur den Begriff der Handlung zu überprüfen, um derartigen Formen von »Fernhandlung« gerecht zu werden (vgl. Virilio 1996, S. 74), sie nötigt uns auch, erneut über die leibliche Bewegung und über neuartige Pathologien nachzudenken.

3. Spuren der Zeit im Raum

Schon das erwähnte Beispiel der leiblichen Gewohnheit spricht gegen die traditionelle Zweiteilung in innere Zeit und äußeren Raum, als sei die eine mit dem Geist, die andere mit den Dingen verbunden. Der Leib fungiert nicht nur als Urwerkzeug, sondern auch als Urinsignie und Urskript. Seine Narben und Falten gehen nicht zurück auf eine Verräumlichung der Zeit, sondern in ihnen verkörpert sich die Macht der Zeit, die uns altern läßt und im Leib ihre Spuren hinterläßt. Lebenslinien, die Gesicht und Hand durchfurchen, sind keine Aufzeichnungen, die etwas festhalten, sondern Einzeichnungen, die etwas realisieren. Eingewöhnung bedeutet demgegenüber ein Mitwirken mit der Zeit; etwas prägt sich ein, indem wir es immer wieder tun, hören oder sagen.

All dies findet seine Stütze in den neurologischen Untersuchungen zur Gedächtnisarbeit des Gehirns. In der Modellsprache der Informationstheorie formuliert, schieben sich zwischen Informationsaufnahme und Informationsabruf Prozeßstufen, die als Enkodierung, Abspeicherung und Festigung ihre je besonderen Leistungen erbringen (vgl. Markowitsch 2002, S. 102). Die Lokalisierung der Gedächtnisspuren im Gehirn und die eher spezielle oder eher ganzheitliche Zuordnung von Funktionen und Orten war lange Zeit Gegenstand eines Streites zwischen »Lokalisationisten« und »Anti-Lokalisationisten«, der sich inzwischen zugunsten von Netzwerken und parallelen Arbeitsweisen beruhigt hat (ebd., S. 103-107). Eine Lokalisation, die Korrelationen herstellt und dabei Zeit- und Raumfaktoren kombiniert, sollte jedoch auf keinen Fall im Sinne einer einseitigen Verräumlichung der Zeit und einer ebenso einseitigen Plazierung von Daten im Raum verstanden werden. Die Unterscheidung episodischer, kognitiver und prozeduraler Gedächtnisdaten schließt selbst schon verschiedene Zeitmodi ein, bei denen die Polarität von Ort und Raum eine je besondere Rolle spielen dürfte.

Sofern wir uns leiblich in einem räumlichen Umfeld bewegen, dieses durchmessen und gestalten, partizipiert auch das dingliche Umfeld an der zeit-räumlichen Verleiblichung der Vergangenheit. Vergils Ausspruch *habent fatum libella* läßt sich nicht nur umformen in ein *habent fatum res: die Dinge haben ihr Schicksal*, es ist auch zu ergänzen, durch den anderen Ausspruch: *sunt lacrimae rerum: die Dinge haben ihre Tränen*. Diese Dinge, deren Sprache wir vielfach verlernt haben, sind allerdings mehr als Gebrauchs- oder Kulturgegenstände, die im Raum ihren Platz haben, es sind Strahlungszentren, irdische Sterne sozusagen, die einen Raum um sich verbreiten. Auch das Des-aster, der Unstern gehört dazu. Wenn der ungarische Präsident Arpad Göncz versichert, die Umbettung Imre Nagys im Jahre 1989 sei der größte Augenblick in seinem Leben – ein Augenblick, in dem ›die Geschichte‹ ihr Urteil revidiert habe –,[3] so deutet dies darauf hin, daß Geschichte sich in den Raum einschreibt, daß sie förmlich statt-findet. Das Schlachtfeld von Waterloo, die Ruinen von Dresden oder die Berliner Mauer fungieren ebenso wie die *sentimental places* des persönlichen Lebens als Gedächtnisorte.

3 So in einem Interview der *Süddeutschen Zeitung* vom 10. Nov. 1999.

Mahnmale brennen sich ein wie Wundmale, bevor sie durch künstlich errichtete Denkmäler dem Vergessen enthoben – und ihm am Ende erneut überantwortet werden.

Das wechselseitige Übergreifen von Raum und Zeit tritt deutlich zutage, wenn Monumente keiner monumentalischen Geschichtsauffassung dienstbar gemacht, sondern buchstäblich als Mahnmale behandelt werden, seien es Herrscherbilder, Kriegerdenkmäler, Bürgerstatuen oder Gedenkstätten des Leidens und Schreckens wie die »Topographie des Terrors« in Berlins einstigem Regierungsviertel. Doch Gedächtnisspuren begegnen uns schon in unscheinbaren Relikten, die in den Winkeln des Alltags Unterschlupf finden. Auch Orte können einen besonderen Gefühlswert annehmen als Lieblings- oder Schreckensorte. In diesem Falle liefert die neurologische Forschung wichtige Hinweise. Sie kommt zu dem Ergebnis, daß es gewichtige Unterschiede gibt zwischen episodischen und deklarativen Informationen, die stark affektiv besetzt, und einem neutralen Welt- und Allgemeinwissen; erstere entstehen unter Mitwirkung des limbischen Systems und werden vorwiegend der rechten Gehirnhälfte, letztere der linken Gehirnhälfte zugeordnet (Markowitsch 2002, S. 102). Für die Raumpathologie hat dies zur Folge, daß die Schwächung des episodischen Gedächtnisses, wie sie etwa bei Altersdemenz zu gewahren ist, mit einer »emotionalen Verflachung« einhergeht (ebd., S. 120). Dies spräche dafür, daß eine Erinnerungskultur an appellativer Kraft verliert, je mehr sie sich auf ein bloßes Faktenwissen zurückzieht.

Ferner gibt es Kunstwerke, die vom Künstler mit Bedacht den Witterungen der Zeit ausgesetzt werden. Sie können Industriegebiete in Industrielandschaften verwandeln, ohne daß die Spuren des einstigen Kohle- oder Erzabbaus übertüncht werden. Die Bramme, die Richard Serra auf einer Essener Kohlehalde aufgerichtet hat wie einen stählernen Menhir, oder das leuchtende Tetraeder, das Wolfgang Christ und Jürgen Lit Fischer einem Bottroper Berg aus Abbaugestein als filigranes Leuchtzeichen aufgesetzt haben, sind eindrucksvolle Beispiele einer Transfiguration des Raumes, die nicht verklärt, aber auch nicht nur aufklärt. Bei Pina Bausch ist es der Bühnenraum, der – wie etwa in dem Stück *Café Müller* – chronometrisch als ein »Ort der Spuren« fungiert (Lehmann 1999, S. 300). Die Zeit verkörpert sich, indem sie in den Raum hinabsteigt. Damit sind wir nicht allzu weit entfernt von den Schichtungen des

Gesteins, in denen sich vulkanische und neptunische Kräfte entladen haben, oder von den Ringen eines Baumes, an denen sich sein Alter ablesen läßt wie an den Falten eines Gesichts.

Die Scheidewände zwischen Kultur und Natur fallen, wenn der Sinn unserer Erfahrung sich in den Raum einzeichnet und umgekehrt Kausaleffekte uns über unsere eigene Vergangenheit aufklären. Aus dieser Osmose entspringt eine Zeitgeschichte, die mit ihren Zäsuren und rituellen Wiederholungen den unendlichen Fluß der Zeit skandiert. Spuren der Zeit sind mehr als bloße Meßdaten, die gespeichert, abgerufen und gelöscht werden wie in einem Computer. Proteste gegen eine solche Vereinfachung kommen abermals aus der Neurologie. So gelangt Markowitsch in seinem schon mehrfach zitierten Gedächtnis-Buch zu dem Ergebnis: Für das Gehirn als dynamisches System ist der Vergleich mit einem Computer mehrfach verfehlt. »Gedächtnis ist in sich wandelnde Kontexte eingebettet, diese stellen zum einen unsere sich ändernde Umwelt dar, zum anderen unser sich wandelndes Inneres« (Markowitsch 2002, S. 171). Dies alles ist auch für unser Bildungswesen ganz und gar relevant. Wenn die Geschichte im Schulunterricht oftmals auf wenig Interesse stößt, so kann dies auch daran liegen, daß geschichtliche Ereignisse dargeboten werden wie Lagerbestände, aus denen man sich bei Bedarf bedient. So wie die Raum- und Zeitkoordinaten auf das jeweilige Hier und Jetzt verweisen, so verweist die Geschichte auf Geschichten aus der Kindheit, der Familie und der Nachbarschaft, in denen sie sich *en miniature* verkörpert, mitsamt ihren Erwartungen, Enttäuschungen und Verletzungen. Eine Geschichte ohne Wunden und Narben wäre nichts weiter als eine museale Bildungsgeschichte.

Jede Gedächtniskultur bleibt abhängig von der Art und dem Grad der Verkörperung dessen, was vergessen und erinnert wird. Diese Verkörperung, die weit in die menschliche Früh- und Gattungsgeschichte zurückreicht (vgl. Leroi-Gourhan 1984, S. 284 ff.), kann beträchtlich variieren. Ob diese Variation so weit gehen kann, daß die *lieux de mémoire* sich gänzlich von außen nach innen verlagern und es zu einer völligen »Trennung von Identität und Territorium« kommt, wie Jan Assmann (1992, S. 213) dies für die jüdische, auf das Deuteronomium gestützte »Erinnerungskultur« annimmt, wage ich zu bezweifeln. Ein jegliches Hier und ein jegliches Anderswo, also auch der Ort, von dem ein Einzelner oder ein Volk verbannt ist, widersetzt sich der völligen »Vergeistigung« und »Verinnerlichung«. So wenig die »Rahmenbedingungen des kollektiven Gedächtnisses« je rein natürlich sind, so wenig sind sie je rein kulturell. Heute hängt die Verkörperung des Gedächtnisses von einer Technologie ab, die weit über die traditionelle Mnemotechnik hinausgeht. Die technologisch induzierte Verwandlung des Vergessens in ein spurloses Verlöschen würde den Mahnmalen und Denkmälern jeden Boden entziehen. Ähnliches gilt für das funktionale Operieren mit Äquivalenzen, die alles und jedes ersetzbar machen. Gedächtnisorte und Mahnmale setzen ein Minimum an Singularität voraus, für die es keinen Ersatz gibt. Einer verlorenen Arbeitskraft setzt man kein Denkmal. Insofern haben die Mythen und Legenden, die sich um Stiftungsorte ranken, ein Körnchen Wahrheit, das durch keine historische Aufklärung wegzurationalisieren ist. Prousts *Recherche* bedeutet zugleich eine Suche nach der verlorenen Zeit und eine Suche nach verlorenen Orten; ohne das sagenhafte Combray gäbe es für den Erzähler nichts zu suchen. Ähnliches gilt für Unheilsorte wie Sempruns Buchenwald, das in der ironischen Brechung eines *Schönen Sonntags* zur Szene des öffentlichen Verbrechens wird. Heute erinnert die Bahnstation westwärts hinter Chartre mit ihrem Doppelnamen *Illiers-Combray* an Prousts imaginären Kindheitsort. Auf andere Weise taucht hinter dem Namen *Ettersberg*, den wir aus Goethes Gesprächen mit Eckermann kennen, der rauchgeschwärzte Name *Buchenwald* auf.

4. Zersprengter Raum

Die Lehre von der räumlichen Perspektivität unserer Wahrnehmung und unseres weltlichen Daseins gilt nicht zu Unrecht, als eine geniale Erfindung, die es erlaubt, Einheit und Vielheit miteinander zu versöhnen. Sie liegt auch der Annahme potentieller zeiträumlicher Erfahrungshorizonte zugrunde. Doch die Vereinheitlichung des Raumes durch die Perspektivität stößt auf Schwierigkeiten. Bei Leibniz gibt es zwar eine Vielfalt von Gesichtspunkten, aber hinter allen Variationen verbirgt sich ein »wahrer Gesichtspunkt«, der die einzelnen Gesichtspunkte koordiniert und eine allgemeine Harmonie garantiert. Die Welt nimmt sich aus wie eine Stadt, die sich »perspektivisch vervielfältigt« und von verschiedenen Seiten aus zugänglich ist (*Monadologie*, § 57). Dabei spielen nicht nur Perzeptionen eine Rolle, sondern auch leibliche Gefühle: »Jeder Körper verspürt alles, was in der Welt geschieht« (§ 61). Eine solch subjektiv gebrochene Kosmologie bringt es mit sich, daß alle Possibilitäten sich zu Kompossibilitäten zusammenschließen. Diese Sicht der Dinge, die Husserl von Leibniz übernimmt und in eine Phänomenologie der offenen Erfahrung transponiert, wird von Merleau-Ponty gründlich in Frage gestellt bis hin zu einem förmlichen Zerspringen des Raumes.

In seinem späten Werk *Das Sichtbare und das Unsichtbare*,[4] in dem er seine frühen phänomenologischen Einsichten einer ontologischen Revision unterzieht, wendet Merleau-Ponty sich dagegen, daß man den euklidischen Raum als ontologisches Modell ansetzt: »Der euklidische Raum ist das Modell des perspektivischen Seins, er ist ein Raum ohne Transzendenz, er ist positiv, ein Netzwerk von Geraden, die parallel zueinander verlaufen oder senkrecht zueinander stehen entsprechend den drei Dimensionen, und er enthält alle möglichen Plazierungen in sich.« Die mangelnde Transzendenz und die Positivität des klassischen Raumschemas, das sich an die neuzeitlichen Ontologien eines Descartes und eines Leibniz anlehnt, finden ihre Erklärung darin, daß die Raumordnung nicht als eine ganz bestimmte Ordnung begriffen und genealogisch befragt wird. Diese festgefügte Ordnung enthält nur deshalb alle möglichen Plazierungen in sich und sie verheißt nur deshalb eine durchgehende Kompossibilität, weil sie ihren Ursprungsort zu absorbieren bestrebt ist und somit den Anschein erweckt, sie sei nirgendwo verankert. Eine solche Ordnung ist, was sie ist. Doch der Aufbau einer fugenlosen Ordnung gelänge selbst der Mathematik nur dann, wenn sie sich über jeden Zeichengebrauch erheben und auf Zahlenketten oder topologische Markierungen verzichten würde. Die Revision, die Merleau-Ponty an diesem klassischen Vorurteil vornimmt, läuft zunächst über eine Kritik an der angeblichen Natürlichkeit der klassischen Zentralperspektive, die uns eine gelungene Domestizierung des Blicks vorgaukelt. Die Rivalität der Dinge, die um unseren Blick streiten, ihn anstacheln und einander verdrängen, wird gewaltsam beruhigt, wenn das Kräftespiel des Blicks, an dem auch die

4 Ich beziehe mich im folgenden, sofern nicht anders vermerkt, auf frz. S. 264, 269 f., dt. S. 269, 276.

libido videndi beteiligt ist, in ein flächiges Tableau verwandelt wird. Doch die Simultaneität, die so entsteht, kommt über eine paradoxe Simultaneität des Inkompossiblen nicht hinaus, da vereint auftritt, was sich nie endgültig miteinander verträgt. »Die Dinge sind da, nicht mehr nur wie in der Perspektive der Renaissance nach ihrer projektiven Erscheinung und nach den Erfordernissen des Panoramas, sondern im Gegenteil aufrecht, eindringlich, mit ihren Kanten den Blick verletzend, jedes eine absolute Gegenwart beanspruchend, die mit der der anderen unvereinbar (*incompossible*) ist und die sie dennoch alle gemeinsam haben kraft eines Gestaltungssinns, von dem der ›theoretische‹ Sinn uns keine Idee vermittelt.«[5] Der Rückgang auf die Erfahrung des Blicks verwandelt das angebliche Panorama zurück in eine Blicklandschaft, wo eines dem anderen im Wege steht und den Rang streitig macht und wo die Dinge noch scharfe Kanten haben und nicht bloß fließende Umrisse.

In seinem Spätwerk verstärkt Merleau-Ponty die ontologische Revision des Sichtbaren, indem er empfiehlt, das euklidische Raummodell durch ein topologisches zu ersetzen, das heißt durch ein Raummodell, das nicht planimetrisch angelegt ist, sondern mehrdimensional, in dem es ›Nachbarschaften‹, ›Umgebungen‹, ›Einschließungen‹ und ›Ränder‹ gibt, die selbst dem mathematischen Denken eine eigentümliche Körperlichkeit verleihen.[6] »Die ästhetische Welt muß als Raum der Transzendenz, als Raum der Inkompossibilitäten, des Zerspringens, des Aufklaffens und nicht als objektiv-immanenter Raum beschrieben werden. Und in der Folge ist das Denken und das Subjekt ebenfalls als räumliche Situation, mit seiner eigenen ›Ortschaft‹ zu beschreiben.« ›Transzendenz‹ bedeutet ein Überschreiten der jeweiligen Raumordnung, ›Inkompossibilität‹ verweist abermals auf Unvereinbarkeiten, die von keinem durchgreifenden Gesetz zu schlichten sind. ›Aufklaffen‹ besagt nicht, daß etwas neben dem anderen oder außerhalb des

5 Vgl. »Der Philosoph und sein Schatten«, in: *Signes* (1960), S. 228, dt. S. 253.

6 Vgl. dazu J.-T. Desanti, »Der Leib der idealen Objekte. Nebengedanken zu *Das Sichtbare und das Unsichtbare*«, in: Métraux/Waldenfels 1986. Dort heißt es auf S. 46: Auch das theoretische Feld des mathematischen Forschens hat »sozusagen alle Eigenschaften, die man der Welt zuschreibt: Dichte, Unwegsamkeiten, Konsistenz und Bruchstellen. Folglich ist der *homo mathematicus* seinerseits, als Bewohner dieser Welt, [...] den Schwierigkeiten unterworfen, die mit dem Bewohnen der Welt einhergehen.« Zum Gegensatz von geometrischer und topologischer Raumkonzeption vgl. auch Serres 2005, S. 67 ff.

anderen vorkommt, sondern daß im Auseinandertreten selbst etwas als dieses oder jenes entsteht, so daß seine Beschaffenheit nicht von der Orthaftigkeit, sein Was nicht von seinem Wo abzulösen ist. Die Räumlichkeit haftet an den Dingen wie eine Haut. So bilden rechte und linke Hand, wie schon Kant in seiner Schrift »Was heißt sich im Denken orientieren?« feststellt, nicht zwei Teile eines einheitlichen Raumes. Es handelt sich, wie Merleau-Ponty fortfährt, um »Teilganze, Ausschnitte eines umfassenden topologischen Raumes«, so wie die Paarbildung generell nicht darin aufgeht, daß das Gleiche zweimal vorkommt, sondern bewirkt, daß das Sein selbst bruchstückhaft auftritt, sich fragmentiert und daß eines vom anderen abweicht. Ein Teilganzes bedeutet nicht einen Teil des Ganzen, sondern ein Ganzes in all seinen Teilen. So besteht der Leib nicht aus Einzelorganen, die man willkürlich einsetzen oder ausschalten kann, vielmehr verdichtet er sich in konkreten »Emblemen« wie Auge, Mund, Hand oder Genitalien (vgl. 1964, S. 194, dt. 193). Ähnlich könnte man von *Raumemblemen* sprechen, in denen sich die Räumlichkeit auf spezifische Weise verdichtet, so etwa in Form von Höhle, Berg, Tal, Feld, Tür, Schwelle, Mauer oder Labyrinth. Im Hintergrund dieser Topologie des Seins, die in mancherlei Hinsicht an Heideggers spätes Seinsdenken anknüpft, steht ein *wildes* oder *rohes Sein*, dessen »unmotiviertes Auftreten« nicht aus anderem herzuleiten ist. Es gibt Raum, wie es Sinn, Vernunft oder Ordnung gibt. Das wilde Sein entpuppt sich als »fortwährendes Residuum«, weil man *immer wieder* darauf zurückkommt, ohne endgültig bei ihm anzukommen. Darin gleicht es der eigenen Geburt, die wir nie einholen, einem Vorbeginn, der »älter als alles« ist.

5. Telepräsenz

In traditionell geordneten Welten wie dem griechischen Kosmos und dem mittelalterlichen Welttheater stufen sich Nähe und Ferne ab, je nachdem, wie weit der jeweilige Blick- und Standort sich der Allgegenwart des Alls annähert. In dieser Tradition spricht man von konzentrisch angeordneten »Lebenskreisen«, die sich von der heimischen Nahwelt zu einer geordneten Fernwelt hin ausweiten. Diese konzentrische Weltordnung gerät ins Wanken, wenn in der Neuzeit einerseits die erlebnisnahe Geozentrik durch eine errechnete Heliozentrik ersetzt wird und andererseits die traditionelle Kosmo- und Theozentrik in eine Vielfalt von Egozentren zersplittert. Entscheidend ist dabei weniger die moralisch zu beurteilende Egozentrik, die dem eigenen Ich den Vorzug einräumt, entscheidend ist vielmehr, daß Nähe und Ferne von der Möglichkeit einer Raumeroberung her gedacht werden. Die Herrschaft über die Natur, die Descartes dem Menschen als Aufgabe zuweist, schließt die Herrschaft über den Raum ein. Schon in der Erfindung der Zentralperspektive, die den Raum von einem einheitlichen Blickpunkt her konstruiert, erscheint die Ferne als der Fluchtpunkt, dem die Bewegung sich unendlich annähert, ohne ihn je zu erreichen. Man könnte meinen, daß die Technologie auch hier für Abhilfe sorgt. Verwiesen sei nochmals auf Paul Virilios dromologische Vision. Die elektromagnetisch hergestellte Nähe, die darin besteht, daß wir mit der Geschwindigkeit des Lichtes überallhin gelangen und selbst noch dem fernsten Ereignis in ›Echtzeit‹ beiwohnen, scheint den Unterschied zwischen Hier und Dort einzuebnen zugunsten einer technologisch herbeigeführten Telepräsenz, die einer göttlichen Omnipräsenz ziemlich nahekommt – wenn wir von Stromausfällen, mangelnden Anschlüssen, Ermüdungserscheinungen, Langeweile und ähnlichen Erdenresten absehen. Es besteht kein Grund, diese Möglichkeit einer *Teleperzeption*, in der die Möglichkeiten einer *Teleaktion* eingeschlossen sind, zu verteufeln. Die Telemedien gehören nicht nur längst zu unserem Alltag, sie sind auch in den Sonderbereichen unserer Lebenswelt ständig gegenwärtig, und zwar derart, daß eine Straßenszene sich augenblicksweise in eine Weltszene verwandeln kann: »Die Szene wird zum Tribunal«. Eine »Mobilität auf der Stelle« (Virilio 1996, S. 34) gestattet es uns, zugleich hier und anderswo zu sein. Die Frage ist nur, was dieser Umschlag von Ferne in Nähe, was diese Telepräsenz bedeutet und worauf sie hinausläuft. Dies hängt wiederum davon ab, wie wir mit Nähe und Ferne umgehen. Im Hinblick auf die technologischen Möglichkeiten einer elektromagnetisch erzeugten Allnähe äußert Virilio die Befürchtung, »daß beim Menschen, der in einer Umwelt lebt, die sowohl ihres Horizonts als auch ihrer optischen Dichte beraubt ist, von nun an ein tiefgreifendes Gefühl des Eingesperrtseins entsteht« (ebd., S. 52 f.). Eine Globalisierung, die durch keine lokalen Gegenkräfte ausgeglichen würde, könnte eine kosmopolitische Klaustrophobie auslösen, in der das Schaudern vor den unendlichen Räumen nach innen umschlägt. Leroi-Gourhan, der im Rahmen der Menschheitsgeschichte der durch soziale Symbolik und Technik vermittelten Domestikation von Raum und Zeit einen hohen Kredit einräumt, warnt gleichwohl vor den Folgen eines »überhumanisierten Raumes« (1984, S. 428).

Wenn wir in Goethes *Divan* lesen: »Keine Ferne macht dich schwierig« – eine Nähe, die im »Stirb und Werde« des Flammentodes endet, oder wenn Paul Celan ein Loblied auf die Ferne anstimmt, die »im Quell deiner Augen«, in der Ferne des Blicks entspringt – mit dem Henkerstrick im Hintergrund, so ist gewiß mehr gemeint als die bloße Überwindung von Distanzen, die meinen Möglichkeiten Einhalt gebieten. Diese Ferne hat nicht bloß etwas mit dem Fern-sehen und Fern-wirken zu tun, sondern mit einem Begehren, das in der Fremde beginnt, dort, *wo ich nicht bin und nicht sein kann.* So schreibt Merleau-Ponty (1945, frz. S. 330, dt. S. 332): »Ich kann, wiewohl ich hierbleibe, ›ganz woanders sein‹, und wenn man mich fernhält von dem, was ich liebe, fühle ich mich exzentrisch gegenüber dem wahren Leben.« Die Ferne, die der Fremdheit des fremden Anblicks und des fremden Anspruchs entspringt, stellt sich dar als eine *gelebte Unmöglichkeit.*[7] Ein Sehen, das von einem Sehbegehren angestachelt wird und nicht bloß neutrale Daten registriert, hat an dieser Unmöglichkeit teil. In seinem späten Werk, in dem das Sichtbare durch ein Unsichtbares unterhöhlt wird, bemerkt Merleau-Ponty, »daß das Sehen Tele-vision, Transzendenz, Kristallisation des Unmöglichen ist« (1964, S. 327, dt. S. 342), die Perzeption steigert sich zur »Teleperzeption«, zur Fernwahrnehmung (S. 311, dt. S. 325).

Wie sähe ein Medium aus, das Unvermittelbares vermittelt, Unmögliches ermöglicht? Manchmal sieht es so aus, als seien die neuen Medien darauf bedacht, das Spiel des Pygmalion neu durchzuspielen und auf wunderbare Weise ein Kunstwerk zu schaffen, das sich selbst bewegt. Doch das eigentliche Problem liegt nicht in der Telepräsenz, die unsere eigenen Möglichkeiten bis hin zur Distanzlosigkeit steigert, sondern in einer *Teleabsenz*, die sich dem eigenen Zugriff entzieht. Der Entzug des Fremden, der sich auch in die Wahrnehmung eingräbt, trifft mich stärker als fremder Widerstand, gegen den ich mich wehren kann. Das Kräftemessen folgt

7 Vgl. vom Verf. »Gelebte Unmöglichkeit«, in: Rohde-Dachser/Wellendorf 2004.

immer noch dem Gesetz des Mehr oder Weniger. Nicht so der Entzug, der dem Schatten gleicht, der sich nicht fassen läßt. Jeder Zugriff vertreibt, was er zu erfassen hofft, so wie Orpheus Eurydike durch seinen Blick in die erneute Abwesenheit des Todes treibt. Widerstand kann eigene Kräfte wecken, doch der Entzug übersteigt meine eigenen Möglichkeiten, indem er sie in gelebte Unmöglichkeiten verwandelt. Die Television, deren Blick nicht in die Ferne schweift, sondern aus der Ferne kommt, verbindet sich mit einer besonderen Form von *Telepathie*, einer Fremdbefindlichkeit, die daher rührt, »daß sie der tatsächlichen Wahrnehmung durch den Anderen zuvorkommt«; diese Ferne nistet sich in der nächsten Nähe der eigenen Leiblichkeit ein: »Meine Augen spüren, das bedeutet die Drohung verspüren, daß sie gesehen werden« (Merleau-Ponty 1964, S. 299, dt. S. 310). Alle technischen Machenschaften stoßen hier auf eine innere Grenze. Wäre das Fremde da, es wäre nicht, was es ist. Selbst eine Videokamera, die nicht nur unsere Stimme und unser Räuspern aufzeichnet, sondern auch das Heben der Augenlider und das Runzeln der Stirn, scheitert an dem Blick, der mehr ist als etwas Gesehenes, er scheitert an der Stimme, die mehr ist als etwas Gehörtes, weil Blick und Stimme unser Sehen und Hören aufstören, anstacheln, unterbrechen. Hier stoßen technische Medien auf Grenzen der Darstellbarkeit, ohne diese Grenzen mit darstellen zu können, wie die Künste dies versuchen. »›Theater‹ macht noch die simpelste Darstellung des Tods zur unausdenkbaren Virtualität. Umgekehrt erlaubt und verlangt das elektronische Bild, noch das Unmöglichste zu sehen. Kein Hohlraum einer anderen Wirklichkeit, nur Reales.« (Lehmann 1999, S. 446)

Demgemäß ist der Ort des Anderen ein »Nicht-Ort«. So heißt es bei Levinas (1974, S. 103, dt. S. 184): »Die Nähe ist nicht ein Zustand, nicht eine Ruhe, sondern gerade Unruhe, Nicht-Ort (*non-lieu*), außerhalb des Ruheortes [...]«. Auch Foucault läßt sich von der Fernnähe des Anderen berühren, wenn er bemerkt: »An den Lippen des Anderen werden die eigenen Lippen spürbar. Vor seinen halb geschlossenen Augen erlangt das eigene Gesicht Gewißheit.« (2005, S. 35) Ein Nicht-Ort, ob der eigene oder der fremde, findet in keinem Panorama und keinem Panakousma seinen Platz. Daß auch Geruch und Geschmack ein Wort mitzureden haben und daß diese sogenannten Nahsinne eine eigene Form der Fremdheit annehmen, bedürfte weiterer Erwägungen.

6. Fremdorte und andere Räume

Das Fremde, das in der Ferne aufleuchtet, verweist gleichzeitig auf die Grenzen des Raumes, und zwar nicht auf die Grenzflächen von Schachbrettmustern, wie wir sie aus der Vogelperspektive beobachten und in kartographischen Aufzeichnungen festhalten, sondern auf jene Ein- und Ausgrenzungen, die ein Drinnen und Draußen entstehen lassen und Fragen der Zugänglichkeit, der Zugänglichkeitsbedingungen, der Zugangsschranken oder der Zugangsrechte heraufbeschwören. Die so entstehenden Grenzen zwischen Eigenem und Fremdem nehmen verschiedene Formen an. Sie beginnen mit der Haut des eigenen Körpers. Sie tauchen auf in Gestalt von Wänden, Mauern, Türen und Fenstern, die Schutz verheißen, Einlaß gewähren und verwehren; in Form von Stadtmauern und Festungswällen, die seit dem Angriff aus der Luft ihre Abwehrchancen vollends eingebüßt haben, aber zumeist schönen Boulevards und Grünanlagen gewichen sind; in Form von territorialen Grenzen, die zu verschwimmen beginnen, seit die Kommunikationsströme ›überirdische‹ Wege nehmen. Raumgrenzen treten von Anfang an in eher realer oder eher symbolischer Gestalt auf, doch dies bedeutet nicht, daß sie der Scheinalternative von Realität oder Symbolik unterliegen.[8] Sofern Raumgrenzen immer schon als solche erlebt, verstanden und gedeutet werden, tragen sie einen Symbolkeim in sich. Das Kind, das sich in den Finger schneidet, entdeckt den Leib als einen eigentümlichen Schmerz- und Gefühlsraum, und in eins damit entdeckt es seine Verletzlichkeit. Jede Membran ist durchlässig und verletzlich; was verbindet, trennt auch. Umgekehrt verändern Zugangssymbole wie Grenzpfähle und Warnschilder den Realitätsgehalt des Raumes. Man überquert eine Grenze selbst dann, wenn diese nicht durch eine Schwelle markiert ist wie im Falle älterer Türeingänge oder Tempelpforten und wenn sie nicht durch eine Barriere gesichert ist. Es genügt ein Klimawechsel, ein anderer Tonfall auf der Straße, das Auftreten anderer Gebräuche, und es müssen keine Pyrenäen dazwischen liegen. Der Gegensatz von räumlichen Eigenschaften und unräumlichen, symbolischen

8 Zur Doppelheit von symbolischem und materiellem Aspekt in der Raumbildung vgl. aus evolutionärer Sicht Leroi-Gourhan 1984, Kap. XIII, von soziologischer Seite Löw 2001, S. 291-294 u. ö. Ich selbst verweise auf *Grenzen der Normalisierung* (2008), Kap. 4: »Symbolische, kreative und responsive Aspekte des Handelns«.

Bedeutungen gehört zu den fragwürdigen Dualismen, die an der Symbolkraft des Leibes scheitern. Öffnen und Verschließen sind Urgesten, die voraussetzen, daß jemand den Raum bewohnt und daß seine Existenz nicht in eine räumliche und eine raumlose Hälfte zerfällt.

Wenn wir einen Ort fremd nennen, so denken wir nicht an eine bloße Stelle im Raumnetz, die wir unter geeigneten Umständen selbst einnehmen könnten. Erst wenn ein Ort sich zu einem Eigenbereich zusammenzieht, der mir *unzugänglich* ist und dem ich *nicht angehöre*, kann er als fremd bezeichnet werden. In diesem Sinne ist jeder Fremdort als solcher exklusiv. Sehen wir von gewissen entwicklungsbedingten oder klinischen Anomalien ab, so wird diese Exklusivität auf der Ebene individueller, leibräumlicher und zeitlicher Existenz von kaum jemandem geleugnet. Die Eigenheit des eigenen Leibes, die eine Eigenheits- und Eigentumssphäre um sich verbreitet und auch die Angehörigen mit einbezieht, hat eine solche Fremdheit zur Kehrseite. Die Frage ist einzig, wie man mit diesen Grenzen umgeht und welches Gewicht man ihnen beimißt.

Fremdorte besonderer Art sind jene Orte, die von Foucault in seinem gleichnamigen Vortrag als *Heterotopien* bezeichnet werden und von denen her sich *andere Räume* auftun.[9] Wir haben es hier mit einer spezifischen Dimension des Fremden zu tun, nämlich mit einer extraordinären Fremdheit, die bestimmte Ordnungsgrenzen überschreitet. Husserl nähert sich dieser Problematik, wenn er im Feld der Sinnlichkeit zwischen Orthoästhesie und Heteroästhesie unterscheidet.[10] Dem entspräche eine Unterscheidung zwischen normalem Orthotopos und anomalem oder abseitigem Heterotopos.[11] Foucault breitet nun eine ganze Palette andersartiger Räume aus, indem er Anregungen von verschiedener Seite aufnimmt. Da gibt es *heilige* oder *verbotene* Orte traditioneller Art,

9 Ich zitiere nach der ursprünglichen Radiofassung von 1967, veröffentlicht in: *Die Heterotopien. Der utopische Körper* (2005); eine leicht veränderte Druckfassung erschien mit großer Verzögerung 1984 unter dem Titel »Des espaces autres«, wiederveröffentlicht in: *Dits et Écrits*, Bd. IV (1994). Zur Geschichte des Textes vgl. das Nachwort von Daniel Defert in der Ausgabe der Radiovorträge.

10 Vgl. Hua IV, § 18; Hua XIII, Text 14, dazu vom Verf. *Grenzen der Normalisierung* (2008).

11 Defert weist in seinem Kommentar darauf hin, daß der Terminus ›Heterotopie‹ im Französischen von der pathologischen Anatomie gebraucht wird, und zwar zur Bezeichnung einer anomalen Lage von Zellen (Foucault 2005, S. 74).

die er zumeist mit biologischen Krisensituationen verknüpft sieht. Schon Michel Leiris, einer seiner anonymen Gewährsleute, schildert mit lebendigen Farben gewisse abseitige, geheime, zweideutige *endroits sacrés* im Kinderalltag, wo der Kontrast von Sakralem und Profanem unterhalb der Schwelle des »offiziellen Heiligen« aufwacht, so das Elternschlafzimmer, die Toilette oder das Gebüsch.[12] Hinzu kommt eine ganze Serie von *Abweichungsorten* wie Sanatorium, Psychiatrische Anstalt, Gefängnis, Altersheime sowie das zwielichtige Freudenhaus und der ausgelagerte Friedhof, in denen die Lust und der Tod sich davonstehlen. Sofern Heterotopien sich mit Heterochronien verflechten, bilden sich besondere *Zeitorte*, so etwa Bibliotheken und Museen, in denen die Zeit angehalten und ihre Werke aufbewahrt werden, zeitweilige Heterotopien wie der Jahrmarkt, die Festwiese oder das Feriendorf, und Übergangsorte wie Kasernen, Gymnasien und Gefängnisse, die auf eine Verwandlung der Insassen abgestellt sind. Ein Roman wie der *Zauberberg* läßt sich demgemäß nicht nur als Zeitroman lesen, sondern auch als Raumroman, als Darstellung einer Heterotopie; die Gäste des Sanatoriums führen ihr Sonderleben, indem sie sich von den heimatlichen Verlockungen des »Tieflandes« fernhalten (1966, S. 279). Ich selbst habe versucht, die institutionelle Eigenart der Universität als die eines *Grenzortes* zu bestimmen, der – im Gegensatz zu einer bloßen Berufsschule – die Grenzen der etablierter Disziplinen und Interessensphären systematisch überschreitet (vgl. *Grenzen der Normalisierung*, Erweiterte Ausgabe 2008). Kultstätten wie Kirche, Synagoge oder Tempel,[13] Kunststätten wie Theater und Oper oder

12 Vgl. »Le sacré dans la vie quotidienne«, Vortrag im Collège de sociologie von 1938 (in: Hollier 1979, S. 60-74).

13 Hinter der Bezeichnung ›Kultstätte‹ verbergen sich allerdings beträchtliche Unterschiede. Schon für die christlichen Konfessionen macht es einen erheblichen Unterschied, ob man den Kultraum als Sakralraum auszeichnet oder ihn als Gebets- und Versammlungsraum nutzt. Die Synagoge stellt ebensowenig wie die Moschee ein sakrales Gotteshaus dar; beide dienen von Anfang an vielen Funktionen wie dem rituellen Gebet, der Unterweisung oder der Rechtssprechung, dennoch hält man beim Betreten dieser Orte bis heute bestimmte Kleidungsregeln ein, und Synagogen werden wie Friedhöfe nicht nur zerstört, sondern auch durch Verletzung von Pietätsgrenzen (die über bloße Anstandsgrenzen hinausgehen) entweiht. Auch die Trennung der Geschlechter gibt dem Raum ein besonderes Gepräge. Ganz und doch nicht ganz anders sieht es in einem buddhistischen Tempelbezirk aus. Natürlich gibt es kultische Handlungen und Zeremonien, doch das alltägli-

Bildungsstätten wie öffentliche Akademien könnte man als *Überschreitungsorte* kennzeichnen, weil hier der Rahmen des Alltags verlassen wird, ohne daß sich ein professioneller Fach- und Expertenbereich etabliert. Für Foucault liegt das Wesen der Heterotopien darin, daß sie alle anderen Räume in Frage stellen, sei es, daß sie durch Schaffung einer Illusion die übrige Realität als Illusion entlarven, sei es, daß sie eine Gegenrealität schaffen (2005, S. 19 f.). Die Exemplifizierung dieser zwiefachen Infragestellung durch die Einrichtung von Bordellen und die Gründung von Kolonien hat etwas Zufälliges. Entscheidend ist die Versetzung des Außer-ordentlichen an andere Orte und in andere Räume, die unsere gewöhnlichen Orte und Räume wie Schatten begleiten und alle Bodenständigkeit untergraben. Dieser Bezug auf Außer-ordentliches entspricht auch den diskursiven Heterotopien, die im Vorwort von *Les mots et les choses* zur Sprache kommen (1966, S. 9, dt. S. 20).

7. Gemeinorte und globaler Raum

Doch die Fremdheit von Fremdorten stößt häufig auf Widerstand. Vielfach geht man so vor, daß man die Grenzen zwischen Eigenem und Fremdem relativiert, indem man sie einer grenzüberschreitenden Instanz unterwirft, die eine »Einbeziehung des Anderen« gestattet. Auch hier gibt es verschiedene Varianten, darunter zwei Grundvarianten. Die Eigenorte können als Teil eines *Gesamtortes* gedacht werden, so daß sich der Eigenort als Stelle eines räumlichen Gesamtgefüges fassen läßt. Dies trifft zu auf den griechischen Kosmos; laut Aristoteles enthält das Weltall Individuen, die einander äußerlich sind, selbst aber hat er kein Außen. Der Kosmos bildet einen durchgehenden Lebenszusammenhang, in dem alles, was ist, und so auch der Mensch, auf seine Weise zu Hause ist. Die zweite Möglichkeit, die Fremdheit zu überwinden, besteht darin, den jeweiligen Eigenbereich einer Gesetzesordnung zu unterwerfen, die einen *uneingeschränkten Geltungsbereich* etabliert.[14] Die Grenzen

che Kommen, Gehen und Verweilen von Tempelbesuchern verbreitet mit seinen ständigen Weihrauchschwaden und Gongklängen ein sinnenkräftiges Flavour des Außeralltäglichen um sich. Alles dies gehört zur Topographie des Religiösen, in der viele interkulturelle Varianten aufeinander stoßen.

14 Vgl. J. Habermas, *Die Einbeziehung des Anderen* (1996), S. 58.

werden auf diese Weise zwar nicht aufgehoben durch Einfügung in ein Ganzes, sie werden jedoch neutralisiert. »Gedanken sind frei«, »Der Mensch ist frei, und wär' er in Ketten geboren« – wir kennen diese hehren Formeln. Pragmatisch ernüchtert klingt dies so: Alle Menschen gehören einer »moralischen Gemeinschaft« an, die als rein »inklusive Gemeinschaft« allen Menschen offensteht und niemanden von sich ausschließt. Die moralische Gemeinschaft kennt interne Differenzen, Grenzen und Andersheiten, doch als Geltungsbereich hat sie ebensowenig ein Außen wie der antike Kosmos.

Das Netzwerk stellt im Gegensatz dazu eine Mischform dar. Ein Netz ist kein Gemeinort; es ist überhaupt kein Ort, an dem man seinen Platz findet, im Netz kann man ebensowenig wohnen wie in einem Geltungsbereich, und man kann es nicht allmählich durchstreifen wie eine Landschaft, in der sich Wege öffnen und Hindernisse auftun. Der Druck auf die Tasten gleicht den Siebenmeilenstiefeln im Märchen; die zauberhafte Windeseile, mit der wir den Raum durchmessen, überträgt sich auf Stromstöße, die einen Kontakt herstellen. Man muß Zugang zum Netz finden, um sich einschalten zu können. Innerhalb des Netzes gibt es nur noch Anschlußstellen und Verknüpfungsregeln, die den Anschluß mehr oder weniger flexibel festlegen. Die sogenannte Anschlußfähigkeit bedeutet dann das höchste Lob; sie ist die Netztugend schlechthin. Innerhalb des Netzes kann von Eigenheit und Fremdheit nicht mehr gesprochen werden, geschweige denn von Eigen- und Fremdorten. Zahlenformeln oder Codewörter sind einander ebensowenig fremd wie die Elemente einer Klasse. Wir bewegen uns in einer durchgängigen Ordnung, in der es Verschiedenheiten gibt, aber keine Fremdheiten. Sofern Anschlußregeln stets selektiv sind, fungieren sie allerdings auch als Ausschlußregeln. Fremdheiten treten folglich in den Lücken und an den Rändern eines Netzes auf, und zwar in doppelter Form: Jemand findet keinen Zugang zum Netz, oder etwas fällt aus dem Netz heraus. Technologisch erzeugte Grenzen fallen zusammen mit Kapazitäts- und Kompetenzschranken. Sie gewinnen allerdings einen politischen Anstrich, wenn man die Zugangschancen als verteilte und zugeteilte Chancen begreift und die Zuteilung nicht im Nebel einer supralunaren Technologie verschwinden läßt.

Die *Globalisierung* entpuppt sich als ein reichlich diffuses und strittiges Phänomen, weil mehrere Motive in ihm zusammenlaufen.

Der Globus kann gedacht werden als *Welthaus*, als ein Makro-Oikos, den wir alle gemeinsam bewohnen; er kann gedacht werden als *Weltkultur*, zu der alle Einzelkulturen beitragen; er kann gedacht werden als *Weltstadt*, als Kosmo-Polis, die alle Menschen mit den gleichen Weltbürgerrechten ausstattet; er kann schließlich gedacht werden als technologisch realisierter *Weltmarkt*, an dem alles gegen alles ausgetauscht werden kann: Güter und Lüste, Meinungen und Ideen. Unaustauschbar wäre am Ende nur der Markt selbst, der das Tauschprinzip verkörpert.[15] Die erwähnten Globalisierungstendenzen können einander widerstreiten, doch sie müssen es nicht. Sie sind sich einig darin, daß sie die Differenz von Eigenem und Fremden, von Hier und Dort, von Eigenkultur und Fremdkultur, von Muttersprache und Fremdsprache systematisch überspielen, minimalisieren, eliminieren. Das Globalisierungsmuster stimmt mit alten kosmologischen Vorstellungen darin überein, daß der Globus einen reinen Binnenraum darstellt, einen *Binnenraum ohne Außen*, und er kommt mit alten kosmopolitischen Ideen darin überein, daß er einen *Gemeinort ohne Fremde* bildet. Die Rückkehr eines solchen Globalraumes wäre allerdings erkauft mit einem hohen Maß an Selbstverkennung; verkannt wäre der Ort, an dem das Ganze sich zeigt und ausspricht. Wer sagt ›wir‹, und von woher sagt man es und in welcher Sprache? Wer wäre imstande, für alle und von überallher zu sprechen? Das Hier, von dem wir ausgingen, holt solche Allmachts- und Allgegenwartsphantasien ein und straft sie Lügen. Es erinnert daran, daß die Globalisierungsidee wie alle Ideen ihre kontingenten Ursprünge im *hic et nunc* hat. Das gilt auch für neuere Formeln einer technologischen Weltkolonialisierung.

8. Gastlichkeit

Die einfache Frage: »Wer spricht von wo aus zu wem?« holt uns von den abschüssigen Flächen einer Kugel zurück auf die Erde. Sie führt uns auch zurück zu der alten Idee der Gastlichkeit, einem Ethos der Fremdheit, das ein genuines Ethos des Raumes ein-

15 Der Markt kann gedacht werden als eine ökonomische Drittinstanz, ähnlich dem Recht; doch dann stellt sich weiterhin die Frage nach den Grenzen eines Prozesses, der Dinge in Waren, Personen in Verbraucher, Ansprüche in Tauschwerte verwandelt. Eine Kritik der ökonomischen Vernunft ist alles andere als obsolet.

schließt. Der Raum, den wir bewohnen, ist kein pures Eigenheim. Er ist der Ort, wo wir Fremde empfangen, sei es daß sie eingelassen, abgewehrt oder ferngehalten werden. Er ist zugleich der Ort eines gewaltsamen Eindringens, das Bewohner zu Fremdlingen im eigenen Hause macht, indem es Eigenheit in Fremdheit verkehrt und der Gastlichkeit den Boden entzieht. Gastlichkeit kann selbst in Feindschaft umschlagen.[16] Eine derartige Bedrohung verleitet zu Abwehrmaßnahmen, die den Eigenraum in eine Festung, den Fremdraum in ein Gefängnis verwandeln. Doch Abwehrmechanismen verhindern nicht, daß wir einander aus-gesetzt sind, ob wir es wollen oder nicht. Der Verkehr zwischen Innen- und Außenraum geschieht über eine Schwelle hinweg, die ebensowenig zu überwinden ist wie der Schatten, der uns begleitet. Die Fremdheit, die nicht zur Wahl steht, sucht uns im Eigensten heim; sie beginnt im eigenen Hause und am eigenen Leib. Jeder ist auf gewisse Weise bei sich selbst zu Gast.

Diese und ähnliche Einsichten könnten uns davon abhalten, der Ideologie eines Globalismus nachzujagen, der so tut, als gäbe es eine Weltkugel, deren Bewohner alle gleich weit vom Mittelpunkt entfernt und also sich gleich nahe seien – mag der Ort der Mitte auch leer sein. Wäre es wirklich so, so versänken das eigene Hier und das fremde Dort in einem Allerlei, das einer späten Parodie auf die göttliche Allgegenwart nahekäme. Geschieht alles in »Echtzeit«, so geschieht im Grunde nichts, geht alles uns in gleichem Maße an, so geht uns im Grunde nichts etwas an. Doch dies sollte uns nicht dazu verleiten, alte Gegensätze wie Seßhaftigkeit und Nomadentum, Häuslichkeit und Unbehaustheit, provinzielle Enge und Weltweite immer wieder aufzuwärmen. Topik und Atopie, Orthaftigkeit und Ortlosigkeit gehören zueinander wie Licht und Schatten. Fremdheit besagt, daß nichts und niemand je völlig an seinem Platz ist. Diese durchgängige Orts- und Zeitverschiebung bildet einen Riß, der verhindert, daß die Kugelschalen eines neuartigen Globus sich um uns zusammenschließen wie eine künstlich verfertigte Haut.[17]

16 Vgl. vom Verf. »Fremdheit, Gastfreundschaft und Feindschaft«, in: *links* (2005).

17 Die folgende Coda, die wir als eine Art Resümee anfügen, erschien auf Initiative von Emanuel Alloa als deutsche und englische Internetfassung in: *atopia* 8 »terra incognita« (2005), ⟨http://www.atopia.tk⟩.

9. Coda: Topos – Atopie – Heterotopien

Topos. – Der *Topos* ist ein Grundwort der aristotelischen Physik. Es bezeichnet den Ort, den ein Wesen einnimmt. Der Ort grenzt sich nach außen hin ab. Etwas, das keine Grenze (πέρας) hat, verliert sich in der Unbestimmtheit des Grenzenlosen (ἄπειρον). Das Wo gehört zu den Grundkategorien, die unsere Aussagen artikulieren, und die Frage ›Wo?‹ leitet all unser Suchen und Finden. Den Ort, an dem sich ein Wesen gerade befindet, bezeichnen wir mittels des flüchtigen Demonstrativs *Hier*, das sich als okkasioneller Ausdruck mit wechselnden Gelegenheiten verbindet und als indexikalischer Ausdruck zeigt, was es meint. Wäre der Ort nichts weiter als ein vorübergehender Standort, so gäbe es keine Ortskunde, keine Topologie. Wo sich etwas befindet, wäre ganz zufällig und beliebig, und der Kosmos zerfiele in eine chaotische Mannigfaltigkeit wechselnder Konstellationen, von denen im äußersten Falle – wie bei den möglichen Kombinationen der Zahlenreihe 7777 – jede der anderen gliche. Das Hier würde zu einem *Irgendwo* verblassen.

Doch die Physis, innerhalb deren ein jedes Wesen zu dem wird, was es ist, sei es Feuer, Pflanze, Tier oder Mensch, sorgt dafür, daß jedes Individuum nicht nur *einen*, sondern *seinen* Ort hat, seinen eigenen Ort (ἴδιος τόπος), ohne den das Individuum kein Individuum wäre, und seinen angestammten, zugehörigen Ort (οἰκεῖος τόπος), ohne den es kein besonders geartetes Individuum wäre. Schon die Elemente haben dank ihrer Flug- und Schwerkraft ihren besonderen Ort im All, nahe oder fern dem Erdmittelpunkt; Pflanzen wenden sich zur Sonne, ihr Wachstum geschieht in geeigneten Biotopen, wie wir heute sagen; Tiere haben ihre Nester, Höhlen und Jagdreviere oder ihre Flugbahnen wie die Zugvögel. Auch wenn alles seinen gemäßen Ort hat, so bleibt doch die Möglichkeit, daß etwas fehl am Platz, deplaziert ist. Diese Fehlbesetzung des Raumes kommt dadurch zustande, daß der Ablauf einer natürlichen Bewegung gewaltsam gehemmt wird, sei es das Wachstum, dem es an der nötigen Nahrung mangelt, sei es das Streben und Meiden, das Widrigem begegnet, oder die Ortsbewegung, die auf ein Hindernis stößt. Wiederum droht ein Chaos, und zwar nunmehr in dem Sinne, daß nichts an seinem Platz ist und alles *drunter und drüber* geht. Das Spiel mit der Vorstellung einer *verkehrten Welt* gehört zu den bedrohlichen, aber auch verlockenden Visionen, in denen sich die Gefährdung der vorgegebenen Ordnung bekundet.

Zum Wesen des klassischen Topos gehört schließlich, daß *eines außerhalb des anderen* ist in der Form eines *partes extra partes*, wie der traditionelle Ausdruck lautet. Eines ist hier, aber nicht dort, wo ein anderes ist. Eines verdrängt das andere, einer verdrängt den anderen. Abermals winkt ein Chaos, nunmehr in Gestalt einer unaufhörlichen Topomachie, in der man sich wechselseitig seinen Platz, vor allem den guten Platz an der Sonne, streitig macht. Eine solche Topomachie wird unterbunden durch eine Topologie, durch eine wohlproportionierte Raumordnung, die zur Definition des Kosmos gehört. Als kosmisches Ganzes ist die Physis der Inbegriff aller Orte und zugleich ein Ortsgefüge, so daß ein jedes mit dem anderen und in bezug auf das andere seinen Platz findet. Dazu gehören elementare Relationen wie Rechts-Links, Vorn-Hinten, Oben-Unten. In einer hierarchischen Ordnung kommt es insbesondere auf die rechte Verteilung von Oben und Unten an, so daß unter den Bewegungsarten, wie schon in Platons *Politeia*, Aufstieg und Abstieg den Ton angeben.

Der Kosmos bildet einen gemeinsamen Ort (κοινὸς τόπος), der alles umfaßt und »von dem nichts außerhalb ist«, wie Aristoteles in der *Physik* versichert (IV, 2, 209 b 32 f.). Der Kosmos ist ein reiner Binnenraum, der an nichts anderes angrenzt. Ihm entspricht ein Denken, das – wie später bei Hegel – auf ein reines Beisichsein angelegt ist, ein *penser du dedans*, wie wir in Anlehnung an Foucault sagen können. Planeten, die im Weltall umherirren, verdienen den Namen eines *Irrsternes* nur solange, wie ihre Bahn unberechenbar bleibt. Als Venus, Merkur oder Mars behalten sie einen Schimmer des Göttlichen, das alles Kosmische von Anfang an auszeichnet.

Polis. – Dem Kosmos, der alle Wesen unter der einen Sonne vereint, entspricht die *Polis* als der Ort des Zusammenlebens, des Mitseins, mit seinen besonderen Ortschaften wie Agora, Amtsgebäude, Gerichtsstätte, Tempel, Theater, Stadion, Schule und dem Oikos als dem Kernort des Einzelnen. Der Gesamtort gehört mitsamt seinen Sonderorten, die vielfach schon durch ihren Namen ihre Herkunft verraten, zur nicht abreißenden Folge von Ortsstiftungen in der abendländischen Welt. Was die Polis und ihre Teilbereiche vor der außermenschlichen Natur auszeichnet, das ist die Tatsache, daß die

Bürger *Ortsbewohner* sind, so daß die Frage des Wo sich nicht nur mit der des Was, sondern ausdrücklich mit der des Wer verbindet. *Hier* ist nun nicht mehr nur da, wo *etwas* sich befindet, sondern da, wo sich *jemand* befindet, der sich seines Da-seins bewußt ist. Im Hier-sagen gewinnt das Hier-sein erst seinen eigentümlichen Sinn. Nur der Betrunkene weiß nicht, »wo auf Erden« er ist (*Politeia* 403 e). Der eigene Ort, der jedem Wesen im Kosmos zugewiesen ist, verwandelt sich in einen sozialen *Stand*, dem jeder angehört, bis hin zu dem marginalen Halbort des Sklaven, der als Besitz und Werkzeug seines Herrn an dessen Ort und nicht am eigenen Ort ist. Politische Orte sind auch Herrschaftsorte und nicht bloß gemeinsame Lebensorte. Der Ort der Politik verbindet sich von Anfang an mit einer Ortspolitik, die als Topopolitik allerdings noch nicht die Ausmaße der späteren Geopolitik annimmt. Die Polis grenzt sich nicht nur von seinem geographischen Umfeld ab, sondern auch von anderen Gemeinwesen. Im römischen Reich, das die Grenzen der Polis weit hinter sich läßt, liebäugelt man mit einer *Kosmopolis*, der alle Bürger als Weltbürger angehören. Unfriede und Unordnung, die dem Politischen als Geburtsmakel anhaften, nähren schließlich die Idee einer *Utopie*. Schon für Platon hat die ideale Polis ihren Ort *nirgendwo auf Erden*, ihr Musterbild befindet sich am Himmel (*Politeia* 592 b). Utopien, wie sie in den Zeiten von Thomas Morus und Thomas Campanella aufkommen, entfalten kosmopolitische und kosmopoetische Kräfte, aber im flüssigen Element der Wünsche, nicht auf dem harten Boden der Wirklichkeit. Realisierte Utopien gehören bis heute zu den politischen Alpträumen, die ein Ganzes erzwingen, das es nicht gibt.

Spatium. – Mit der neuzeitlichen Reduktion des Kosmos als eines vielfältig gestalteten und mit Leben erfüllten Makrotopos auf ein *Spatium*, einen leeren Raumbehälter, in dem alles an einer beliebigen Raumstelle vorkommt und nichts an seinem Platz ist, in dem es meßbare Abstände, aber keine Nähe und Ferne gibt, in dem das Hier also überall und nirgends ist, entstehen endlose Räume, die buchstäblich unbewohnbar sind. Wo einst fester Boden zu sein schien, tun sich nun Abgründe auf. Die Mathematisierung des Raumes, die systematisch von der Situierung des Menschen in der Welt und von der Lebensbewandtnis der Dinge absieht, eröffnet ungeahnte Möglichkeiten einer wissenschaftlichen und technischen

Weltbeherrschung, ohne die auch die neuzeitliche Weltentdeckung nicht denkbar wäre, aber sie macht den Menschen auf eine ebenso ungeahnte Weise ortlos.

Die Entzauberung des Kosmos äußert sich in Verlusterfahrungen, die Kompensationen hervorrufen. In der Philosophie tritt seit Descartes den ausgedehnten Dingen, die sich *im Raum* ausbreiten, ein reines Denken an die Seite, das sich *außerhalb des Raumes* befindet. Doch schon diese Zweiteilung macht von räumlichen Vorstellungen Gebrauch. Man spricht in diesem Zusammenhang gern von *Metaphern*, das heißt von Ausdrücken, durch die Sinnlich-Räumliches, das besser bekannt ist, auf Geistig-Unräumliches *übertragen* wird. Doch die *Phora*, wörtlich das Tragen von einem Ort zum andern, das in der *Meta-phora* steckt, macht aus der ›Metapher‹ selbst eine Metapher. Der Raum rächt sich, indem er durch die Hintertüre der Sprache zurückkehrt. Gaston Bachelard macht in seiner *Poetik des Raumes* darauf aufmerksam, daß schon das schlichte Präfix *ex-*, ohne das es keinen aus-geschlossenen Dritten, keine Aus-nahme von der Regel, kein Aus-land und auch keine Aus-dehnung gäbe, eine Phänomenologie des Raumes voraussetzt. Rettung kommt nicht selten von Kunst und Literatur, wenn etwa Jean Paul in seiner *Vorschule der Ästhetik* die Begriffe selbst als »erblassete Metaphern« kennzeichnet; Nietzsche ist ihm darin mit seinem »beweglichen Heer von Metaphern« gefolgt. Weitere Kompensationen bietet die politisch aufgeladene Geschichtsphilosophie des 18. und 19. Jahrhunderts. Die Aufwärts- und Abwärtsbewegung der klassischen Kosmologie wird durch eine Vorwärts- und Rückwärtsbewegung ersetzt und die Ortlosigkeit des Menschen durch eine kollektive Zeitperspektive wettgemacht. Die Geographie tritt ganz und gar in den Schatten der Historie, und das Fortschrittsdenken gibt den Utopien neue Nahrung. Wunschdenken setzt sich um in Wunschhandeln. Das *Noch-nicht* tritt an die Stelle des Nirgendwo, begleitet von den Melancholien eines *Nicht-mehr*. Schließlich äußert sich die Reaktion auf den drohenden Bodenverlust in einer forcierten Bodenständigkeit, die sich in diversen Formen des Nationalismus und Provinzialismus niederschlägt. Jedes Vaterland wird zum Heiligen Land, der Bürger zum Pfahlbürger, die Heimat zum Idyll. Man fühlt sich dort, wo man ist, im Eigenen, fest verwurzelt wie ein Baum; vielfach verteidigt man, was man nie besaß; man klammert sich an einen Ort, an dem man nie war, und übersieht, daß jede Heimat, zu der man sich bekennt, bereits eine zweite Heimat ist, vergleichbar der sprichwörtlichen zweiten Geburt. So entstehen Bollwerke des Eigenen, die kein Außen kennen, es sei denn als Feind. Bestenfalls verteidigt man einen privaten oder einen tribalen Kosmos. Im Kontrast dazu steht ein technologisch aufgeladener Globalismus, der alte Vorstellungen von Omnipräsenz erneuert. Auch die Technologie hat ihre theologischen Mucken, wie Marx gesagt hätte. Fixierung auf das Hier und Verflüchtigung des Hier verstärken sich wechselseitig, und sie vermischen sich auch, so wenn der aggressive Kult des eigenen Bodens im Internet für sich wirbt.

Atopie. – Wenn uns etwas von den Fallstricken diverser Raumabenteuer befreit, so nicht die Rückkehr zu einem physischen oder politischen Makrokosmos, sondern die Einsicht, daß es einen fugenlosen Kosmos und eine von allen Rissen befreite Polis nie gegeben hat und daß eine bloße Umkehrung der Dinge, also auch eine Rückkehr von der Ortlosigkeit zur festen Verortung, zum Scheitern verurteilt ist. Es ist genau das alte und neu zu durchdenkende Motiv der *Atopie*, das sich einer Geschlossenheit des Universums und der Gesellschaft widersetzt und jedwedes Ortsgefüge aufsprengt. Die Figur des *Atopos* begegnet uns in Platons *Symposion* (215 a) in der Gestalt des Sokrates, dessen Wunderlichkeit, dessen Atopie Alkibiades in solche Verlegenheit bringt, und ihr tritt im Bereich der Polis die Figur des *Apolis* zur Seite, die von Sophokles in dem großen Chorlied seiner *Antigone* (v. 370) beschworen wird. Es sind schillernde Gestalten, die uns hier vor Augen treten, schillernd wie das winzige Alpha privativum, das dem Topos und der Polis vorangestellt ist und das sprachlich dem lateinischen Präfix *in-* und dem deutschen Präfix *un-* entspricht. Dieses Präfix kann als Ausdruck einer puren Negation verstanden werden, also in dem Sinne, daß jemand *nicht* an seinem Ort ist, es kann aber auch als ein Ausdruck des Entzugs, der Distanz, der Ferne verstanden werden in dem Sinne, daß jemand *anderswo* ist, an einem Fremdort (ξένος τόπος), wie man es ausdrücken könnte. Fremd ist jemand, der nicht ganz dahin gehört, wo er ist, und der nicht ganz zu denen gehört, mit denen er zusammenlebt. Dazu paßt die Nebenbedeutung von ἄτοπος als seltsam, wunderlich, ungewohnt, abwegig, also als ortlos in einem erweiterten Sinne. Für dieses hypermoderne Fremdheitsmotiv ist entscheidend, daß wir es nicht mit einer Verdoppelung des Ortes zu tun habe, als füge sich der Welt eine Überwelt, eine Unterwelt oder eine Hinterwelt hinzu, sondern vielmehr mit einer *Ortsverschiebung*. Jemand ist zugleich hier und anderswo, jemand ist zugleich er oder sie selbst und ein Anderer, eine Andere. Die Geschlechterdifferenz, die von Philosophen so gern vernachlässigt wird, ist ebenfalls als eine Form wechselseitiger Ferne zu fassen und nicht als bloße Verschiedenheit, wie sie ein Außenbeobachter registriert. Die eigentümliche Ortsverschiebung, die bewirkt, daß jemand sich zugleich innerhalb und außerhalb der Ordnung befindet, spiegelt sich in der Art und Weise, wie Sokrates vor Gericht auftritt. Den Richtern gegenüber bekennt er von sich, daß er wie ein Fremdling dastehe (ξένως ἔχω), gemessen an der üblichen Weise, wie dort vor Gericht geredet wird (*Apologie* 17 d), und dies, obwohl er doch als Athener einer der ihren ist. Im *Symposion* ist es Diotima, die als Botin aus einer anderen Welt auftritt; nachdem die Tischgenossen lang und breit über den Eros geredet haben, gibt sie durch den Mund des Sokrates Kunde von der Verwandlungskraft des Eros – und Sokrates, der Fremdartige, redet sie ihrerseits an mit »O Fremde!« (ὦ ξένη). Man könnte geneigt sein, auf ungewohnte Weise von einer *Fremdlingin* zu sprechen, so wie Hölderlin die Nacht als »Fremdlingin unter den Menschen« willkommen heißt.

Heterotopien. – Angesichts der Tatsache, daß nicht nur jeder für sich immer auch anderswo ist, sondern daß die Ortsfindung ihrerseits verschiedene Formen annimmt, kann man mit Foucault von *Heterotopien* sprechen, die den Heteroästhesien der Sinne und den Heterologien der Rede entsprechen. Es gibt nicht nur Zentralorte wie Rathaus, Marktplatz, Stadtkirche, Universität oder Fabrik, sondern auch Randorte wie Zirkus, Spielplatz, Gefängnis, Krankenhaus, Altersheim oder Friedhof. Darüber hinaus konfrontiert uns der Andere (*autrui*) jederzeit mit einem *Nicht-Ort* (*non-lieu*), einem Ort radikaler Fremdheit. Blick, Wort und Geste des Anderen kommen von einem Ort, an dem ich nicht sein kann. Der Andere ist leibhaft abwesend, *absent en chair et en os*, wie Sartre einmal in *Les mots* formuliert, indem er Husserls Paradox der Fremderfahrung treffend zum Ausdruck bringt. Für diese Fernnähe gebraucht Levinas das schlichte Wort *visage*. Die eigene Atopie steigert sich zur Atopie des Anderen, und beides ist miteinander verquickt. Wer ganz und gar bei sich ist, ist unfähig, den Anderen als Gast bei sich zu empfangen. Außersichsein und Beisichsein widersprechen sich nicht, im Gegenteil, sie verstärken sich. Die Atopie verbindet sich schließlich mit dem vielfältig genutzten Motiv des *blinden Flecks*, allerdings nur dann, wenn man darunter kein bloßes Loch im Gesichtsfeld versteht, ein faktisch Unsichtbares, das sich buchstäblich im Handumdrehen in Sichtbares verwandeln läßt, sondern eine Höhlung im Feld des Sichtbaren, ein »Unsichtbares dieser Welt«, wie Merleau-Ponty es in seinem große Spätwerk umkreist. Das Sichtbarwerden findet nicht bloß an einem Ort statt, den es schon gibt, es schafft sich seinen Ort.

Die Topographie des Fremden, die sich darin abzeichnet, beginnt im Alltäglichsten und im Altvertrauten. Das Hier, das sich auf den Ort der Rede bezieht, bezeichnet Husserl als »Nullpunkt«, da es auf keiner der bekannten Raumachsen Platz findet; es ist weder rechts noch links, weder vorn noch hinten, weder oben noch unten, und doch ist es nicht überall. Es gehört, mit Karl Bühler zu reden, zur Origo der Rede, die sich immer wieder neu als Zeigfeld etabliert. Der Ursprung des Raumes liegt weder drinnen noch draußen. Das Hier ist von vornherein ein gespaltenes Hier; denn das ›hier‹ der Rede fällt nicht zusammen mit dem beredeten ›hier‹, so wie auch das ›ich‹ des Aussagens nicht mit dem ›ich‹ der Aussage identisch ist. Der Atopie, die den Topos unterhöhlt, entspricht ein Kern von Anonymität auf seiten dessen, der einen Namen trägt. Der Ort, an dem man sich befindet, läßt sich zwar kartographieren, etwa als roter Punkt auf dem Lageplan; er läßt sich durch Ortsangaben identifizieren: »Hier in München, in Bayern, in Europa«, er läßt sich nach Längengraden und Breitengraden vermessen, und so verwandelt sich die *terra incognita* in eine *terra cognita.* Doch alle Lokalisierung findet ihre Grenze in dem Nicht-Ort, an dem das Ortsnetz entspringt. Niemand, auch nicht der Feldvermesser, weiß völlig, wo und wer er ist. Und auch die Moralvermesser wissen nicht völlig, wo sie sind. Es gibt das »ungeheure, ferne und so versteckte Land der Moral«, das Nietzsche als Genealoge der Moral zu bereisen unternimmt. Und es gibt das »innere Ausland«, das Freud mit seinen topischen Netzen überzieht, ohne es einzugemeinden: »Psyche ist ausgedehnt: weiß nichts davon«, so lautet eine seiner späten Notizen. Im ›Un-bewußten‹ wiederholt sich die Zweideutigkeit der A-topie. Auch das Unbewußte ist kein bloßes Nichtwissen, kein Wissen, das anderswo abgelagert ist, sondern eine eigentümliche Form des Wissensentzugs inmitten unseres Wissens, wie es sich schon im wissenden Nichtwissen des Sokrates andeutet. Von daher bekommt all unser Reden und Tun etwas Doppelbödiges.

Die Atopie, die wir exemplarisch von der griechischen Topik her skizziert haben, markiert die heiklen Stellen, wo jeweils Ordentliches in Außerordentliches übergeht. Mit der Variation der historischen und kulturellen Ordnungen variieren auch die Formen der Topik und mit ihnen die Formen der Atopie. Jede Kultur und jede Epoche hat ihre weißen Flecken und ihre Alibis, solange sie nicht in der Normalität versinkt, und solche Un-Orte gehören Allen und Keinem.

5. Zeitverdoppelung und Zeitverschiebung

Die Zeit stellt ein ebenso weitläufiges Thema dar wie Ort und Raum. In unserem Alltagsleben begegnet uns die Zeit ohnehin in einer verwirrenden Vielfalt. Mit der Zeit läßt sich vieles machen, sie macht aber auch vieles mit uns. Man kann sie planen, sie mit Uhr und Kalender berechnen; man kann sie nutzen, sparen und vergeuden; man kann sich Zeit lassen, sich übereilen oder den rechten Zeitpunkt verpassen; man kann Arbeitszeit in Geld umsetzen; man kann unter der Vergänglichkeit leiden, auf Zukünftiges hoffen, alles Spätere der Sintflut überlassen. Immerzu ist Zeit im Spiel, aber primär geht es durchweg um etwas anderes: um Orientierung, Bewahrung und Verbesserung, um Fristen, um Geld und Vergnügen, um Altes und Neues. Allerdings vergessen wir allzu leicht, daß der Wandel der Zeit auch vor ihr selbst nicht haltmacht. Gibt es so etwas wie ›die Zeit‹? Gäbe es so etwas überhaupt nicht, so könnte man von ihr nur Geschichten erzählen, aber würden diese Erzählungen ihre eigene Zeitlichkeit je einholen? Es bleibt das Fragen nach der Zeit, ein schwieriger Versuch, der unsere großen Denktraditionen immer wieder in Atem hält. Dazu gehört aber die Frage, auf welche Weise und in welchem Umfeld die Zeit gedacht wird und zu denken ist.

In den folgenden Überlegungen rücken die Fremdheitsaspekte der Zeit in den Vordergrund. Keine Zeit ist ganz und gar unsere eigene Zeit. Wir beginnen auf der *fundamentalen* Ebene, auf der auch die klassischen Zeitlehren angesiedelt sind. Doch anders als diese lassen wir uns von dem Grundmotiv der Zeitverschiebung leiten, das schon wiederholt angeklungen ist und das sich aufs engste mit dem der Ortverschiebung berührt.[1] Die Verschiebung ergibt sich aus einer Selbstverdoppelung, die sich den immer wieder auftauchenden Dualismen entzieht, ohne daß sie uns in einem Lebenszeitfluß versinken läßt. Unsere phänomenologische Vorgehensweise hat ihr A und O in der Erfahrung als dem Ort, auf den alle Zeittheorien

1 Vgl. dazu vom Verf. *Grundmotive einer Phänomenologie des Fremden* (2006), insbesondere Kap. II, sowie mehr im Detail die Zeitanalysen in *Antwortregister* (1994), in *Bruchlinien der Erfahrung* (2002) und in *Phänomenologie der Aufmerksamkeit* (2004).

zurückverweisen. Die Verwicklung in die Zeit reicht weiter als alle Zeitvorstellungen, Zeitkonzeptionen und Zeitmodelle. Ein gesondertes Augenmerk gilt sodann der *regionalen* Vielfalt der Zeit, die als Zeit der Rede, der Sinne, der Handlung, der Erinnerung oder der Erwartung spezifische Modi der Zeitigung hervortreten läßt. Davon werden wir ausgewählte Proben anbieten, die einen exemplarischen Charakter haben. Schließlich werden einige *neuralgische* Punkte angesprochen: die Abgründigkeit von Vergangenheit und Zukunft, die wechselnden Tempi des Zeitablaufs sowie der Wechsel von zeitlicher Fülle und Leere. Gelegentlich werfen wir Seitenblikke auf das Bühnengeschehen im Theater, das der Zeitlichkeit eine besondere Note gibt. Zum alten Erbe gehören Leitideen wie die Einheit von Zeit und Raum, die schauspielgerechte Normallänge von fünf Akten, der Wechsel von der Premiere zu einer Kette von Wiederaufführungen, doch längst wird an den Dogmen des dramatischen Theaters gerüttelt, nicht zuletzt unter dem Einfluß interkultureller Bühnenvarianten. Diese Öffnung kommt nicht nur der Phänomenologie von Ort und Raum entgegen, sondern auch der Phänomenologie der Zeit.[2]

1. Zwischen Mythos und Logos

Das traditionelle Zeitdenken hat teil an der Auseinandersetzung zwischen Mythos und Logos. Der Logos der Zeit ist zu verstehen als die Art und Weise, wie wir Zeit denken, von ihr reden, sie vorstellen und darstellen, und dies alles bezogen auf eine Zeiterfahrung, die wie alle Phänomene »zur Aussprache ihres eigenen Sinnes« zu bringen ist (Hua I, 77).

Die älteste Zeitrede findet sich im *Mythos*. Wenn die Griechen mythische Gestalten und Erzählungen erfanden, so bezogen sie sich dabei auf Mächte wie Eros, Tod, Zufall, Eingebung oder Schicksalsfügung, die sich nicht regeln und beherrschen lassen wie die Dinge des alltäglichen Lebens. So taucht hinter dem Begriff des *Chronos*,

2 Vgl. dazu die bereits erwähnten Untersuchungen von Hans-Thies Lehmann (1999), Erika Fischer-Lichte (2004) und Jens Roselt (2008). Davon abgesehen ist in dieses Kapitel einiges von dem eingeflossen, was ich 2008 auf dem Hamburger Symposion der Dramaturgischen Gesellschaft zur »Phänomenologie der Zeiterfahrung« vorgetragen habe.

nicht wortverwandt, aber doch klangnah, der Gott Kronos auf. Er ist älter als Zeus. Von ihm wird erzählt, daß er seine eigenen Kinder verschlingt. Es ist eine Macht, die sich gegen sich selbst kehrt, als sei die Zeit nie völlig mit sich im reinen. Die Macht der Zeit äußert sich im Entstehen und Vergehen, im jugendlichen Erstarken und im alternden Nachlassen der Kräfte, aber auch in einer stetigen Veränderung der Dinge, die sich erst hinterdrein bemerkbar macht. Manches davon lebt in der Dichtung fort: »Spute dich, Kronos! Fort den rasselnden Trott!« – in Goethes Gedicht, das »An Schwager Kronos« adressiert ist, wird die Zeit in ihrer Fernnähe beschworen. In Virginia Woolfs *Mrs. Dalloway* ist es der Glockenschlag von Big Ben, der den Tagesablauf des Romans skandiert.[3] Schließlich Octavio Paz in seiner *Piedra del Sol*: »mientras el tiempo cierra su abanico« – »während die Zeit zusammenklappt den Fächer«. Die Einwirkungen und Auswirkungen der Zeit sind älter als der Logos, der auf das Werk der Zeit antwortet, indem er ihr eine Ordnung abzugewinnen versucht.

Die Entmachtung der mythischen Kräfte, die auf den Logos als vernünftige Einsicht und verantwortliche Rede zurückgeht, hat etwas Befreiendes. Die *klassische Zeitordnung*, die Jahrhunderte lang unser Denken bestimmt hat, stützt sich auf Bewältigungsstrategien, die der Macht der Zeit entgegenwirken. Dabei lassen sich drei grundlegende Aspekte unterscheiden.

(1) An erster Stelle steht der Versuch einer gewissen Entmythologisierung. Die Zeit erscheint nicht länger als ein Wer oder Was, hinter dem ein Zeitherrscher oder eine anonyme Zeitmacht steht, sondern sie erscheint als Wie, als Modus, als Schema; sie tritt *an etwas* oder *an jemandem* auf, nicht mehr in eigener Regie. Fortan ist sie eingebunden in Prozesse und Akte, die von ihr geprägt, aber nicht dominiert werden. Die Philosophie bietet zwei prototypische Lösungen an. Auf der einen Seite steht Aristoteles, der aus der physischen Bewegung (κίνησις), die in verschiedenen Formen den Kosmos durchzieht, eine physische Zeit herleitet. Die Zeit, von der nicht vorweg schon feststeht, ob sie zum Seienden oder zum Nichtseienden gehört (*Physik* IV, 10, 217 b 32), ist »etwas an der Bewegung« (ebd., 11, 219 a 10), nämlich das, was es erlaubt,

3 Vgl. Paul Ricœurs Interpretation dieses Zeit-Romans und anderer Zeit-Romane in *Zeit und Erzählung*, Bd. II.

sie zu berechnen. Allerdings fehlt auch hier nicht die Seele; sie ist die Instanz, von der die Zählung ausgeht (ebd., IV, 14, 223 a 16 -29), doch bekommt die psychische Seite später ein weitaus größeres Gewicht im Sinne eines Innewerdens der Zeit. So finden wir auf der anderen Seite Augustinus, der im Anschluß an Plotin aus der Ausgespanntheit (*distentio*) des Geistes und des eigenen Lebens, aus deren »Zerfahrenheit« (Gloy 2008, S. 110), eine psychische Zeit herleitet, die im Gedächtnis (*memoria*) ihren Ort der Sammlung hat.[4] Die Zeitlichkeit wird in Schranken gehalten, sofern die Frage »Was ist X?« oder »Wer bin ich?« nicht eo ipso einen zeitlichen oder räumlichen Akzent trägt. Was in der Zeit auftaucht, ist nicht etwas, das sich selbst zeitigt. Modern gesprochen bedeutet Identität nicht im gleichen Atemzug *time identity* – in dem Sinne, wie man heute von *place identity* zu reden pflegt. Identität bleibt in ihrem Kern zeitlos. – (2) Was in der älteren Tradition eine Polarität bildet, deren Glieder durch das gemeinsame Band des Kosmos oder der Schöpfung zusammengehalten werden, bricht in der Neuzeit auseinander. Der Modus der Zeit fällt unter *binäre Ordnungsschemata* wie Außen und Innen, Physis und Psyche, Materie und Form. Äußere Naturzeit und innere Bewußtseinszeit, objektiv meßbare und subjektiv erlebte Zeit treten auseinander und stehen sich mehr oder weniger unversöhnlich gegenüber, teilweise ist dies noch heute so. Wenn eine Einheitszeit postuliert wird, so ist die Einheit in der Regel einseitig konzipiert. – (3) Die Zeit wird selbst als *Glied einer Opposition* gedacht. Die wirkungsvollsten Oppositionen sind die von Zeit und Raum: Nacheinander vs. Auseinander, von Zeit und Ewigkeit: Fließen vs. Stillstand. Auf diese Weise wird die Zeit gezähmt. Als menschliches Lebewesen sind wir ihr ausgeliefert, nicht aber als denkende Wesen.

Diese Rationalisierung der Zeit zeigt entschiedene Schwächen. Eine erste Schwäche liegt in dem Dualismus zweier Zeitmodi. Da wir Menschen als »Bürger zweier Reiche« auch Bürger zweier Zeitreiche sind, muß es einen Konnex zwischen diesen Weisen der Zeitigung geben. Eine zweite Schwäche besteht darin, daß sowohl die Anbindung der Zeit an eine reale Natur wie ihre Einbindung in ein ideales Gefüge identische Substrate oder identische Subjekte unterstellt, die der Zeit entrückt sind. Das Sein zeitlicher Dinge ist

4 Vgl. Ricœur, *Zeit und Erzählung*, Bd. I, Kap. I.

nicht selbst zeitlich, das Denken der Zeit ist nicht selbst zeitlich. Die Zeit dringt nicht vor bis zur Zeitlichkeit einer Identitätsbildung. Eine dritte Schwäche rührt daher, daß die Entmythologisierung der Zeit auch deren Wirkmacht und Abgründigkeit aus dem Blick geraten läßt. Es regieren zeitlose Gesetze, deren Gültigkeit keinen Zeitindex trägt. Ein deterministisches Universum wie das von Laplace altert ebensowenig wie das denkende Ich. Seine Gesetze sind der Erfahrung unterschoben, nicht entnommen.

Doch nicht wenige Philosophen der Gegenwart tendieren zusammen mit einem Großteil der neueren Wissenschaften zu einer Radikalisierung der Zeitauffassung. Die klassische Zeitordnung, die der Erfahrung vorausgeht, weicht einer *radikalen Zeiterfahrung*, die ihr entspringt. Der Logos selbst verwandelt sich nicht nur, wie Husserl betont, in einen »Logos der ästhetischen Welt«, sondern zugleich in einen Logos der zeitlichen beziehungsweise der zeiträumlichen Welt. Dies führt zur Umgestaltung der klassischen Zeitvorstellung in all ihren Grundzügen. (1) Fortan ist die Zeit mehr als ein Attribut der Dinge oder eine Erlebnisweise der Seele, mehr auch als die Anschauungsform eines transzendentalen Subjekts. Sie reduziert sich nicht mehr auf eine bloße Modalität, da sie maßgeblich an der Bildung, Gestaltwerdung und Realisierung von etwas (Objekt) von jemandem (Subjekt) und von Sinn (Ordnungen) beteiligt ist. Diese Momente, die Karl Popper noch auf drei Welten aufteilt, haben jeweils ihre spezifisch zeitliche Seinsweise. Die Zeitlichkeit erweist sich als *Generator von Identität.* (2) Die Zeit fällt nicht länger unter binäre Schemata, die man an sie heranträgt, sie erweist sich selbst als *differierend* im Sinne von Verzögerung, Verschiebung oder Aufschub. (3) Die Zeit löst sich aus der Opposition zu zeitlosen Instanzen; sie verwickelt sich in sich selbst in Form einer *Selbstbezüglichkeit*, die zu Prozessen der Selbstverdoppelung und Selbstvervielfältigung führt. So bemerkt Husserl zu Beginn seiner Zeit-Vorlesungen (Hua X, 22), »daß die Wahrnehmung eines zeitlichen Objekts selbst Zeitlichkeit hat, daß Wahrnehmung der Dauer selbst Dauer der Wahrnehmung voraussetzt«, und Merleau-Ponty spricht in seinen späten Schriften von einem »Wirbel« der Zeit. Hier zeichnet sich eine Phänomenologie der Zeit ab, von teils zunehmender, teils wechselnder Radikalität. Dabei verschränkt sich die Zeit auf chiasmatische Weise mit dem, was sie bestimmt: als Bewußtsein der Zeit, Zeit des Bewußtseins bei Husserl; als Sein und Zeit, Zeit und Sein bei Heidegger, als Leib oder Fleisch der Zeit, Zeit des Leibes bei Merleau-Ponty, als Zeit des Anderen und Andersheit der Zeit bei Levinas und Derrida; als Erzählzeit und erzählte Zeit bei Ricœur.[5]

Erwähnenswert sind auch humanwissenschaftliche Autoren wie L. Binswanger, E. Minkowski, E. Straus oder V. von Weizsäcker, bei denen die Pathologie der Zeit ein besonderes Gewicht bekommt. Zum weiteren Umkreis gehören Autoren wie Bergson und Whitehead, die unsere Lebenszeit mit den Zeitformen der modernen Biologie und Kosmologie zusammenzudenken versuchen. Schließlich ist zu beachten, daß die Zeitauffassung der klassischen Physik, die den philosophischen Zeittheorien der Moderne vielfach ihren Stempel aufgedrückt hat, selbst erhebliche Revisionen durchgemacht hat. Diese lassen sich zwar nicht geradewegs in lebensweltliche Erfahrungen umsetzen, sie zerstören aber den Nimbus so mancher wissenschaftlich drapierter Grundannahmen, die unsere Erfahrungen zu entwerten drohen. So hat die Relativitätstheorie mit der Vorstellung eines Zeitbehälters und einer absoluten Zeit gründlich aufgeräumt; sie begnügt sich nicht damit, die Raumkoordinaten durch eine Zeitkoordinate zu ergänzen, vielmehr rechnet sie mit den Zeit-Räumen eines vierdimensionalen Raum-Zeit-Kontinuums und macht die Zeitmessung von der Bewegung abhängig. Wir stoßen auf neue Formen der Zeit, »auf Zeiten, die mit dem internen Zustand eines Systems zusammenhängen, auf eine Zeit, die ein Operator ist« und die dem »Pfeil der Zeit« eine neue Bedeutung verleiht (Prigogine/Stengers 1986, S. 246). Auch das Gehirn erweist sich als ein dynamisches System, dessen Feldstruktur ebenso durch zeitliche Sequenzen, Rhythmen und Phasenverschiebungen bestimmt ist wie durch räumliche Areale, Positionen und Spannungskurven. Die Interkulturalität hindert uns daran, weiterhin einen einzigen kulturellen Standardkalender zu benutzen. Auf diese und ähnliche Tendenzen antwortet unsere Phänomenologie der Zeiterfahrung mit ihren eigenen Mitteln.

5 Zur neueren französischen Philosophie vgl. die von Dietmar Köveker und Andreas Niederberger herausgegebene Textsammlung *Chronologie* (2000).

2. Frage nach der Zeit

Ähnlich wie im Falle von Ort und Raum empfiehlt es sich, von der alltäglichen Frage nach der Zeit auszugehen, bevor spekulative Vorannahmen und theoretische Probleme das Phänomen der Zeit verdunkeln. Doch da beginnen schon die Schwierigkeiten, denn es gibt vielerlei Arten, nach der Zeit zu fragen; die Frage nach der Zeit fächert sich ähnlich auf wie die nach Ort und Raum. Nehmen wir wiederum die aristotelische Kategorienlehre zur Hand, so stoßen wir in Kapitel 4 auch auf die Zeitfrage. Hier ist es das unbestimmte Pronomen *irgendwann* (ποτέ), das in der Beantwortung der *Wann-Frage* seine Bestimmtheit erhält: »Es geschah gestern oder im vorigen Jahr.« Haben wir also die Wann-Frage als den Urmodus der Zeitfrage zu betrachten? Besagte Frage ist gleich der Wo-Frage zunächst eine Orientierungsfrage. Es geht darum, sich in der Welt zurechtzufinden. Doch welche Phänomene bieten die nötige Handhabe, um eine solche Frage zu stellen? Die Antwort, die sich aufdrängt, lautet: Es sind dies alles Dinge, die sich verändern, so daß die Beantwortung der Was- und auch der Wer-Frage von daher einen zeitlichen Index erhält. Die Sonne steht am Himmel, noch eben tat sie es nicht; die Ahornblätter sind grün, bald werden sie rot sein; das Auto steht, es könnte fahren, oder ein Beispiel aus der gehobenen Sprache: »Ein Tännlein grünet wo, / Wer weiß in welchem Walde, / Ein Rosenstrauß, wer sagt, / In welchem Garten? / Sie sind erlesen schon, / Denk es o Seele, / Auf deinem Grab zu wurzeln / Und zu wachsen.« Die Zeit sterblicher Wesen mischt sich hier in die Naturzeit ein und gibt allem ein besonderes zeitliches Gepräge. Das ist nicht überall so. Zahlen bekommen einen Zeitindex nur indirekt auf dem Weg über das Zählen, Urteile nur indirekt auf dem Weg über den Urteilsspruch. So breitet sich eine spezifische Sphäre des Zeitlichen aus, die Aristoteles als die der *Kinesis* bestimmt; sie schließt quantitative und qualitative Veränderungen ebenso ein wie Ortsveränderungen und den Wechsel von Entstehen und Vergehen.

Mit der ontologischen Verschiebung der Blickrichtung von zeitlichen Vorgängen hin zu zeitlichen Wesen, darunter dem Menschen als einem »Eintagswesen«, öffnet sich ein ganzer Fächer von Fragen, deren Beschaffenheit unsere schlichte Orientierungsfrage, die ebenso beiläufig ist wie ihr Gegenstand, in den Hintergrund treten läßt. Wenn sich etwas verändert, so wollen wir etwas über die Reihenfolge der Veränderungen wissen, also über das *Früher* und *Später*, das in der aristotelischen Definition der Zeit als zentrale Bestimmung auftaucht. Die Zahlen, von denen die Zeitzählung Gebrauch macht, stehen den Ordinalzahlen nahe, die keine Mengen bilden, sondern eine geordnete Folge. So bezeichnet man Störungen des Zeitsinns auch als »ordinative Zeitstörung« (Markowitsch 2002, S. 65). Hinzu kommt die Frage, *wie lange* ein bestimmter Vorgang dauert, *wie schnell* er am Ziel ist. Bekannte Parameter wie Zeitpunkt, Zeitlinie, Zeitstrecke und Zeittempo drängen sich in den Vordergrund. Schon Platon unterscheidet zwischen *Zeitarten* (εἴδη) wie Vergangenheit, Gegenwart und Zukunft und *Zeiteinheiten* (wörtlich Zeitteile: μέρη), die als Tag, Nacht, Monat oder Jahr von bestimmter Dauer sind (*Tim.* 37 e) und bei deren Festlegung die Gestirne als »Zeitwerkzeuge« eingesetzt werden (*Tim.* 41 e).[6] Die arithmetische Operation der Division kommt ins Spiel, wenn die Stunde als 1/24 der Zeit, die eine Erdumdrehung braucht, den Maßstab des Zählens abgibt. Es stellt sich dann die Frage, wem unter den verschiedenen Zeitaspekten der Primat gebührt.

Nehmen wir einen Text, der in der analytischen Philosophie bis heute diskutiert wird. In seinem Aufsatz »Von der Irrealität der Zeit« (1908, dt. 1993) unterscheidet J. M. E. McTaggart zwei Reihen, die nur vereint eine Zeitreihe ergeben, nämlich eine A-Reihe, der die Unterscheidung zwischen »vergangen«, »gegenwärtig« und »zukünftig«, und eine B-Reihe, der die Unterscheidung zwischen »früher« und »später« angehört. Die Ereignisse der B-Reihe, die als früher oder später qualifiziert werden, bilden eine bloße Reihenfolge wie etwa die Buchstabenfolge M N O P oder eine alphabetische Namenliste; sie enthalten weder etwas von zeitlicher Veränderung noch von zeitlicher Ausrichtung – sofern sie nicht mit den Bestimmungen der A-Reihe kombiniert werden. Einfach gesagt, nur was gegenwärtig, vergangen oder zukünftig ist, kann als früher oder später qualifiziert werden. Insofern gelten die Unterscheidungen der A-Reihe als fundamental und unhintergehbar, nicht aber die der B-Reihe. Doch beide Reihen leiden unter einem Mangel. Die Bestimmungen der B-Reihe sind, für sich genommen, zwar ob-

6 Dies ist ein Beispiel dafür, wie der »Weltkörper« (*Tim.* 32 c) von Anfang an eine Art Weltkörpertechnik ermöglicht. Theorie und Technik sind schon hier nicht durch eine Kluft voneinander getrennt.

jektiv und unveränderlich, aber nicht zeitlich, die Bestimmungen der A-Reihe zwar zeitlich und veränderlich, aber bloß subjektiv. Daß die Gründung des Deutschen Reiches früher erfolgte als die der Weimarer Republik, steht unabänderlich fest, während jedes Ereignis sowohl als gegenwärtig, vergangen und zukünftig zu qualifizieren und entsprechend veränderlich ist. Ist etwas vergangen, so ist es gegenwärtig und zukünftig gewesen, und ist etwas zukünftig, so wird es gegenwärtig und vergangen sein. Werden aber von ein und demselben Ereignis inkompatible Terme prädiziert, so kann dies nur bedeuten, daß die zeitliche Aussage nichts Wirkliches trifft und daß die Zeit irreal ist. Man könnte aus dieser Debatte durchaus die Lehre ziehen, daß unsere subjektive Zeiterfahrung auf keine objektive Zeitordnung zurückzuführen ist. Doch diese Einsicht wird dadurch blockiert, daß der Autor den Zeitfluß in isolierte Zeitpositionen zerstückelt und sich auf Zeitaussagen beschränkt, so daß von den Zeitbestimmungen bloße widerspruchsanfällige Prädikate zurückbleiben. In der Kritik, die Bertrand Russell an dieser Position übt, verstärkt sich die Barriere noch, indem der physikalischen Zeit, die aus Relationen zwischen Objekten hervorgeht, eine mentale Zeit gegenübergestellt wird, die sich aus Relationen zwischen Subjekt und Objekt herleitet, wobei schließlich der ersteren der Primat eingeräumt wird.[7]

Die jüngste Neurologie der Zeit löst sich aus diesem Widerspiel von Subjektivierung und Objektivierung, wenn sie innerhalb ihrer objektiven Zeitforschung von der Chronognosie als einer immanenten, unreflektierten Zeiterfahrung ausgeht, die sich mittels einer »Kopfuhr« an den Eigensequenzen des Gehirns orientiert, und von da aus über die Chronologie, in der die innere mit der äußeren Geschichte verglichen wird, zur Chronometrie fortschreitet, in der die Zeit nach objektiven Maßstäben gemessen wird (Markowitsch 2002, S. 65). Ohne die Bezugnahme auf den Nullpunkt der Ge-

7 Vgl. Russells Aufsatz »Über die Erfahrung« von 1915 (deutsch in: Zimmerli und Sandbothe 1993). Michael Dummetts Verteidigung von McTaggart (in einem Aufsatz von 1960, deutsch im gleichen Band) rekurriert nicht nur auf den indexikalischen Charakter der Zeitrede, sondern macht darauf aufmerksam, daß die Behauptung von der Irrealität der Zeit eine Auffassung der Wirklichkeit als Zeit voraussetzt, die ihrerseits veränderlich ist. Das bloße Insistieren auf der Unvollständigkeit unserer Beschreibung der Wirklichkeit bleibt allerdings der Rede *über* die Zeit verhaftet und erreicht nicht die im folgenden zu erörternde Zeitverdoppelung.

genwart, innerhalb deren sich die nach Orientierung strebende Wann-Frage stellt, behalten wir nämlich nur *Zeitrelationen* zurück, deren spezifische Zeitlichkeit von anderswoher entlehnt ist, etwa von einer Abfolge von Ereignissen. Die bloße Reihenfolge unterscheidet sich, wie McTaggart zu Recht behauptet, nicht von einer beliebigen Rangfolge, die durch Ordnungszahlen bestimmt wird. Ähnliches gilt für den Vergleich von Zeitstrecken durch Anlegen eines Streckenmaßes. Wir erhalten Bruchzeiten, wie man sagen könnte, die den Bruchzahlen entsprechen, deren Zeitcharakter aber ebenfalls vorausgesetzt ist. Nirgends liefert die bloße »Zahl der Bewegung« das Spezifikum der Zeitlichkeit. Man könnte von einem Quale der Zeit sprechen, das zwar wie die Farbe, der Erdbeergeschmack oder die Schmerzempfindung bestimmten Berechnungen unterworfen werden kann, aber nicht selbst zu errechnen ist, als bestünde es aus lauter Relationen. Der Zeitsinn der gelebten Zeit läßt sich ebensowenig überspringen wie der Ortssinn des gelebten Raumes.

Vor ähnlichen Problemen steht die systemtheoretische Operationalisierung der Zeit, die sich der Mittel der Spencer Brownschen Logik bedient. Niklas Luhmann läßt alle kulturell geprägten Zeitsemantiken hinter sich, indem er davon ausgeht, daß alles, was geschieht, *gleichzeitig* geschieht, da in letzter Instanz nichts weiter gegeben sei als die unterscheidende Beobachtung zweier gleichzeitig gegebener Seiten wie etwa Vorher und Nachher. Die Zeit kommt nur insofern ins Spiel, als man bei dem Übergang von der bezeichneten zur unbezeichneten Seite, ohne den es zu keiner Unterscheidung käme, Zeit braucht. »Man muß die Grenze, die die beiden Seiten trennt und die Form konstituiert, kreuzen. Insofern ist die jeweils andere Seite gleichzeitig und ungleichzeitig gegeben«, und so entsteht die paradoxe Form einer »Gleichzeitigkeit des Ungleichzeitigen«. Doch was heißt hier: »*Man* braucht Zeit?« Wie wird aus Gleichheit Gleich*zeitigkeit*, aus Ungleichheit Ungleich*zeitigkeit*? Das schlichte Zugleich (ἅμα, *simul*) gibt dies nicht her, es sei denn, man bezieht sich nicht nur auf eine Operation der Beobachtung und Unterscheidung, sondern unterscheidet, scholastisch gesprochen, zwischen *opus operatum* und *opus operantis,* so daß die Ausführung sich nicht in ihrer eigenen Logik erschöpft. Es ist kein Wunder, daß es diesen systemischen Operationen an Zukunft mangelt und daß sie sich nur »rückwärts in die Zukunft« bewegen. Zwar können wir sagen: »Zeitlichkeit ist eine Form von Andersheit«, doch mit der umgekehrten Behauptung: »Die Kategorie der Andersheit ist eine Zeitform« macht sich der Systemtheoretiker einer offensichtlichen Erschleichung schuldig.[8]

Nach Sondierung dieser Vorfragen wenden wir uns nun unserem Leitthema zu, und ähnlich wie bei der Erörterung des Raumes beginnen wir mit der Zeit der Rede, die der Rede über die Zeit zugrunde liegt.

3. Zeitverdoppelung in der Rede und Zeitverkörperung

Dichotomien, die auf zeitfremden Voraussetzungen beruhen, verschwinden, wenn wir von einer Selbstverdoppelung der Zeit ausgehen. Durch die Zeiterfahrung läuft ein Spalt, der in der Zeit der Rede ganz deutlich zutage tritt.[9] Beginnen wir, wie angekündigt, mit der alltäglichen Wann-Frage. Die Frage »*Wann?*« liefert gleichsam das Paßwort für unsere Zeitanalysen, ähnlich wie die Frage »Wo?« uns Wege der Orts- und Raumanalyse eröffnet hat. Sie entpuppt sich ebenso wie diese als eine Urfrage, da sie nicht auf andere Fragen wie die nach dem Wer, Was, Wie oder Wo zurückgeführt werden kann. Der Urfrage entspricht eine anfängliche Antwort, die noch nicht an eine separate Zeitinstanz appelliert; sie lautet: »Jetzt«, »Soeben« oder »Sogleich«. Diese Zeitangaben verweisen allesamt auf die Jetztzeit der performativen Rede. Ohne den Rückbezug auf das »Jetzt« oder »Nun« wären »Soeben« und »Sogleich« bloße Ballonwörter, die irgendwo in den Lüften schweben, ohne etwas Bestimmtes zu bezeichnen.[10] Das »Jetzt« bezieht sich auf den Augenblick, in dem eben diese Äußerung fällt. Die Frage »Wann ist jetzt?« ist entweder eine Kinderfrage, mit der Kinder hemmungslos alle Möglichkeiten der Sprache durchspielen, oder sie ist eine Fang-

8 Ich beziehe mich auf das Kapitel »Zukunft als Risiko«, in Luhmanns *Soziologie des Risikos* (2003), S. 41-45; der Autor verweist selbst auf entsprechende Passagen in seiner *Soziologie der Aufklärung*.

9 Mehr zu den Voraussetzungen von Zeitgrammatik, Zeitlogik und Zeitpragmatik findet sich in den Kapiteln 3 und 6 meines Buches *Vielstimmigkeit der Rede* (1999).

10 Zu den »Stationen der Geschichte«, die das »Jetzt« durchlaufen hat, vgl. Strobach 2007.

frage. Diese verschleiert, daß die Frage nach dem »Jetzt« des Fragens ebenso wie die nach dem Frager schon implizit durch das Stellen der Frage beantwortet ist. Hinter das Jetzt können wir ebensowenig zurück wie hinter das Hier. Das gilt selbst für das Jetzt des Messens. Man kann dieses im Augenblick des Messens nicht auch noch messen wollen, ohne sich den Boden unter den Füßen wegzuziehen. Das Zeigewort ›jetzt‹ gehört zusammen mit den Zeigewörtern ›hier‹, ›dort‹, ›ich‹, ›du‹ und ›wir‹ zu dem, was Karl Bühler als *Origo* der Rede und Husserl als *Nullpunkt* der Erfahrung bezeichnet. Das Jetzt findet keinen Platz auf den Zeitachsen, auf denen wir Ereignisse als vorher, nachher oder gleichzeitig verzeichnen. Was jetzt auftritt, was *sich* ereignet, ist weder früher noch später als etwas anderes noch gleichzeitig mit etwas anderem. Der Zeitsinn entspringt keinem Zeitvergleich.

Sobald nun aber das ›jetzt‹ ausgesprochen wird, verdoppelt sich die Zeit in eine *Zeit des Sagens* und eine *Zeit des Gesagten*. Diese Gabelung ist Teil jener Verdoppelung der Redeinstanzen, von denen Émile Benveniste (1966, S. 254, dt. S. 281) in seiner Sprachtheorie Gebrauch macht und die auch der durch verschiedene Tempora gekennzeichneten Zweiheit von Bericht und Diskurs zugrunde liegt. Auf der Schauspielbühne bedeutet dies, linguistisch gesprochen, die Verschiebung der Zeitthematik »von der Ebene des Signifikats (der durch Bühnenmittel denotierten Vorgänge) auf die Ebene des Signifikanten (der Bühnenvorgänge selbst)« (Lehmann 1999, S. 318). Nehmen wir zwei einfache Beispiele: »Ich *verspreche* dir, *morgen* zu kommen« oder: »Ich *erinnere mich*, *gestern* dort gewesen zu sein«. Das ›jetzt‹ wird durch die Präsensform des Hauptverbs mit angezeigt, wie schon Aristoteles in seiner Aussagenlehre bemerkt (vgl. *De interpret.* 3).[11] Wir haben es in solchen Äußerungen mit verschiedenen Tempora zu tun. Das ›Jetzt‹ des Versprechens und Erinnerns läßt sich nicht, zusammen mit dem ›Später‹ des Versprochenen oder dem ›Früher‹ des Erinnerten, auf einer einzigen Zeitlinie aufreihen und einer stetigen Zeitfolge zurechnen. Wie bereits angedeutet, tritt der performative Akt des Versprechens keineswegs

11 Mit gutem Grund wird ›Verb‹ im Deutschen mit ›Zeitwort‹ wiedergegeben. In seiner begeisterten Aufnahme der Döblinschen Erzähltechnik spricht Bertolt Brecht geradezu von einer »Kultur des Zeitworts«, die es erlaubt, in der Verflüssigung alles Festen und der Durchdringung der Zeiten aus der linearen Zeitordnung auszubrechen (vgl. Detering 2008, S. 82).

früher auf als die angekündigte Einlösung des Versprechens, so wie der Akt der Erinnerung keineswegs später auftritt als das erinnerte Geschehen; dies gilt erst dann, wenn über das Versprechen oder das Erinnern berichtet wird. Der Versprechensakt tritt deshalb nicht früher auf, weil er als solcher gar nicht in der Zeit vorkommt, sondern vielmehr ein Zukunftsfeld eröffnet, in dem der Sprecher zu diesem oder jenem verpflichtet ist, und der Erinnerungsakt tritt nicht später auf, weil er allererst ein Vergangenheitsfeld konstituiert, indem dieses oder jenes bedeutsam wird. Das Versprochene ist *jetzt* zukünftig, das Erinnerte ist *jetzt* vergangen. Die Verdoppelung der Rede besagt also, daß das Versprechen kein Teil des Versprochenen, das Erinnern kein Teil des Erinnerten ist, vielmehr begegnet uns ein *Überschuß des Sagens*, der *im Gesagten* mitgesagt wird, ohne im Gesagten aufzugehen. Natürlich gilt dies alles nicht nur für Versprechens- und Erinnerungsakte, sondern auch für Drohungen, Glückwünsche und selbst für Behauptungen. Auch diese legen den Sprecher fest, so daß ein Widerruf mehr bedeutet als eine gegenteilige Behauptung.

Die Verdoppelung der Zeitrede bietet die Möglichkeit, das *situative Jetzt* durch Festlegung auf einen bestimmten *Zeitpunkt* und durch Einreihung in eine bestimmte *Zeitfolge* zu datieren und durch das Anlegen eines *Zeitmaßstabes* seine Dauer zu bemessen. So verwandelt sich das augenblickliche Ereignis in eines unter anderen, und in Bezug auf diese anderen Ereignisse bestimmt es sich als früher, später oder gleichzeitig. Die Umsetzung der gelebten Zeit in eine datierbare Zeit entspricht mutatis mutandis der Verräumlichung des situativen Hier und der Polarität von Ort und Raum, von der ausführlich die Rede war. Sollte es für die Zweiheit von Ort und Raum im Bereich des Zeitlichen ein Äquivalent geben, so wäre an den Gegensatz von *Augenblick* und *Dauer* zu denken. Während das Nu des Augenblicks den Zeitlauf durchbricht, erstreckt sich die Dauer in eine bestimmte Richtung, indem sie zugleich ein bestimmtes Ausmaß erreicht. Der Augenblick entspricht dem Faktum, *daß* etwas geschieht, während das, *was* geschieht, in der Dauer Gestalt annimmt. Die Metaphorik von Quelle und Fluß, von jeweils Neuem, das emporquillt, und Ereignissen, die einen bestimmten Verlauf nehmen, entspricht in ihrer vertikalen und horizontalen Ausrichtung der besagten zeitlichen Polarität. Der Wunsch, der Augenblick möge verweilen, spielt mit der Möglichkeit, die zeitliche Polarität könne sich in Koinzidenz verwandeln. Der Augenblick würde dauern, doch das, was dauert, wäre nichts weiter als eben dieser Augenblick, als wäre jeder Tag der erste.

Die Doppelheit des Leibkörpers prägt auch das Geschehen der Zeitigung, indem sie uns vor fälschlichen Alternativen bewahrt. Die Zeitigung stellt kein reines *Zeiterleben* dar, in dem wir uns selbst inmitten eines Präsenzfeldes gegenwärtig sind, sondern sie materialisiert sich in *Körperprozessen* verschiedenster Art, deren Rhythmik in periodischen Vorgängen wie dem Herzschlag, dem Pulsschlag oder dem Ein- und Ausatmen auf indirekte Weise angezeigt wird. Plessners bekannte Kennzeichnung des Leibes abwandelnd können wir sagen: Wir sind Zeit und haben Zeit, und was wir haben, hat umgekehrt auch uns. In Krankheitsfällen wie der Depression kann es zur »Desynchronisation« einzelner Körperfunktionen kommen (Pöppel 1997, S. 118). Der pathologische »Zerfall in unabhängige Zeiten« (ebd., S. 56) zeigt, daß der zeitliche Gleichklang unseres Körpers sich nicht von selbst versteht.[12] Generell läßt sich sagen: Das Jetzt ordnet sich in die Zeit ein, wie das Hier sich in den Raum einordnet, und ähnlich wie der kulturell gestaltete Raum von einem Naturraum durchdrungen ist, so ist die kulturell gestaltete Zeit von einer Naturzeit durchdrungen (vgl. Merleau-Ponty 1945, frz. S. 398 f., dt. S. 397 f.). Die originäre Verdoppelung der Zeit, die der Verdoppelung des Raumes entspricht, ist nicht zu verwechseln mit einer Verräumlichung der Zeit, die Bergson zufolge dem reinen Ineinander einer gelebten Zeit Abbruch tut. Schon die Rede von einer Einordnung ›in die Zeit‹ ist nicht unverfänglich. Diese Einordnung ist einerseits als Verkörperung, andererseits als Relationierung zu verstehen, keinesfalls jedoch als Einfügung in eine Art Zeitgefäß. Die Himmelskörper, die als »Zeitwerkzeuge« dienen, betätigen sich als Zeitkörper, in denen sich Zeit und Raum durchdringen wie in unserem eigenen Leibkörper.

12 Verwandt damit ist das generelle »Diskonnektionssyndrom«, bei dem – wie etwa im Falle des Korsakow-Syndroms – der Kontakt zwischen verschiedenen Hirnregionen unterbrochen ist; eine mögliche Folge ist die Unfähigkeit zur zeitlichen Orientierung (Markowitsch 2002, S. 24). Oliver Sacks schildert, wie ein Patient, der unter einem Korsakow-Syndrom leidet, die »Abgründe von Amnesie« durch Konfabulationen ausfüllt, so daß eine »Quasi-Kontinuität« entsteht (Sacks 1990, S. 152 f.).

Kehren wir zurück zum sprachlichen Übergang von der gelebten zur datierten Zeit. Er vollzieht sich nicht mit einem Schlage, sondern schrittweise. Zeitadverbien wie ›sogleich‹ und ›soeben‹ deuten lediglich eine Zeitrichtung an. Zeitangaben wie ›morgen‹ oder ›gestern‹, ›im nächsten Jahr‹ oder ›im vorigen Jahr‹ markieren eine zeitliche Nähe oder Ferne, indem sie von Zeitabschnitten wie Tag, Monat oder Jahr Gebrauch machen. Doch der kontextuelle Bezug auf das jeweilige Jetzt wird erst zertrennt durch eine Datierung wie »Am 11.1.2008 um 11 Uhr«. Damit beziehen wir uns auf eine intersubjektive Zeitordnung, die allerdings mit der Wahl einer bestimmten Zeitschwelle wie »nach oder vor Christi Geburt«, »nach Buddhas Tod«, *ab urbe condita* oder ganz neutral »nach unserer Zeitrechnung« selbst wieder einen kollektiven Nullpunkt voraussetzt. Für alle, die diese Zeitordnung teilen, erhält der datierte Satz seine volle Bedeutung unabhängig davon, wer ihn wann ausspricht. Ähnliches gilt für epochale Stiftungsereignisse, die eine neue Ära begründen, oder für herausragende Ereignisse, oftmals auch Katastrophen, durch die unser persönliches und kollektives Leben sich in ein mehr oder weniger konkretes Zeitfeld einfügt. Die Art und Reichweite solcher zeitlicher Orientierungen kann erheblich variieren. In früheren Zeiten, in denen persönliche Daten nur beschränkt aktenkundig wurden und Fest- oder Bauernkalender den Zeitrhythmus bestimmten, bildeten einschneidende Ereignisse wie die Eroberung der Stadt, der Ausbruch der Pest, die Teilnahme an einer Schlacht oder ein Regierungsantritt eine Zäsur, die eine ungefähre zeitliche Abstimmung erlaubten.[13] Für uns heutige Europäer haben Datierungen wie vor und nach 1945, 1968 oder 1989 eine elementare Bedeutung, die sich allerdings ständig verändert, die umstritten bleibt und die bei einem schwindenden historischen Sinn einen hohen Verfallswert aufweist. Die erwähnte »Desynchronisation« kann auch einen Sozialkörper zerspalten.

Datierungen haben eine transformierende, aber auch eine deformierende Kraft. Sie führen bereits auf der Mikroebene des menschlichen Verkehrs dazu, daß performative Äußerungen sich in Protokollsätze verwandeln. Die performative Rede erweitert ihren Radius, indem sie in Berichte, Chroniken oder Erzählungen übergeht.

13 Zu den mancherlei Variationen, mit denen Zeitberechnung, Zeitaufzeichnung und Zeiteinteilung bereits innerhalb einer Kultur aufwarten, vgl. Arno Borsts Studien zu Zeit und Zahl in der Geschichte Europas (1990).

Schlüsselereignisse dauern fort in Gedenktagen. Ein Versprechen ließe sich jedoch nicht wiederholen, ein Gelübde nicht erneuern, wenn es vergangen wäre wie ein datierbares Ereignis, das in einem Zeitfeld oder auf einer Zeitlinie Platz findet. Gedächtnistage verlieren ihre Zugkraft, wenn sie nur noch historische Reminiszenzen wecken. In der literarischen Verarbeitung kehrt die Zeitverdoppelung wieder in dem Wechselspiel von Erzählzeit und erzählter Zeit, das in Romanen wie Prousts *Suche nach der verlorenen Zeit* eine virtuose Steigerung erfährt. Das Bühnendrama, das aufführt und nicht erzählt, hält an der performativen Zeitverdoppelung fest, indem es die ›ernsthafte‹ Performanz in eine gespielte Performanz überführt. Verdoppelung bedeutet nicht, daß man eines durch anderes, etwa Werk, Bedeutung und Verstehen durch das »Ereignis der Performanz« und seine affektiven Wirkungen *ersetzt*.[14]

Es gibt allerdings extreme Fälle. In ihnen nähern wir uns einem *reinen Jetzt* ohne Bezug auf einen bestimmten Zeitpunkt und einen bestimmten Zeitraum, oder wir nähern uns umgekehrt einem *homogenen Zeitraum* ohne Bezug auf ein gelebtes Jetzt. Doch diese Extrembildung stößt in beiden Fällen auf unüberwindliche Grenzen. Der reine Augenblick wäre unsagbar, ja er wäre wie das reine Hier nicht einmal zeigbar, wie Hegel bemerkt.[15] Für Lust und Leid fänden sich keine Worte. Es ginge uns wie der Kuh auf der Weide, mit der Nietzsche seine zweite *Unzeitgemäße Betrachtung* eröffnet. Befragt der Mensch das Tier nach seinem Augenblicksglück (hinzuzufügen wäre: oder nach seinem Augenblicksleid), so versinkt es in Schweigen. »Das Thier will auch antworten und sagen: das kommt daher, dass ich immer gleich vergesse, was ich sagen wollte – da vergass es aber auch schon diese Antwort und schwieg: so dass der Mensch sich darob verwunderte« (KSA 1, 248).[16] Jede Antwort

14 Zu dieser Überzeichnung neigt Erika Fischer-Lichte in ihrer Ästhetik der Performanz, wenn sie die Performanz immer wieder »statt« Werk oder Bedeutung propagiert, als könnte man Intentionalität und Regelhaftigkeit in einem reinen Ereignis hinter sich lassen (vgl. besonders das Einleitungskapitel in 2004).

15 Vgl. das Kapitel über sinnliche Gewißheit in der *Phänomenologie des Geistes* (Werke, Bd. 3, S. 88), wo allerdings fälschlicherweise die okkasionelle Rede, die jetzt ›jetzt‹ sagt, mit partikularen Aussagen über ›das Jetzt‹ in eins gesetzt wird. Die Zeitverdoppelung sperrt sich jedoch ebenso wie die Ortsverdoppelung gegen eine dialektische Aufhebung.

16 Vg. dazu den Tierpsychologen F. Dahl: »Beim Tier, das überhaupt nicht an die Zukunft denkt, das stets nur im Augenblick lebt, kann es natürlich auch kein

wäre Verrat am reinen Augenblick. Was sich statt dessen anbietet, sind Grenzerfahrungen und indirekte Formen einer Grenzrede, die durch beredtes Schweigen andeuten, was sich nicht sagen läßt. Wir nähern uns hiermit dem Bereich mystischer Übererfahrungen, wie sie sich auch in Musils »tagheller Mystik« andeuten. Doch das ist nur die eine Seite. Auf der anderen Seite drohen die Klippen eines Historismus, der die eigene Gegenwart als eine Zeit unter vielen Zeiten betrachtet, als wäre sie vergangen, noch bevor sie begonnen hat. Ein »Moderduft« breitet sich aus (KSA 1, 268). Während die Steigerung zum reinen Augenblick uns ins Unsagbare entrückt, erwächst aus der Schwächung der Gegenwart das Gefühl, alles sei schon gesagt. Wiederum nähern wir uns dem Tier auf der Weide, »das nur vom Wiederkäuen und immer wiederholten Wiederkäuen leben sollte« (KSA 1, 250).

4. Zeitverschiebung zwischen Pathos und Response

Doch mit der Verdoppelung der Rede in Sagen und Gesagtes ist es nicht getan. Das Sagen sieht sich konfrontiert mit einem *anderen Sagen* und mit dem *Sagen der Anderen*. Es ist das Ereignis des Sagens, das auseinandertritt und sich vervielfältigt. Elementar ist die Unterscheidung zwischen dem Hören der fremden Rede und dem Antworten mit eigener Zunge. Wie aber hängt beides zusammen? Ist es so, daß eigenes Hören und fremde Rede, fremdes Hören und eigene Rede aufeinanderfolgen wie unabhängige Vorkommnisse? Wäre es so, so könnte von einer Rede, die auf etwas hört und auf jemanden antwortet, nicht mehr gesprochen werden. Wir stoßen hier auf einen Zusammenhang besonderer Art; er entgeht den traditionellen Mitteln der Synthese, sofern diese mit einem Sinnzusammenhang rechnen, also im Gesagten verbleiben. Die Zeit macht davon keine Ausnahme, solange sie wie noch bei Husserl als »Ursynthese« gedacht wird (Hua III, 292). Wie aber kann Zeit sonst gedacht werden?

Wir nähern uns dem Kern der Sache, wenn wir auf Fälle achten, in denen unsere Rede sich nicht auf Zukünftiges oder Vergangenes,

Hoffen geben.« Zitiert in Markowitsch 2002, S. 92. Daß es deshalb keinerlei Antwortverhalten geben kann, folgt daraus nicht.

sondern geradewegs auf Gegenwärtiges bezieht. Zumeist kommt es dazu, wenn die Gegenwart ihre Selbstverständlichkeit verliert und die Rede den drohenden Wirklichkeitsverlust durch besondere Emphase wettmacht. Nehmen wir nochmals das berühmte Beispiel: »Hier stehe ich, ich kann nicht anders.« Ist der Redende in seiner Entschlossenheit nicht ganz und gar bei sich? Und ist er nicht völlig *up to date*, wie wir heute zu sagen pflegen? Fügen wir zum Kontrast ein Beispiel aus der Literatur hinzu, nämlich das Bekenntnis, mit dem der als Sexualmörder angeklagte Moosbrugger sein Urteil quittiert: »Ich bin damit zufrieden, wenn ich Ihnen auch gestehen muß, daß Sie einen Irrsinnigen verurteilt haben!« (Musil 1978, S. 76) Der Redende, der sich selbst die Vernunft abspricht, ist offenbar nicht ganz bei Sinnen; doch Ulrich, der diesem Prozeß beiwohnt, gibt zu bedenken, dies sei zwar Irrsinn, aber ebenso ein »verzerrter Zusammenhang unsrer eignen Elemente des Seins«. Man stempelt solche Fälle leichthin als einen performativen Widerspruch ab, bei dem das explizit Behauptete dem implizit Behaupteten widerspricht. Doch spricht ein solches Geständnis nicht eher für einen Spalt zwischen Sagen und Gesagtem, der tiefer reicht als jeder an propositionalen Gehalten orientierte Selbstwiderspruch, angesichts der Tatsache nämlich, daß er aus einem fremden Einspruch hervorgeht?

Das Zeitproblem verschwindet, solange wir uns an normale Äußerungen halten, die einen verständlichen Sinn haben, eingeübten Verständigungsregeln folgen und auf einen möglichen Konsens hinsteuern. Solche Akte einer Rede, die jederzeit in eine Wechselrede übergehen können, bei der die Rolle von Sprecher und Hörer sich vertauschen, lassen sich vom Resultat her synchronisieren, als führe ein Dritter das Wort. Ein Versprechen oder eine Aussage verlieren ihren Zeitindex, wenn es letzten Endes nur auf die objektive Gültigkeit und das Ziel einer intersubjektiven Übereinstimmung ankommt. Sobald ein Vertrag geschlossen ist, spielt es keine Rolle mehr, wer ihn zuerst unterschrieben hat. Wir bewegen uns auf den sicheren Bahnen des klassischen Dialogs, wie er uns von Platon bis Gadamer kraftvoll vor Augen geführt wird. Geben und Nehmen des Wortes lösen einander ab, doch alle Äußerungen sind ausgerichtet auf ein vermittelndes Sinngeschehen. Das jeweilige Hier und Jetzt wird koordiniert und synchronisiert im Hinblick auf ein und dieselbe ›Sache selbst‹, die sich in verschiedenen Aspekten und Perspektiven enthüllt, oder es wird entkräftet zugunsten argumentativ zu erzielender Geltungsansprüche. Die Reziprozität der Perspektiven, so Alfred Schütz, die Reversibilität der Standorte, so Jean Piaget, sorgen dafür, daß eigene und fremde Stimme, eigener und fremder Blick in einer Dialektik von Selbigkeit und Andersheit ihre Fremdheit ablegen. Dies setzt sich fort in der klassischen Auffassung von Geschichte als einer Weltgeschichte, die Eigenes und Fremdes im gemeinsamen Werk vermittelt. Was zählt, ist der allgemeine Ertrag. Auch eine universalpragmatische Formalisierung der Vernunft ändert nichts daran, daß die Fremdheit des fremden Anspruchs neutralisiert wird.

Die Sachlage ändert sich schlagartig, wenn wir von einer »Dialogverschiebung« (Waldenfels 2002, S. 226) ausgehen, also von einer kommunikativen Situation, in der die Äußerungen noch nicht synchronisiert sind. Zu einer ähnlichen Einsicht gelangt Michail Bachtin in seiner Literaturtheorie. Für ihn stellen Frage und Antwort in ihrer Ereignishaftigkeit keine logischen, kategorial gefaßten Beziehungen dar, vielmehr setzen sie eine wechselseitige »Außerhalbbefindlichkeit« voraus; Fragende und Antwortende gehören gleichsam verschiedenen »Chronotopen« an, wie der Autor in Anspielung auf die spezielle Relativitätstheorie formuliert.[17] So gelangen wir zu Ereignissen, die sich nicht auf dem Boden einer gegebenen Ordnung abspielen, sondern die jeweilige Ordnung aufs Spiel setzen. Man denke an die Unterschriftsmanöver in *Wallensteins Tod*, die den Verrat der Untergebenen an ihrem Feldherrn vorbereiten. Im Falle Luthers ist es die Einheit der religiösen, politischen Ordnung, die auf dem Spiel steht, im Falle Moosbruggers ist es die Rechtsordnung mit ihren Kriterien der Zurechnungsfähigkeit. In solchen Fällen haben wir es mit Widerfahrnissen und Ansprüchen zu tun, die eine bestimmte Antwort erfordern. Im Falle Luthers geht es um Widerruf oder Verweigerung des Widerrufs, in Wallensteins Heer um das Brechen oder die Einhaltung der Treuepflicht. Ist eine folgenschwere Entscheidung unwiderruflich gefallen, so spaltet sich der Zeitlauf in ein unüberbrückbares Vorher und Nachher, getrennt durch eine Peripetie. Ähnliches gilt für alles,

17 M. Bachtin, *Die Ästhetik des Wortes* (1979), S. 352, s. dazu den Kommentar des Herausgebers S. 366, Anm. 12. Diese Anmerkung bezieht sich auf eine Studie zu Rabelais und Gogol, in der Bachtin Čičikovs Reise, die der Suche nach den »Toten Seelen« gilt, ebenfalls als einen »chronotopischen Typus« der Bewegung bestimmt (S. 342). Vgl. auch den Essay *Chronotopos* (2008).

was uns anrührt, trifft, herausfordert, was uns auffällt, einfällt oder verletzt wie im Falle einer Traumatisierung. Was uns im Widerfahrnis, im Pathos geschieht, kommt nicht früher als unsere Antwort, es kommt *zu früh* mit einer unvermeidlichen *Vorgängigkeit*, und die Antwort, die wir geben, kommt nicht später, sondern *zu spät* mit einer ebenso unvermeidlichen *Nachträglichkeit*. Diese Ungleichzeitigkeit, die den Gang der Erfahrung in einen Stolpergang verwandelt, bezeichne ich als *Zeitverschiebung*.

Es handelt sich hierbei nicht um das übliche *time lag*. Dieses tritt dann ein, wenn wir in Windeseile von einer Zeitzone in die andere überwechseln und dabei den Stand der Sonne überlisten. Eine solch normale Zeitverschiebung hat auf den ersten Blick nichts Rätselhaftes an sich. Wir stellen irgendwann die Armbanduhr um, und mit der Zeit stellt sich auch die innere Uhr des Leibes um. Wir orientieren uns an einer einheitlichen Zeitordnung, die es gestattet, verschiedene Ortszeiten gegeneinander zu verrechnen und die Heterochronie auf diese Weise zu synchronisieren. Durch das Vor- oder Zurückstellen der Uhr passen wir uns an die zeitlichen Folgen des Ortswechsels an, wie wenn wir eine Geldwährung gegen eine andere eintauschen. Der Wechselkurs verträgt sich durchaus mit Leitzeiten, die den bekannten Leitwährungen gleichen.[18] Doch sobald wir vom Berechnen der Ortszeit zu den entsprechenden zeit-räumlichen Erfahrungen überwechseln, entpuppt sich die angebliche Gleichzeitigkeit als eine *Gleichzeitigkeit in der Ungleichzeitigkeit*. Nietzsches Einsicht, daß wir im Gleichsetzen des Nichtgleichen gleichsetzen, was nicht bereits gleich ist, bewährt sich auch hier.[19] Wer mit einem

18 Auch dies gilt nicht unumstritten. Aus Transkarpatien, das im Mittelalter *terra nullius* genannt wurde, das lange Zeit Teil von Österreich-Ungarn war, das nach dem Ersten Weltkrieg der Tschechoslowakei zugeschlagen und nach dem Zweiten Weltkrieg der Sowjetunion einverleibt wurde und das inzwischen zur Ukraine und damit zur osteuropäischen Zeitzone gehört, wird berichtet, daß deutschsprachige Bewohner inmitten des östlichen Umfeldes an der mitteleuropäischen Zeit festhalten und auf diese Weise gleichsam zweizeitig leben.

19 Vgl. *Über Wahrheit und Lüge im außermoralischen Sinn* (KSA 1, 180). Diese Gleichzeitigkeit in der Ungleichzeitigkeit ist nicht zu verwechseln mit der Ungleichzeitigkeit relativ zueinander bewegter Beobachter, deren Uhren mit Hilfe von Lichtsignalen synchronisiert werden. Beachtenswert ist in diesem Zusammenhang Bergsons Auseinandersetzung mit Einstein und sein gleichzeitiges Festhalten an *durée* und *simultanéité*, dazu Merleau-Pontys Kommentar: »Einstein und die Krise der Vernunft«, in: *Signes* 1960, dt. 2007.

Anderen telephonischen Kontakt aufnimmt oder auch nur an den Entfernten oder die Entfernte denkt, ist zugleich woanders, an einem Ort, wo er oder sie nicht sein kann. Dieser Zeitsprung macht auch mir selbst zu schaffen, wenn ich bei raschem Ortswechsel in einer Form von Geistesabwesenheit oder besser von Leibesabwesenheit »noch nicht ganz da bin«. Die Zeitverschiebung verliert ihre verstörende, aber auch belebende Kraft, je mehr die Reise durch die Welt sich einem bloßen Ortswechsel angleicht, einer φορά, wörtlich einer ›Tragung‹, die den Reisenden, wenn alles gut geht, so selbstverständlich ans Ziel bringt wie seinen Koffer.

Die Zeit- und Ortsverschiebung, um die es uns hier geht, beschränkt sich jedoch nicht auf Fernreisen, bei denen wir geographische Zeit- und Raumzonen durchmessen. Im Gegenteil, eine besonders radikale Form erreicht sie gerade dann, wenn die Reise ins »innere Ausland« führt und die Fremde in der nächsten Nähe aufbricht. Jede Erfahrung, die den Radius des Gewohnten und Normalen überschreitet, nimmt Züge einer Fremderfahrung an, die anderswo beginnt. So besagt auch die Zeitverschiebung in der Rede, daß die Rede gegenüber sich selbst verschoben und nicht in voller Deckung mit sich selbst ist. Wir sind nie völlig auf der Höhe der Zeit, sondern treten stets mit gewisser Verspätung auf den Plan, und unsere eigene Rede schallt uns entgegen wie ein Echo unserer selbst, ganz zu schweigen vom fremden Appell, der unserer Initiative zuvorkommt. Widerfahrnisse, die unser Selbstsein verändern und in die bestehende Ordnung einbrechen, haben zur Folge, daß wir uns selbst voraus sind, daß wir *älter* und zugleich auch *jünger* sind *als wir selbst.* Das Jetzt der zeitlichen Erfahrung und der zeitlichen Rede verdoppelt sich nicht nur, sondern es ist von sich selbst geschieden, es tritt auseinander; diesen Hiatus bezeichne ich als *Diastase.*[20] Den

20 Schon Plotin spricht in seinem Traktat *Ewigkeit und Zeit* von einem »Auseinandertreten des Lebens (διάστασις ζωῆς)« (*Enn.* III, 7, 11, 41); doch diese Diastase ist nachträglich gegenüber der Fülle und Einheit des Lebens; die Zeit, die der Zeitigung der Seele entspringt, tritt »an die Stelle« der Ewigkeit (*Enn.* III, 7, 11, 30). Derrida nähert sich dem, was wir als Diastase anvisieren, in der Reflexion auf die Unmöglichkeit des Jetzt, mit einem anderen Jetzt oder mit sich als einem anderen Jetzt zu koexistieren; die Unmöglichkeit der Koexistenz zweier Fälle von Jetzt bestimmt sich, paradox gesprochen, als »Simultaneität des Ungleichzeitigen«; was mit dem *cum* oder *co* der Ko-existenz in Frage steht, ist das Zugleich, das ἅμα, *simul,* ohne das es keinen Sinn gäbe. Vgl. den Aufsatz »Ousia et gramme« von 1968, in: *Marges de la philosophie* (1972, dt. 1988).

Zeitcharakter dieses Hiatus betont Levinas, wenn er der Synchronie des Sinnes eine *Diachronie* von Anspruch und Antwort entgegensetzt, die den klassischen Dialog aus den Angeln eines einheitlichen Logos hebt. Das Aussetzen des Sinnes und das Anhalten des Zeitflusses, das immer wieder mythische Bilder wachruft, gleichen der Waage im Zustand der Schwebe. In der *Ilias* (22, 209 ff.) ist es Zeus selbst, der die Waage in der Hand hält, ohne entscheiden zu können, wohin sie sich neigen wird, ob das Todeslos auf Achilles fällt oder auf Hektor. Bei Gottfried Benn hat die herbstliche Natur mit den verglimmenden Astern an dieser Unentschiedenheit teil: »[...] die Götter halten die Waage / eine zögernde Stunde an«.

5. Zeitverschiebung und Reaktionszeit

Die Erforschung der Zeit in der älteren Psychophysik und der neueren Neurophysiologie stellt uns vor die Frage, wie sich die interne Zeitverschiebung zu der extern zu berechnenden Reaktionszeit verhält. Wie Experimente zeigen, liegt diese für uns Menschen bei akustischen Reizen, auf die wir relativ schnell reagieren, zwischen 0,12 und 0,13 Sekunden; das Reagieren stößt auf eine unüberwindliche Zeitgrenze, die offenbar bei 1/10 Sekunden liegt und die wie eine »biologische Mauer« wirkt (Pöppel 1997, S. 34 f.). Würden wir nun das, was wir als Diastase bezeichnen, mit dem meßbaren Abstand zwischen Reizzeit und Reaktionszeit gleichsetzen, so würden wir das Zeiterleben durch eine objektive Berechnung der Zeit ersetzen.[21] Es wäre jedoch absurd anzunehmen, der Hörende könne Nichtgehörtes mit Gehörtem in Beziehung setzen und dementsprechend seine innere Uhr korrigieren. Dies wäre, wie wenn Tauben Ungehörtes zu Ohren oder Blinden Ungesehenes unter die Augen käme. Wenn wir von intersensorischen Kompensationen absehen, können Taube und Blinde nur *wissen* und von anderen *lernen*, daß da mehr ist als das, was sie hören und sehen, daß ihnen also etwas entgeht, und dieses indirekte Wissen können sie in der Tat inkorporieren. Wird nun das objektive Wissen als absoluter Maßstab angesetzt, um das Zeugnis der Sinne zu korrigieren, so

21 Griechisch gesprochen käme die *Diastase* (διάστασις) dem *Diastem* (διάστημα, lat. *differentia, intervallum*) nahe, das in der antiken Musiklehre ein Tonintervall bezeichnet. Zur wechselnden Bedeutung dieses Terminus vgl. Riethmüller 1985.

verwandelt sich die als *bloß subjektiv* eingestufte Wahrnehmung, sofern sie von den objektiven Daten und Parametern abweicht, in eine mit Täuschungen behaftete Wahrnehmung; daß diese Illusionen in der natürlichen Ausstattung unseres Organismus verankert und nicht künstlich ausgedacht sind, fällt demgegenüber nicht ins Gewicht. Was die Zeitlichkeit der Erfahrung angeht, hat also jeder von uns den Eindruck, das Gehörte und Gesehene sei jetzt wirklich und wirksam, obwohl es bereits eine kleine Weile vergangen ist. Bei fernen Sternen vergrößert sich dieser Zeitabstand lediglich gegenüber alltäglichen Nahreizen. Wenn man das weiß, besteht kein Grund zur Beunruhigung. Das Problem liegt nur darin, daß die objektive Registrierung und Messung von Reizen selbst wiederum von subjektiven und auch von zeitlichen Erfahrungen Gebrauch macht. Das übliche konstruktivistische Credo: »Was wir als Wirklichkeit erfahren, ist *nur* die Wirklichkeit des Menschen« (Pöppel 1997, S. 167, Hervorhebung B. W.) ist aufgrund seiner zirkulären Struktur außerstande, dieses Nur zu explizieren. ›Nur‹ in bezug worauf? Der Vergleich mit anderen Lebewesen und der Rekurs auf Vorphasen der Evolution vervielfältigen lediglich die Bezugs- und Vergleichsfelder.

Nun könnte man versucht sein, auf die andere Seite überzuwechseln, und sich von der Annahme leiten lassen, die gelebte Diastase habe mit dem meßbaren Zeitabstand nichts zu tun. Doch mit dieser Immunitätsstrategie würde man die Wahrnehmung geradewegs privatisieren. Unter Berufung auf den bekannten Satz »Was ich nicht weiß, macht mich nicht heiß« würde man sein eigenes Wissen entwerten. Doch die leibkörperliche Erfahrung, die allen unseren Überlegungen zugrunde liegt, weist in eine andere Richtung. Es gehört zur Erfahrung, in die wir als leibliche Wesen verwickelt sind, daß sie niemals völlig für sich durchsichtig und niemals völlig selbstgenügsam ist. Einzig eine solche Erfahrung läßt zu, daß wir uns selbst voraus sind und daß folglich unsere Antworten mehr sind als Reaktionen, die auf Kausalwirkungen zurückgehen. Die Offenheit des Antwortens zeigt sich in der Haltung der *Vorsicht*, die sich auf etwas bezieht, was eintreten könnte und was als reale Möglichkeit eine gewisse Beunruhigung auslöst. Ähnlich steht es mit der *Warnung*, die von einem beteiligten Dritten ausgeht; beteiligt ist dieser deshalb, weil er nicht nur beobachtet, was geschieht oder geschehen könnte, sondern *jemanden vor etwas* warnt, was zu seinem Schaden eintreten könnte. Der Warnende, der in der Figur des alttestamentlichen Propheten eine charismatische Rolle übernimmt, ist nicht nur der eigenen, sondern auch der fremden und der gemeinsamen Erfahrung voraus. Anders als der Weissager oder der Seher, der ein Zukunftswissen für sich in Anspruch nimmt,[22] kann der Warner sich nur auf Anzeichen stützen. Soweit Warnungen mit Wahrscheinlichkeitsdaten und Hochrechnungen operieren, können sie an Warnsysteme delegiert werden, etwa an Frühwarnsysteme, die bei Sturmfluten oder Erdstößen eingesetzt werden.

Wenn unsere Überlegungen nicht täuschen, so ist die meßbare Reaktionszeit ein reales Indiz dafür, daß unsere Erfahrung sich selbst gegenüber im Verzug ist. Vergleichbar wäre sie dem Herzklopfen, das eine heftige Angst oder eine freudige Erwartung anzeigt, indem es diese zugleich verkörpert. Die Verspätung der Erfahrung, die im Zögern virulent wird, setzt voraus, daß eine Reaktion so oder so ausfallen kann und daß sie bestimmte »Freiheitsgrade« aufweist (Pöppel 1997, S. 102). Es gibt dann Erfahrungsfristen, die man nutzen, aber auch überschreiten kann. Die Verspätung setzt ferner voraus, daß wir, über alles eigene und fremde Wissen und Wollen hinaus, Einwirkungen über uns ergehen lassen. Selbst Reflexe wie der Lidschluß- oder der Kniescheibenreflex lassen sich nur dann als Reflexantworten seitens des Organismus verstehen, wenn man ihnen eine winzige Frist zugesteht.

6. Der entrückte Anfang im Roman und auf der Bühne

Das elementare Geschehen der Zeitverschiebung macht sich in der Erzählung des Romans wie auch im Bühnengeschehen auf besondere Weise bemerkbar, und zwar dort, wo es um die narrative und theatrale Bewältigung des Anfangs geht. Einem literarischen Schreiben und einem szenischen Darstellen, das aus einem Pathos erwächst, ist sein eigener Anfang immerzu entrückt; es läßt sich nur indirekt fassen in seiner Unfaßlichkeit. Dies ist ein großes Thema.

22 Vgl. dazu Platons Einschätzung der Mantik im *Ion* und im *Phaidros*; hier ist es ein Gott, der aus dem Seher spricht, nicht dieser selbst. Sobald dieser ein Wissen beansprucht, entpuppt er sich als ein Scharlatan, der jedem Experten hoffnungslos unterlegen ist.

Ich beschränke mich hier auf ein Beispiel aus der Romanliteratur der Gegenwart und werfe einen Seitenblick auf die Zeitlichkeit des dramatischen und postdramatischen Theaters.

Aus dem Blickwinkel der Erzählung stellt sich die Frage nach dem ersten und dem letzten Wort. Kann es so etwas überhaupt geben?[23] Jorge Sempruns Roman *Was für ein schöner Sonntag!*, dessen Anfangskapitel den Titel »Null« trägt, beginnt folgendermaßen: »Er hatte das Gefühl, eine vage Bewegung wahrgenommen zu haben. Irgendein Knirschen, aufgewirbelten Schnee.« Beginnt der Roman so? Es ist schon einiges geschehen, ehe die Erzählung einsetzt. *Quel beau dimanche!* Welch ein schöner Sonntag, was für ein Sonntag? Ein Sonntag in Buchenwald. Irgendein Knirschen? »Vielleicht unter den Rädern eines Lastwagens an der Weggabelung zu den Kasernen.« So geht es weiter, vor und zurück, wie man sich in einem Netz verfängt. Ein erstes Wort wäre ein solches, das auf nichts antwortet: auf keinen Einfall, keinen Schrecken, keine Verlockung. Und ein letztes Wort? Am Ende des Romans gerät der Erzähler in einen Wortwechsel mit einem Mithäftling, den er Jehova nennt. Dieses Gespräch bricht er ab, weil er ein »passendes Bibelzitat« fürchtet. »Es muß viele schöne passende Bibelzitate über die Dunkelheit geben. Aber ich habe keine Lust gehabt, mir von Jehovas Stimme etwas über die Dunkelheit vortragen zu lassen. Mir ist Giraudoux eben lieber. [...] Mit ihm habe ich Lust, diesen Sonntag zu beschließen« – diesen Sonntag, auf den andere folgen werden. Kein letztes Wort also. Das letzte Wort wäre eines, das nichts weiter erwarten ließe, das keine Belästigung zu befürchten hätte, das durch niemanden in Frage zu stellen wäre.

In der Aporie des ersten und letzten Wortes zeigt sich das, was Husserl schon auf der Ebene der »Urimpression« durchexerziert. Der ursprüngliche Eindruck wäre ein horizontloses Empfindungsatom; denken läßt es sich nur als gedachter Punkt, als »ideale Grenze« (Hua X, 40); denn dieses Denken setzt voraus, daß etwas *als solches*, also in einer anfänglichen Wiederholung erfahren ist. Einmal ist keinmal. Es ist anzunehmen, daß dies schon auf der neuronalen Ebene gilt; denn Experimente zeigen, daß ein minima-

23 Vgl. vom Verf. *Phänomenologie der Aufmerksamkeit* (2004), Kap. III: »Unerzählbares«. Zum Unerzählbaren rechne ich dort nicht nur den entrückten Anfang, sondern auch einbrechende Widerfahrnisse, Unterbrechungen und das offene Ende.

les Zeitintervall erforderlich ist, um die Intensität einer Tonwahrnehmung zu bestimmen.[24] Erst recht trifft dies auf die Sprache zu. Eine gänzlich horizontlose Rede wäre buchstäblich nichtssagend. Als Grenzfall bleibt nur der unartikulierte Schrei, der das Gewebe der Rede zerreißt und keinen Sinn hat – ihn höchstens andeutet in Lust oder Schmerz, ein Laut, der dem Verstummen nahe ist. Zeitverschiebung in der Rede besagt also, daß das Sprechen anderswo beginnt, im Bereich einer Vor-sprache, einem vor-prädikativen, einem prä-diskursiven Bereich; der Bindestrich deutet hin auf eine Erfahrungsschwelle, nicht aber auf einen makellosen Erfahrungsboden, der von aller Sprache unberührt wäre.

Die Zeitlichkeit des Bühnengeschehens konfrontiert uns mit ähnlichen Problemen. Seit der Tragödientheorie der aristotelischen *Poetik* ist das klassische dramatische Theater auf die Handlung konzentriert, die griechisch πρᾶξις aber auch δρᾶμα heißt. Die Handlung ist es, die im Mythos nachgeahmt und durch Zusammenstellung verschiedener Begebenheiten (πράγματα) zur Einheit gebracht wird (*Poetik* 6). Doch zum Mythos gehört als eines der Hauptstücke das Leiden (πάθος) (*Poetik* 11). Darunter faßt Aristoteles alles zusammen, »was den handelnden Personen Verderbliches und Schmerzliches widerfahren kann: Tod, Wunden, Martern und dergleichen«; ohne solche Widerfahrnisse gäbe es keine tragische Handlung.[25] Die dargestellte Handlung, die als »vollendete Handlung« (τελεία πρᾶξις) nach einem inneren Abschluß verlangt, stellt zugleich das eigentliche Ziel (τέλος) der Tragödie dar (*Poetik* 6). Doch nehmen wir eine große Gestalt aus der Tragödie. Ödipus bekennt von sich: »Meine Taten sind ja mehr erlitten als getan« (*Ödipus auf Kolonos,* 266f.). Hier bekommt das Leiden und Erleiden ein Übergewicht. Umstritten ist bis heute die allgemeine philosophische Frage, ob die Passivität des Pathos nur eine Einschränkung oder Verminderung des Tuns bedeutet oder ob sie als Widerfahrnis im Herzen der Erfahrung ihren Sitz hat. Darüber hinaus fragt es sich, ob das Pathische nur das Widrige betrifft oder alles, was uns zustößt. Doch hier kommt es uns vor allem auf den zeitlichen Charakter des Pathos an.

24 Vgl. Ernst Florey: »Gehirn und Zeit«, S. 175, in: Schmidt 1991; der neurologische Autor beruft sich unter anderem auf die Zeittheorien von Bergson und Husserl.

25 So Lessings Kommentar in seiner *Hamburgischen Dramaturgie*, 38. Stück (G.W., Bd. 2, S. 491).

Im dramatischen Theater, in dem das Tun den Ton angibt, regiert eine teleologisch ausgerichtete Zeitdauer, die sich zwischen Anfang und Ende ausspannt und vom Ziel her ihre Einheit empfängt, auch wenn das Ende ein tödliches ist. Im postdramatischen Theater regiert dagegen nicht die Handlungszeit, sondern eine *Ereigniszeit*; erstere wird durch letztere in keiner Weise ersetzt, wohl aber wird sie gestört, durchlöchert, zerdehnt. Was den Beteiligten widerfährt, bricht ein, ohne daß es sich vorwegnehmen läßt. Der Zweitakt von Pathos und Response, von Widerfahrnis und Antwort läßt nur einen gebrochenen Zusammenhang zu. Alles Handeln, mit dem wir auf Herausforderungen antworten, kommt aus einem *Verzug*, es schließt ein *Zögern* ein. Was unverzüglich geschieht, beruht im Grunde auf einem *fait accompli*.

Die gebrochene Zeit, die uns nicht auf uns selbst, sondern auf einen fremden Anfang zurückkommen läßt, begegnet uns zunächst auf der Ebene der Fabel, die das aufzuführende Stück zusammenhält. Der Fluch, der über Theben liegt, und die Schuld, die auf Ödipus lastet wie eine Erbschuld, wären dann nicht als ein pures Verhängnis zu verstehen, das im Laufe der Tragödie lediglich ans Licht tritt, sondern als ein Widerfahrnis, das einer Art Vorzeit entstammt und auf seine Antwort wartet. Antworten, die wir geben und erfinden, bescheren uns keine Lösung, sie führen an kein Ziel. Die Entschlossenheit des Ödipus, den Zeitpunkt (καιρός) zu nutzen und alles über sich und sein Geschlecht auszuforschen (*König Ödipus*, 1050-1065), kann eines nicht einholen, nämlich den Stachel des Forschens, der durch das Rätsel der Sphinx versinnbildlicht wird. Der Anfang des Geschehens ist den Akteuren ebenso entrückt wie den Figuren im Roman. Die Brechung der Zeit berührt schließlich nicht nur das aufgeführte Stück. Wir begegnen ihr auch auf der Ebene der Aufführung selbst, die nach einer entsprechenden »Kultivierung des Affektiven« verlangt (Lehmann 1999, S. 472). Eine Aufführung, die von einem Initialereignis ausgeht, bedeutet stets mehr als die Ausführung einer Textvorlage, in der Akt auf Akt folgt, auch wenn strenge Texthüter dies gern sähen. Daraus bezieht die performative Wende im Theater der Gegenwart ihre Brisanz.

7. Zeit der Sinne

Wenn es eine Erfahrung der Zeit gibt, so muß die Zeit in irgendeiner Weise auf die Sinne bezogen sein, auf etwas also, das uns affiziert, das uns anrührt, das sich uns gibt und auf unsere Antwort wartet. Doch das ist leichter gesagt als gedacht. Können wir von einer *wahrgenommenen* Zeit ausgehen, die wir sehen, hören und tasten oder die wir zumindest mitsehen, mithören, mittasten? Es fragt sich dann, was wir unter Wahrnehmung verstehen und inwieweit die Zeit die Wahrnehmung selbst durchdringt. Beschränkt sich die Wahrnehmung auf ein passives Rezipieren oder Registrieren, so haben wir es lediglich mit physischen Daten zu tun, nämlich mit Eindrücken oder Gegenständen, die in der Wahrnehmung wirklich gegenwärtig sind, sich also auf die Punktualität eines Zeitmoments zusammenziehen, ohne sich dem Zeitablauf zu überlassen. Wir würden Einzeltöne hören, aber keine Melodie und keine Akkorde, wir würden Farbflecken sehen, aber keine Farbgestalten. Eine Rettung verspricht der Übergang zur psychischen Zeit, da die Psyche imstande ist, auch Nichtgegenwärtiges und Nichtwirkliches vorzustellen. Sie tut dies, indem sie ihre eigenen Erlebnisse in einem Nacheinander und Ineinander anordnet, und dies im Gegensatz zum Auseinander der räumlichen Dinge. Mit dem Übergang zu einer *distentio animi*, zu einer Anschauungsform des reinen Sinnes oder einer unausgedehnten *durée* bei Augustinus, Kant und Bergson geraten wir in die schon erwähnten Oppositionen, wobei der innere Sinn und mit ihm die Zeit gegenüber dem äußeren Sinn und dem Raum bevorzugt wird. Diese Bevorzugung entspringt einer Steigerung der Gegenwart. Indem der Geist sich in sich selbst sammelt und aus der Zerstreuung zu sich selbst zurückkehrt, nähert er sich einer Allgegenwart, in der die Zeit mehr und mehr aufgehoben wird. Diese Privilegierung des Innen gegenüber dem Außen findet ihren Niederschlag in der traditionellen Hierarchisierung der Künste, die sich von den Niederungen der bildenden Künste über die Tonkunst zur reinen Wortkunst erheben. Der Vergeistigung entspricht eine Enträumlichung und Entzeitlichung.

Eine Revision, die sowohl die psychische Verinnerlichung wie die physische Veräußerlichung der Zeit hinter sich läßt, bahnt sich an, sobald wir von der *Leiblichkeit der Sinne* ausgehen. Die Alternative von passiver Gegebenheit und aktiver Setzung verliert damit ihre

Kraft. Wahrnehmung, die in einem leiblichen Hier und Jetzt verankert ist, vollzieht sich als Selbstbewegung, als *Kinästhese.* Dieser traditionelle Ausdruck, den Husserl aufgreift, bedeutet nicht etwa Bewegungsempfindung, sondern sich bewegendes Empfinden (vgl. Straus 1956). Im Hinsehen, Hinhören, Abtasten, Abschmecken oder Beschnuppern antwortet mein Leib auf das, was hervortritt, was mir auffällt, was mich überrascht und mich leiblich affiziert. In der Wahrnehmung wird die Welt inszeniert und nicht lediglich in ihren Einzelheiten registriert. Die Zeit ist daran mehrfach beteiligt, so schon in der Zeit des Blicks, im Augen-blick, der als Zeit des Sehens der bereits erwähnten Redezeit gleicht. Der Augenblick quillt über, er strahlt aus. Denn der Blick, der seinen Bewegungsimpuls von anderswoher empfängt, geht sich selbst voraus und kommt auf sich selbst zurück in Form eines Vor- und Rückblicks, den Merleau-Ponty in seiner *Phänomenologie der Wahrnehmung* in lebendigen Farben beschreibt (siehe unten, Kap. 8.6).

Schon in der schlichten Wahrnehmung begegnet uns die Vorgängigkeit des Pathos. Was uns berührt, bevor wir es erfassen, geht seiner Erscheinung voraus. Wie Levinas in seiner Revision der Intentionalität feststellt, fallen Empfindung und Empfinden niemals völlig zusammen. Zwischen ihnen gibt es einen minimalen zeitlichen Abstand, gemessen an dem »Material« des konstituierten Gegenstandes kommt jeder Akt nachträglich. Dies besagt: »Das Bewußtsein ist Verzug gegen sich selbst«.[26] Wir sehen also, was wir sehen, unversehens, *à l'improviste*, das Sehen selbst improvisiert, ähnlich wie der Maler es mit seinen Farben und Linien tut. Da verschränken sich die Bewegungen des Vergehens und des Ankommens, des Zurückblickens und des Vorausblickens in einem Chiasmus von Vergangenheit und Zukunft. Wir sehen nicht einfach, was gegeben war, sondern *was uns gegeben sein wird* als etwas, das *zu sehen* ist. Das Bewegende kommt auf uns zu, antwortend hinblickend sehen wir immer schon auf den zweiten Blick. Der erste Blick ist ein fremder Blick, ebenso wie das erste Wort ein fremdes Wort ist. Deshalb verdichtet sich in jedem Augenblick eine ganze Geschichte des Sehens. Um dieses Blickgeschehen zu gewahren, müssen wir allerdings den normalen Blick anhalten. Unser natürli-

26 Vgl. den Aufsatz »Intentionalität und Empfindung« von 1965, in: Levinas 1982, S. 153, 155, dt. S. 167, 171.

ches Sehen leidet unter einer Blickvergessenheit; der Blick verliert sich im Gesehenen, so wie sich das gewöhnliche Sagen im Gesagten verliert.

8. Jenseits von Erinnerung und Erwartung

Die normale Zeiterfahrung sucht ihr Zentrum in einem aktuellen Gegenwartsfeld, von dem aus die Linien vor- und zurücklaufen. Was noch nicht oder nicht mehr wirklich ist, gilt als potentiell gegenwärtig. Es ist gegenwärtig in Form impliziter Vorgriffe und Rückgriffe, die Husserl Protentionen und Retentionen nennt, sowie in Form expliziter Vorplanungen und Rückerinnerungen, die uns in ein fernes Gegenwartsfeld versetzen. In diesem Sinne gehören Zukunft und Vergangenheit zu unserer Gegenwart. Diese Konstellation ändert sich, wenn alles, was von uns selbst ausgeht, auf Widerfahrnisse antwortet, die unserer Initiative zuvorkommen. Dann nämlich stoßen wir auf eine Urvergangenheit, die – wie schon unsere erste Geburt und wie jede weitere Geburt – nie Gegenwart war. Sie weist einen Kern des *Unerinnerbaren* auf. Eine Vergangenheit, die unsere eigenen Erinnerungen übersteigt, enthält ihrerseits eine Zukunft, die über unsere eigenen Erwartungen hinausgeht. Dem Unerinnerbaren entspricht ein Kern des *Unerwartbaren*. Wir kommen zurück auf etwas, das sein wird. Autoren wie Jacques Lacan sprechen in diesem Sinne von einem Zweiten Futur. Genauer gesagt handelt es sich um das »zweite Futur dessen, was ich für das werde gewesen sein, was zu werden ich im Begriffe stehe«.[27] Damit ist also kein *Futurum exactum* im üblichen grammatikalischen Sinne gemeint, also eine Zukunft, die mittels des eingeblendeten Perfekts als schon geschehen vorgestellt wird, sondern eine Zukunft, die unsere Erwartungen und Planungen durchkreuzt. Verwirklichung bedeutet nicht bloß Verwirklichung vorgegebener Möglichkeiten, sondern immer auch eine Verwirklichung dessen, was – gemessen an verfügbaren Potentialen und entsprechenden Hochrechnungen – unmöglich ist.

27 *Écrits*, 1966, S. 300, dt. in: *Schriften I*, 1975, S. 143; der zitierte Text stammt von 1953. Das besagte *futur antérieur* unterscheidet Lacan von dem üblichen *passé défini* als dem, »was war, weil es nicht mehr ist« und dem *parfait* als dem, »was in dem gewesen ist, was ich bin«.

Wir stoßen hier auf die *Ohnmacht des Vergessens*. Ohne Vergessen kein Erinnern. Das Vergessen ist ein sperriges Phänomen, es paßt nicht in die geläufigen Sinn- und Geltungsschemata. Das Vergessen geht uns an, aber als intentionaler Akt oder als regelgeleitetes Verhalten läßt es sich nicht verstehen; es hat weder einen Sinn, auf den wir ausgehen, noch unterliegt es einer Regel, die wir zu befolgen haben, und doch bedeutet es mehr als ein Löschen von Spuren, das lediglich die Wirkung unterbindet. Vergessen gehört zu dem, was uns zustößt, was uns widerfährt wie ein Unglücksfall, ein *accident*. Es hat einen eigentümlichen Zwischencharakter. Vergessenes fällt nicht zusammen mit vergangenen Tatsachen, die sich nicht mehr rückgängig machen lassen. Das Vergessen unterliegt nicht unserer freien Verfügung, und doch beunruhigt es uns. Beschreiben läßt es sich nur als Verlust eines Wissens, Könnens oder Gefühls, als Verdunkelung, als Entzug. Sofern es uns beunruhigt, ist das Vergessene da und nicht da; es nähert sich dem, was Freud als Verdrängung und Wiederkehr des Fremden beschreibt.

Doch nicht jedes Vergessen bringt uns aus der Fassung. Es lassen sich Grade des Vergessens unterscheiden, die verschiedenen Stufen der Vergangenheit entsprechen und die auch mit den bereits erwähnten Arten der Gedächtnisbildung in Beziehung stehen. Es gibt das *normale Vergessen* dessen, was einmal zur Verfügung stand; hier handelt es sich um eine Art von Verlernen, in dem das Lernen rückgängig gemacht wird. Was sich uns eingeprägt hat, verliert seine Prägung, seien es episodische Erlebnisse, Wissensbestände oder auszuübende Fertigkeiten. Davon zu unterscheiden ist ein *Vorvergessen* dessen, was niemals bewußt durchlebt oder gar geplant wurde, so etwa die eigene Kindheit, Träume, Rausch- und Wahnzustände oder Gedächtnislöcher, die wir umkreisen wie einen Strudel, der eine Sogkraft entfaltet. Dieses Vergessen entspricht bis zu einem gewissen Grad dem, was die Neurobiologie als Priming bezeichnet, als eine Form des Gedächtnisses, bei der unbewußt wahrgenommene Information erinnert wird (vgl. Markowitsch 2002, S. 88). Schließlich steht im Hintergrund ein *Urvergessen*, in dem das Vorvergessen seine äußerste Grenze erreicht, so im Falle der Geburt, in der wir laut Platon aus dem Fluß Lethe trinken. Ihr entspricht die zuvor erwähnte Urvergangenheit, die nie Gegenwart war. Diese Urvergessenheit äußert sich als eine originäre, unaufhebbare Form der Verspätung, die unsere Existenz durch und durch bestimmt und sie mit dem zeitlichen Index eines »apriorischen Perfekts« versieht, so Heidegger in *Sein und Zeit* (S. 85). Diese unaufhebbare Verspätung wiederholt sich in allen einschneidenden Ereignissen, deren Wirkung ihrer Erfassung, Deutung oder Bewältigung vorausgeht, und sie wiederholt sich auf besonders intensive Weise in der Nachträglichkeit traumatischer Erfahrungen, die uns an die Vergangenheit fesseln. Eine Erinnerung, die aus dem Vergessen kommt, hat selbst einen responsiven Charakter (vgl. *Antwortregister*, 1994, Kap. III, 5). Erinnerungen werden geweckt, bevor sie verarbeitet, zurechtgemacht und beurteilt werden. Ein Überspringen der Zeiterfahrung hat zur Folge, daß Gedächtnistechnologie und Erinnerungsmoralistik vielfach nebeneinander herlaufen, als sei Erinnern eine Mischung aus Speicherkapazität, Bildungsprogramm und gutem Willen. Für das Vergessen gilt ähnliches, falls man der Erfahrung lediglich neurophysiologische Modelle unterschiebt. Wie Markowitsch in seinem Buch über Erinnern und Vergessen resümierend feststellt, gehen gängige Theorien davon aus, »daß Vergessen durch Zerfall gespeicherten Materials, durch langfristigen Nichtgebrauch oder durch Interferenz (›Überschreiben‹) bei Neulernen, d. h. durch neue aufgenommene Information, die die alte ersetzt, geschehen kann« (2002, S. 189). Dabei gibt der Autor zu, daß das Vergessen ein wenig verstandenes Phänomen ist. Es droht dabei zu bleiben, wenn man es versäumt, das Modellwissen auf die Erfahrungen zurückzubeziehen, die es modelliert. Der Einbruch der Vergangenheit und die Besessenheit durch Vergangenes, die in den Gedächtnis- und Erinnerungsstörungen so mächtig hervortreten, würden auf diese Weise verharmlost und ihres Leidensdrucks entledigt.

9. Rhythmen und Tempi

Während das Phänomen des Vergessens uns bis in die tiefsten Tiefen der Zeiterfahrung führt, gehören Rhythmen und Tempi zur Artikulation der Zeiterfahrung. Das aussagekräftige Wort ›Tempo‹ bezeichnet sowohl das Zeitmaß eines Musikstücks wie auch die Geschwindigkeit, mit der mobile Wesen sich fortbewegen. Anders als die Grundfrage *Wann?* antwortet es auf die Frage *Wie schnell?* Wir geraten hier auf jenen Strang der traditionellen Zeitlehre, der die Zeit arithmetisch oder numerisch als *Zahl* begreift. Doch müssen wir uns auch hier vor ausgetretenen Pfaden hüten. In der Erfahrung haben wir es zunächst mit einer Ereignisfolge zu tun und nicht schon mit Phasen einer zielstrebigen Handlung. Die Frage *Wie schnell?* erschöpft sich nicht in der Frage: Wie schnell gelangen wir ans Ziel? Ferner sind Geschwindigkeitsangaben zunächst qualitativ zu verstehen und nicht rein quantitativ. Sie orientieren sich an typischen Bewegungsabläufen, Bewegungsvermögen und Bewegungsgestalten. Sie setzen einen bestimmten *Rhythmus* voraus.

Der Rhythmus, seinem ursprünglichen Wortsinn nach eine Art des Fließens, bezeichnet seit Platon die Ordnung der Bewegung (τάξις τῆς κινήσεως), die der Bewegung Form und Maß gibt (vgl. *Nomoi* 664 e – 665 a), und bei Aristoteles setzt sich dies fort, wenn er in seiner berühmten Definition die Zeit als »Zahl der Bewegung nach dem Vorher und Nachher« bestimmt (*Physik* IV, 11, 219 b 1 f.). Dabei dient als minimale Zahlengröße nicht die Eins, sondern die Zwei, die als niedrigste Form der Anzahl eines vom anderen unterscheidbar macht (ebd., IV, 12, 220 a 27, dazu Chernyakov 2002, S. 56-59). Das Zählen, das hier verlangt wird, setzt zählbare, diskrete Einheiten voraus, die in dichter oder lockerer Form aufeinander folgen. Der Rhythmus übernimmt die Funktion einer Gliederung der Bewegung. Zum Rhythmus gehört die *Wiederkehr des Gleichen*, die durch den Takt markiert wird. Bliebe alles gleich oder flösse alles ineinander und würde sich nichts vom anderen abheben, so gäbe es keinen Rhythmus und auch kein Zeiterleben. Man würde immer in denselben Fluß steigen, und selbst diese Selbigkeit hätte nichts, wovon sie sich abheben könnte, selbst sie würde verschwimmen. Der zeitliche Rhythmus stützt sich also auf elementare sensuelle Diskretionen.

Die neurophysiologische Forschung belegt diese Annahme durch genaue Messungen. Wie neuere Experimente zeigen, würden unsere sinnlichen Eindrücke innerhalb eines einzigen »Gleichzeitigkeits-Fensters« miteinander verschmelzen, gäbe es nicht »Fusionsschwellen«, jenseits deren verschiedene Reize *als ungleichzeitig* erlebt werden. Bei akustischen Reizen wird in solchen Fällen nicht mehr ein einziger »Klick« gehört, sondern es treten gesonderte »Klicks« auf. Dabei können die Größe des »Gleichzeitigkeits-Fensters« und die Höhe der Fusionsschwelle individuell leicht variieren, sie werden durch Gehirnverletzungen beeinflußt, vor allem aber sind sie je nach Sinnesmodalität verschieden. Bei auditiven Erfahrungen berechnet man den Schwellenwert, der die minimale Differenz für die Erfassung zeitlich gesonderter Reize festlegt, mit zwei bis fünf tausendstel Sekunden, während er bei visuellen Erfahrungen 20 bis 30 tausendstel Sekunden beträgt.[28] Unseren Ohren fällt sozusagen schneller etwas auf als unseren Augen, sie bemerken schneller und vielleicht auch schärfer, daß etwas abweicht und daß da etwas nicht ganz stimmt. Der Autor erwähnt im gleichen Zusammenhang, daß für Geschmack und Geruch bisher keine Messungen zur Spanne der Gleichzeitigkeit vorliegen. Er vermutet als Grund technische Schwierigkeiten. Es könnte aber doch auch sein, daß diese atmosphärischen Sinne einem anderen, weniger diskreten Zeitrhythmus unterliegen und daß sie den Schlafrhythmen verwandt sind.[29]

Ist einmal der Einsatz gegeben, der den Gleichzeitigkeitskokon aufsprengt, so übernimmt der Rhythmus eine elementare ordnungsstiftende Funktion. Dazu gehören bereits die als Sakkaden bezeichneten »Blicksprünge«, die beim Lesen von Texten in einem Abstand von etwa 0,2 bis 0,3 Sekunden auftreten, und dazu gehört auch der »Drei-Sekunden-Rhythmus« beim Sprechen, dem neurologischen Forschungen zufolge eine »neuronale Aktivität im Drei-Sekunden-Fenster des ›Jetzt‹« entspricht.[30] Einer besonderen Beachtung erfreut sich das Phänomen des Rhythmus seit langem im Bereich periodisch und zyklisch wiederkehrender Lebensvor-

28 Vgl. hierzu Ernst Pöppel, *Grenzen des Bewußtseins* (1997), Kap. 2.

29 Vgl. ebd., Kap. 13. Ich frage mich, ob die Unterscheidung verschiedener Schlafphasen nicht auch für eine differentielle Ästhesiologie aufschlußreich sein könnte. Ich denke vor allem an den Wechsel von Tiefschlafphase und Traumphase, der den EEG-Messungen zufolge mit einer ganz unterschiedlichen elektrischen Aktivität des Gehirns einhergeht, mit Delta-Wellen im ersten, mit Beta-Wellen im zweiten Falle. Die Traumphase wird als paradoxe Phase bezeichnet, weil hier das Gehirn des Schläfers wie im Wachzustand funktioniert. Könnte es nicht sein, daß der traumlosen Phase Hintergrunderfahrungen entsprechen, die sich ähnlich wie Geruch und Geschmack ausbreiten, ohne sich figurativ und narrativ auszukristallisieren? Die schroffe Vermutung, Träume seien bedeutungslos und nach der Geburt überflüssig (ebd., S. 128), ließe sich von daher in Frage stellen.

30 Ebd., S. 167; zum Lesen und zum poetischen Sprechen vgl. Kap. 1 und 9. Auf S. 167 lesen wir freilich auch: »Was wir von der Welt erfahren können, ist nur das, was wir aufgrund unserer an die Natur angepaßten Kategorien in die Welt hineinlegen. Was uns als Realität erscheint, ist eine durch uns selbst bedingte Konstruktion der Realität.« Doch es liegt kein Grund vor, die konstruktivistischen Schlußfolgerungen mit den neurophysiologischen Forschungen in eins zu setzen.

gänge und im Bereich der Hörkunst, die als Melos und Rhythmus bis in die Wortklänge hineinreicht. Die Gestalttheorie hat die Bewegungsgestalten schließlich auf alle Sinne ausgedehnt. Solche Gestalten sind weder rein physisch noch rein psychisch, die Gestaltbildung spielt sich zwischen Dingen und Leib ab und greift auf beide über, so etwa im Falle einer rhythmisch variierenden Motorik des Farbsehens.[31]

Doch es bleibt nicht bei der schlichten Wiederkehr. Die Wiederkehr des Gleichen stellt sich zugleich als *Wiederkehr des Ungleichen* dar. Entscheidend ist dabei, daß der Rhythmus in der Gliederung des Zeitablaufs Ordnung erzeugt und verändert. Wenn wir die Genese der Ordnung beachten und uns nicht auf den Boden einer fertigen Ordnung stellen, so bedeutet Rhythmus nicht nur: Es gibt etwas, *was* sich wiederholt, sondern es bedeutet auch: Etwas gibt es nur, *indem* es sich wiederholt. Die reine Gleichzeitigkeit, von der die erwähnten neurologischen Experimente ausgehen, wäre dann nur als Grenzfall beschreibbar, nicht als Ausgangsbasis.[32] Auf diese Weise wird hinter der bestehenden eine entstehende Ordnung sichtbar. Etwas *ist* nicht identisch, sondern es *wird* identisch, indem unsere Erfahrung immer wieder *auf etwas als etwas* zurückkommt (vgl. Hua I, §18). Wiederholung *macht gleich, was nicht gleich ist.* In diesem Sinne bedeutet Wiederholung eine verändernde Wiederholung, eine »Wiederkehr des Ungleichen als eines Gleichen«, von der im nächsten Kapitel ausführlich die Rede sein wird. Die moderne Musik, die sich – wie die moderne Kunst überhaupt – an den Grenzen der Ordnung bewegt, operiert nicht nur mit taktstörenden Synkopen, sondern auch mit Gegenrhythmen oder sich überlagernden Rhythmen, die eine Heterophonie freisetzen, so etwa bei Olivier Messiaen. Der Rhythmus der Sinne hat seine Bedeutung schließlich auch in der Sprache, und zwar auf der Ebene einer Vorsprache, die sich diesseits der Bedeutungsschwelle bewegt, obwohl sie diese ständig streift. Damit etwas *als etwas* wiederkehren

31 Vgl. hierzu Kurt Goldstein, *Der Aufbau des Organismus* (1934), S. 167-174, ferner Kapitel 3 der *Sinnesschwellen* (1999), das sich mit dem Rhythmus der Sinne befaßt und dabei auch biologische und musikalische Rhythmusformen in Betracht zieht.

32 Vgl. dazu den Hinweis auf Ernst Florey oben, Anm. 24. Auch Pöppel setzt das »Erlebnis der *Gleichzeitigkeit* gegenüber *Ungleichzeitigkeit*« als elementarste Form des Zeiterlebens an (1997, S. 20).

kann, muß immer schon *etwas* wiederkehren. Demgemäß beginnt das Sprachlernen mit dem präsemantischen Wiedererkennen von Lautgestalten und Schriftbildern. Das Sprechenhören und Schreibensehen reicht weiter als das Sprechen und Schreiben mit seinen Sinnentwürfen und Geltungsansprüchen. Die Rhythmik, die hier am Werk ist, führt zu einer offenen Sinn- und Selbstbildung, die durch die Sinne hindurchgeht. Der »Sinn der Sinne« hat stets einen zeitlichen Aspekt.

Die Beschleunigung oder Verlangsamung der Bewegung verleiht der Rhythmik ein besonderes Gepräge. Von Schnelligkeit sprechen wir bei einer dichten, von Langsamkeit bei einer lockeren Abfolge entsprechender Bewegungseinheiten. Die Geschwindigkeit bemißt sich zunächst an der *Selbstbewegung mobiler Wesen*. Die Fortbewegung eines Menschen beschreiben wir als gemächliches Schlendern, Spazierengehen und Flanieren oder als Eilen, Laufen und Rennen. Entscheidend ist hierbei die rhythmische Schrittfolge, ähnliches gilt für die Arm- und Beinbewegungen eines Schwimmers. Ob in dem Falle, daß verschiedene Bewegungen aufeinander treffen, eine schneller ist als die andere, zeigt sich daran, ob eine die andere überholt oder hinter ihr zurückbleibt. Mobile Wesen messen sich aneinander, bevor ihre Bewegungen am Maßstab eines Dritten, etwa mit der Stoppuhr, gemessen werden. Die Rhythmik der Fortbewegung verbindet sich mit der Rhythmik der Sinne zu einer Rhythmik der Kinästhese. Exemplarisch sind musikalische Tempobezeichnungen wie Adagio, Andante oder Presto, die sich sowohl auf die manuellen und pedestrischen wie auf die auditiven Fertigkeiten von Musikanten, Tänzern und Zuhörern beziehen. Wiederum ist die qualitative Geschwindigkeit zu unterscheiden von der quantitativen Messung, bei der wir Uhren und Metronome zu Hilfe nehmen. Ähnliche Unterschiede finden wir schließlich in der Sprechgeschwindigkeit, die in der Ausdruckslehre der Rhetorik, aber auch in der Didaktik des Spracherlernens eine wesentliche Rolle spielt und die nicht nur individuelle, sondern auch kollektive Varianten aufweist. Die Zeit der Rede prägt nicht nur den Gehalt und den Vollzug des Sprechens, sondern auch die Sprachmelodie.

Der Überschuß der qualitativen gegenüber der quantitativen Geschwindigkeit wird deutlich, wenn wir eine Bewegung als *zu schnell* oder als *zu langsam* bewerten. Sprichwörtliche Wendungen wie *Eile mit Weile*, *festina lente* oder *chi va piano va sano* ziehen einen Maßstab heran, der den Bewegungsabläufen als eine Art Körperuhr innewohnt, bevor wir von Tachometern oder Stoppuhren Gebrauch machen. Die Debatte, die sich an dem Gegensatz von *Beschleunigung* und *Entschleunigung* entzündet hat, betrifft zunächst einmal den Geschwindigkeitsrausch, der schon durch das moderne Großstadtleben erzeugt und durch neuere Technologien gesteigert wird. Die Steigerung der Geschwindigkeit hängt davon ab, wie viele Bewegungseinheiten in einer gegebenen Zeit ausgeführt und wie große räumliche Distanzen dabei überbrückt werden. In unserem Informationszeitalter fungiert als Zielscheibe die sogenannte Echtzeit, die dazu führt, daß die übliche zeit-räumliche Verschiebung zwischen Sendung und Empfang sich der Koinzidenz nähert. Wir haben es hier mit einer *Leistungszeit* zu tun, wie sie bei der Bemessung der Arbeitszeit schon seit langem gang und gäbe ist. Stachanow ist nicht nur ein Arbeitsheld, sondern auch ein Geschwindigkeitsheld. Er repräsentiert einen Menschen, der sich unter entsprechendem gesellschaftlichem Druck seinen Maschinen anpaßt, so gut es eben geht. Betroffen davon ist nicht nur die Arbeitswelt, sondern ebenso die Welt des Sports, die Welt der Nachrichten, die Welt der Bücher oder die des Lernens, die – wie Käte Meyer-Drawe bemerkt (2008, Kap. V) – vielfach nach einem »hochtourigen Lerner« verlangt. Lebenslaufbahnen verwandeln sich in Rennbahnen des Lebens.

Doch dies bedeutet nicht, daß Beschleunigung und Selbstbeschleunigung des Menschen ein rein technologisches Problem darstellen, wie manche uns gern einreden möchten. Die Abschätzung von Vorgängen und Verrichtungen als zu langsam ist stets hypothetisch, niemals kategorisch. Stets bleibt zu fragen: Zu langsam in bezug worauf? Eine mögliche Bezugsgröße wäre der Überlebensdrang. Doch erstens wäre auch dieser Maßstab hypothetisch, da er einen Lebenswillen oder Lebenswunsch voraussetzt, der sich von anderswoher speist, und zweitens ist noch längst nicht ausgemacht, wieweit die Beschleunigung des Lebens dem Überleben dient. Die Einschätzung der Geschwindigkeit erfordert ein Ethos der Zeit, das den Umgang mit der Zeit und mit den Zeittechniken in eine Lebensform einfügt. Die alte Frage »Wie sollen wir leben?« geht dann über in die Teilfrage »Wie schnell sollen wir leben?«

Die Zeitverschiebung, die wir im inneren Kern der Zeiterfahrung ausfindig gemacht haben, gibt dieser Frage einen besonderen Dreh. Wir haben die Neigung, die Kluft zwischen dem, was uns widerfährt, und dem, was wir zu antworten haben, zu vergessen oder zu mißachten. Dies hat ein Doppeltes zur Folge. Auf der einen Seite verlieren unsere Antworten an Gewicht ohne den Rückbezug auf Herausforderungen, die von vorgängigen Widerfahrnissen ausgehen; sie laufen leer, wenn sie durch eine Normalisierungsmühle gedreht werden. Auf der anderen Seite sinken Widerfahrnisse, die der Produktivität nachträglicher Antworten entbehren, herab zu blinden Reizwirkungen, die bloßen Erfolgskriterien unterliegen. Eine Echtzeit, in der fremde Einwirkungen und eigenes Tun nicht mehr voneinander zu unterscheiden wären, würde in einem pragmatisch-technologischen Schlummer versinken, wären da nicht die Katastrophenmeldungen, die uns immer wieder alarmieren.

10. Zwischen Leere und Erfüllung

Es gibt ein normales Zeiterleben, in dem die Dinge ihren gewohnten Lauf nehmen, so daß es weder besonders langweilig noch besonders kurzweilig zugeht. Von Langeweile oder Kurzweil sprechen wir erst dann, wenn die zeitliche Dauer spürbar wird. Eine Schlüsselfrage lautet: *Wie lange noch?* Damit rühren wir an den zweiten Traditionsstrang, in dem die Zeit, wie bei Augustinus, als Zerdehnung der Seele, als Wechsel von Sammlung und Zerstreuung und vor dem Hintergrund einer Fülle der Zeit gedacht wird. Hierbei treten elementare Varianten des Zeiterlebens zutage, und die Frage nach der Länge der Zeit beginnt zu schillern.

Die Neuropathologie kennt Fälle enormer Zeitschrumpfungs- und Zeitdehnungserlebnisse, die auf eine neuronal bedingte Desorientierung des Zeitsinnes zurückgehen Dabei kann es zu einem »verschobenen« Zeitgefühl kommen, die Zeit kann von 30 auf 3 Jahre schrumpfen und umgekehrt können sich Zeitlupeneffekte einstellen (Markowitsch 2002, S. 66 f.). Solche pathologischen Abweichungen zeigen, wie wenig die innere Uhr mit einer äußeren Uhr gleichzusetzen ist. Doch uns geht es im folgenden um Spielräume des normalen Zeiterlebens, in denen die zeitliche Dauer sich auf verschiedene Weise bemerkbar macht.

Die Zeit »vergeht wie im Fluge«, wenn eine Tätigkeit oder ein Gespräch uns ganz in Anspruch nimmt und die Einzelschritte sich in Form einer kontinuierlichen Synthese zu einem Gesamtgeschehen zusammenfügen.[33] Wenn wir auf die Uhr schauen, so um festzustellen, wieviel Zeit uns noch bleibt. Rückt ein Termin oder eine Frist heran, so bemerken wir, daß wir *zu wenig Zeit* haben, um allem nachzukommen, was uns in Anspruch nimmt. Wir vergessen die Zeit, wie wir uns selbst und die Anderen vergessen, solange wir in der Sache aufgehen. Es ist das Glück des Tätigen, das hier aufscheint; es hängt nicht unbedingt vom Erreichen des Ziels ab. Doch bisweilen mischen sich Stimmen des Zweifels ein: Wozu all diese Mühe? Wozu eine Arbeitsamkeit, die nur den Status quo aufrechterhält, und dazu oftmals einen zweifelhaften? Die Vergeblichkeit hat ihre negativen Helden, wie Sisyphus einer ist, dessen Tun sich endlos im Kreis dreht.

Anders steht es um die Zeit des Genießens. Wir versuchen »jeden Augenblick auszukosten«. Die Zeit kreist um sich selbst wie in einem Wirbel, der jede Frage nach dem Warum und Wozu verscheucht. Das Faustische »Verweile doch! du bist so schön!« deutet hin auf einen Augenblick, der sich aus dem Zeitfluß heraushebt, der kein Vorher und kein Nachher kennt und sich zu einer horizontlosen Gegenwart verdichtet. Die Zeit steht still wie in dem altbekannten Nu, dem *nunc stans*. Doch auch hier begegnen wir verschiedenen Varianten. So heißt es in Platons *Parmenides* (156 d): »Dieses unfaßbare, ortlose Wesen (φύσις ἄτοπος), der Augenblick, liegt zwischen Bewegung und Ruhe, ist also in keiner Zeit.« Der Augenblick, der in Platons Redeweise lapidar »das Plötzliche«, wörtlich »das Jähe« (τὸ ἐξαίφνης) heißt, bezeichnet keinen Ruheplatz, sondern eine Bruchstelle, an der die Zeit »aus den Fugen« gerät. Biblisch richtet sich die Bitte in der Not an den Herrn der Zeit: »Sonne, stehe still zu Gibeon, und Mond, im Tal Ajalon« (*Josua* 10, 12). Oder die einsame Stimme der alternden Marschallin aus dem *Rosenkavalier*: »Manchmal hör ich sie [die Zeit] fließen unaufhaltsam. Manchmal steh ich auf mitten in der Nacht und laß die Uhren alle, alle stehn.« Im Augenblick *verdichtet sich die Zeit*, der Augenblick ist weder kurzlebig noch langlebig. Den »utopischen Orten«, die wir aus unserem Lebens- und Arbeitsraum herausschneiden, entsprechen »uchronische Au-

33 Husserl unterscheidet zwischen kontinuierlichen und gegliederten Synthesen des Bewußtseins, die allesamt von der »Ursynthese« des ursprünglichen Zeitbewußtseins getragen sind (Hua III, § 118).

genblicke« (Foucault 2006, S. 9). Dazu nochmals Nietzsche: »Wer sich nicht auf der Schwelle des Augenblicks, alle Vergangenheiten vergessend, niederlassen kann, wer nicht auf einem Punkte wie eine Siegesgöttin ohne Schwindel und Furcht zu stehen vermag, der wird nie wissen, was Glück ist, und noch schlimmer: er wird nie etwas thun, was Andre glücklich macht« (KSA 1, 250). Spuren davon finden wir auch bei Musil in dem Gespräch zwischen dem Geschwisterpaar, das »Mondstrahlen bei Tage« auffängt. Nicht nur der Raum, »dieser sich immer gleichbleibende, gehaltlose Würfel« änderte seine Gestalt, »so daß der Garten unberührt in ihren Blick trat, als wäre er eben erst erschaffen worden« und »daß alle die umgebenden Gestalten auf das unheimlichste verlassen dastanden, aber auch, auf das unheimlichste entzückend, belebt waren«, ähnlich erging es dem Gefühl der Zeit; »dieses fließende Band, die rollende Treppe mit ihrer unheimlichen Nebenbeziehung zum Tod schien in manchen Augenblicken stillzustehen, und in manchen floß sie ohne Verbindung dahin. Während eines einzigen äußeren Augenblicks konnte sie innen verschwunden sein, ohne eine Spur davon, ob sie eine Stunde oder eine Minute ausgesetzt habe.« (Musil 1978, S. 1093 f.) Allerdings hat der herausgehobene Augenblick seine wunden Stellen. Imperative wie »Verweile!« oder »Stehe still!«, die sich von Wünschen nähren, sind schon über den Augenblick hinaus. »O! der ist aus dem Himmel schon gefallen, / Der an der Stunden Wechsel denken muß!«, so klagt Max Piccolomini. Nachrufe sind es, mit denen man festzuhalten versucht, was entflieht. Die Flucht unter die »Glückshaube«[34] des Augenblicks endet in Enttäuschung und Resignation. Nietzsche spricht daher vorsichtig von einer »Schwelle« des Augenblicks; wer sich auf ihr niederläßt, betritt das gewünschte Land nicht.

Wieder anders sieht es aus, wenn die Zeit zu lang wird. Sie kann zu lang werden, wenn jemand von *chronischen* Schmerzen heimgesucht wird, die anhalten und nicht kommen und gehen wie akute Schmerzattacken. Doch der normale Fall ist die Langeweile, die auf andere Weise quälend ist und die in der französischen Form des Ennui ausdrücklich den Makel des Unangenehmen, Lästigen an sich trägt. In der Langeweile haben wir *zu viel Zeit*. Der zeitliche Ablauf macht sich bemerkbar in der Weise, daß die Zeit sich ins

34 Siehe Freud, *Aus der Geschichte einer infantilen Neurose* (GW XII, 133).

Unendliche dehnt, daß sie nicht vergehen will. Doch selbst diese Zeitinflation erweist sich als zutiefst zweideutig.[35] Die Zeit kann uns zu lang vorkommen, weil im Grunde *immer wieder dasselbe geschieht*, wie beim Lever des Königs in *Leonce und Lena*, für den das Denken und Regieren sich in der allmorgendlichen Suche nach Hemdsärmeln, Hosenbeinen und Jackenknöpfen verheddert. Der Überdruß an dem nicht enden wollenden Gleichmaß verführt dazu, »die Zeit totzuschlagen«. Besser, irgend etwas geschieht, als daß nichts geschieht. Ich möchte nicht in eine allzu wohlfeile Kulturkritik einstimmen, die alles Unterhaltsame oder Vergnügliche mit dem Verdikt eines bloßen *Divertissement*, eines bloßen Geredes oder einer bloßen Spielerei belegt. Charlottes Bemerkung in den *Wahlverwandtschaften*, in manchen Fällen sei es notwendig und freundlich, »lieber nichts zu schreiben, als nicht zu schreiben«, läßt sich so verstehen, daß es Lebenszeichen unterhalb der Bedeutungsebene gibt, mit denen wir die Zeit in Fluß halten. Es spricht nichts gegen eine *medicina temporis*, die auch auf zeitstreckende Lockerungsübungen zurückgreift. Doch der Verlust eines zeitlichen Reliefs, der dazu führt, daß alles in fahlem Licht und eines so gut ist wie das andere erscheint, läßt sich durch bloße Füllsel nicht aufhalten. Die Wirkungen eines Bedeutsamkeitsverlustes, die Nietzsche in seinen Reflexionen zum Nutzen und Nachteil der Historie aufzeigt, machen auch vor der Bildungswelt nicht halt. Man kann sich jederzeit auf gelehrte Weise die Zeit vertreiben. »Der antiquarische Sinn eines Menschen, einer Stadtgemeinde, eines ganzen Volkes hat immer ein höchst beschränktes Gesichtsfeld; [...] er kann nicht messen und nimmt deshalb alles als gleich wichtig und deshalb jedes einzelne als zu wichtig.« (KSA 1, 227) Die Langeweile verlockt zur Suche nach Quisquilien, verbunden mit der Gleichgültigkeit dessen, was die Zeit füllt.

Langeweile kann aber auch anders durchlebt werden, nämlich als eine Form der Entleerung, die Raum schafft dafür, daß *Unerwartetes geschieht*. Das Unerwartete im Erwarten, von dem schon die Rede war, besteht nicht darin, daß irgend etwas die Leere füllt, sondern daß wir hellhörig und hellsichtig werden für das, was auf uns zukommt. Diese Leere entspricht dem Hiatus zwischen dem,

35 Die Erklärung der Langeweile mit dem Fehlen bedeutsamer Ereignisse und dem Verlangen nach Neuigkeiten (Pöppel 1997, S. 94f.) trifft nur die Oberflächenstruktur.

was uns widerfährt, und der Antwort, die uns abverlangt wird. Das Finden und Erfinden einer fruchtbaren Antwort erfordert eine Inkubationszeit, ein Abwarten, von dem nicht vorweg auszumachen ist, wohin es führt und ob es überhaupt zu etwas führt. Man kann das Hebammengeschäft, das Sokrates ausübt, als Geburtshilfe verstehen, die nicht bloß eigene Erkenntnisse ans Licht bringt, sondern Antworten auf fremde Ansprüche wachruft, beginnend mit den Zeichen des mütterlichen Lächelns. Die Zeit des Wartens ist uns vertraut aus einer erstaunlichen Menge neuerer Warteliteratur, beginnend mit Zarathustras Mittagsrede: »Hier saß ich, wartend, wartend, – doch auf nichts...«, sich fortsetzend in Kafkas *Vor dem Gesetz* oder in Nabokovs *Einladung zur Enthauptung*, bühnennah inszeniert in Virginia Woolfs *Zwischen den Akten* und vollends auf die Bühne gebracht in Becketts *Warten auf Godot*. Radikaler kann man die Voraussetzungen eines bloßen Handlungstheaters nicht untergraben wie in einem solchen Ereignisstück.[36]

Die Zeit hat uns, wie wir sie haben. Alles in allem leben wir zeitlich, wie wir leibhaftig existieren. Es gibt kein zeit- oder leibloses Außerhalb, wohl aber ist das Zeitgeschehen selbst durchsetzt mit Verzögerungen, Aufschüben, mit Ritartandis jeglicher Art. Zeit differenziert sich selbst, sie verdichtet sich in der Gegenwart, doch kulminiert sie nicht in ihr. Diese innere Differenzierung hat zur Folge, daß wir uns hier und jetzt zugleich anderswo und anderswann befinden. Damit öffnet sich immer wieder ein Spalt für andere und fremde Zeiten: kein *nunc stans* also, wohl aber ein *nunc distans*.[37]

11. Coda: Anderswo enden

Arten des Endens. – Der Ton, der verebbt; die Farbe, die verbleicht; das Feuer, das erlischt; das Wort, das verstummt. Lange und kurze

36 Vgl. hierzu das Kapitel »Pausen und Zäsuren« in: *Bruchlinien der Erfahrung* (2002), S. 215-222.

37 Die Coda dieses Kapitels entstand im Rahmen einer multimedialen Performance zum Thema »Die Illusion des Endes«, die von Grace Yoon und Roman Bunka entworfen und 1998 als Live-Hörspiel im Bayerischen Rundfunk gesendet wurde. Die Übersetzung der Verse von G. Ungaretti und T. S. Eliot stammen von Ingeborg Bachmann beziehungsweise von Ernst Robert Curtius.

Abschiede, große und kleine Tode, eigene und fremde. Eigene Kräfte, die nachlassen, erlahmen, sich erholen; fremde Kräfte, die eingreifen, hemmend oder zerstörend. Übergänge zu Anderem, Ungeahntem. *La morte si sconta vivendo – Den Tod büßt man lebend ab.*

Paradigmen des Endens. – Wiederkehr des Gleichen, ein Rondo der Natur, Anfang und Ende, Sommer und Winter sich berührend. *For my beginning is my end.* Kehrt Gleiches als Gleiches wieder, wenn es wiederkehrt? Ὀδὸς ἄνω κάτω μία καὶ ὡυτή – Ist der Weg aufwärts und abwärts ein und derselbe? Wortlitaneien, Lautrhythmen: Neues im Alten. *If there were sound of water only … over a rock / Where the hermit-thrush sings in the pine trees / Drip drop drip drop drop drop drop / But there is no water – Wenn Wasser wäre …, Rauschen von Wasser über den Felsen / Wo die Einsiedlerdrossel in Fichten singt / Drip drop drip drop drop drop drop / Aber kein Wasser ist.*

Ende, das zur Vollendung wird, Fülle verheißt. Der Pfeil ist dort, wo er ankommt, an seinem Ziel – an *seinem* Ziel? *Telos, finis*: Ende und Vollendung in eins, und doch auch ein drohendes Ende: *respice finem – Schau auf das Ende*. Und wenn das Ziel nicht erreicht wird? *O Herr. Gieb jedem seinen eignen Tod.* Und wenn es ein Tod ist aus fremder Hand, wenn er gewaltsam einbricht, unerwartet, unerwartbar? Finistère, Finisterre, *finis terrae*, äußerste Ränder des Kontinents, sinistre Randzonen des Lebens.

Schlechte Unendlichkeit, endloses Immerweiter, rastloses Fortschreiten, *progressio infinita*, nirgendwohin. Kein Punkt auf der Zeitlinie ist der letzte, jeder hat ein Danach. Ein Glück, das endlos dauert, sinkt herab zum *Gefühl eines lauen Behagens*. Das Fortschreiten nähert sich der Arbeit des Sisyphos, dem der Stein immer wieder den Berg hinabrollt: der Aufstieg dehnt sich ins Endlose, der Gipfel hüllt sich in Wolken.

Moderne, ein Patchwork aus Kreislauf, Zielrichtung und endloser Reihung? Der Messias, der dem Demiurgen die Hand reicht? *Fin de siècle*: Ende welchen Jahrhunderts, welchen Zeitalters, welche Art von Ende? Ende des sich in sich rundenden Vollendens, des endlosen Fortschreitens, des unermüdlichen Wartens auf einen Godot? Ende schlechthin, *Selam, Psalmenende*, nach der Götzendämmerung die Menschendämmerung? Oder bescheidener: Ende hier und jetzt für uns Europäer. Abschied von liebgewonnenen Illusionen?

Anders anfangen, anders enden. – Nur was begonnen hat, kann aufhören, nur wer geboren wurde, kann sterben. Beginn des Universums mit einem Urknall? Ende der Welt: *not with a bang but a whisper – nicht mit einem Knall, sondern einem Wimmern*? Beginn und Ende *meiner* Welt mit Geburt und Tod. *Meine* Geburt, *mein* Tod? Bin ich je auf der Höhe meiner Zeit? Erinnerungslose Geburt: ich komme immer schon zu spät, sie zu begrüßen. Unerwarteter Tod: ich komme immer noch zu früh, um ihn zu besiegeln. Herrenlose, namenlose Ereignisse; was mir geschieht, bleibt mir fremd. Nicht *ich* beginne und höre auf, *es* hört auf mit mir, wie *es* mit mir begonnen hat – mit mir *allein*, allein mit *mir*? Wessen Ende geschieht, *mein* Ende? Warum nicht *dein* Ende? Ist das Ende ein bloßes Vergehen, nicht auch ein Fortgehen, von Anderen, von sich selbst – ein wiederholtes Fortgehen und vielleicht ein Übergehen zu anderem?

Endlose Rede, Ende der Rede. – Über das Ende läßt sich endlos reden, doch redet Scheherezade *über* das Ende, tausendundeine Nacht lang? Zögert sie nicht das Ende hinaus, erzählend, zu Anderen redend? Illusion des Endes, Illusion einer Rede, die vergißt, daß sie anderswo begonnen hat und anderswo enden wird: im Schweigen. Schweigen nicht als Ende der Rede, sondern als ihr Element. So wie Klänge und Farben aus einem Grund auftauchen und darin versinken, in einem Grund, der tonlos ist und farblos, aber nicht Nichts.

6. Die verändernde Kraft der Wiederholung

Mit der Wiederholung ist es eine seltsame Sache. Wer auf Neues erpicht ist, wird sie geringschätzen, wer sich an Bewährtes hält, wird sie hochpreisen. Doch ist eine vollkommene Wiederholung überhaupt denkbar? Ist dasselbe, das *als dasselbe* wiederkehrt, noch völlig dasselbe? Wird sich die Kluft, die sich zwischen der Wo- und der Wann-Frage auftut, je in einer fugenlosen Allgegenwart schließen?

1. Wiederholungsexperiment

Es bedurfte eines anachronistischen Denkers wie Kierkegaard, um aus dem Hin und Her von Vor und Zurück auszuscheren. Er dachte sich ein Lebensexperiment aus, nämlich die Rückkehr an den Studienort Berlin, geleitet von der Absicht, das einstmals dort Erlebte noch einmal zu durchleben. Noch einmal? Die Dialektik, die sich dem Experimentator aufdrängt, ist ebenso leicht wie paradox. Was wiederholt wird, ist gewesen, sonst könnte es nicht wiederholt werden, aber gerade dies, daß es gewesen ist, macht die Wiederholung zu etwas Neuem. Die Wiederholung verlangt nicht nach einer Einkreisung des Daseins, als ruhe dort ein verborgener Schatz, sondern nach einer »Daseinsumschiffung«, in der das Leben sich auf hohe Fahrt begibt. So erweist sich die Wiederholung als eine Erinnerung, die »nach vorne« gerichtet ist.[1] Kierkegaard war hellsichtig genug, vorauszusehen, daß dieses Problem eine sehr wichtige Rolle in der neueren Philosophie spielen würde. Bemerkenswert ist auch, daß er sich bei seinem Ausflug in die experimentierende Psychologie literarischer Mittel bedient. Er erzählt, wie die Wiederholung mißlingt. Schon damit deutet sich an, daß die neuartige Rolle der Wiederholung sich nicht auf das explizite Denken der Philosophie beschränkt. Kierkegaards Protest gegen die Illusion eines unaufhörlichen Immer-wieder, das aus allem den Honig des Immergleichen saugt, findet sein Pendant in den Verzweigungen einer Naturge-

1 Vgl. die Ausgangsfrage des 1843 erschienenen Essays *Die Wiederholung* (1956), S. 329 f.

schichte, die von kontingenten Anfängen und unvorhersehbaren Einbrüchen gezeichnet ist, so daß es – mit Ilya Prigogine und Isabelle Stengers zu reden – nicht nur Berechnungen der Natur, sondern Möglichkeiten für einen »Dialog mit der Natur« gibt. Wäre alles von vornherein geregelt wie im Universum eines Laplace, so bliebe für die Dramatik eines Dialogs ebensowenig Raum wie für die Winkelzüge der Wiederholung.

2. Sich wiederholende Erfahrung

Bevor wir uns jenen dichten Beschreibungen annähern, die uns aus der Literatur vertraut sind, empfiehlt es sich, mit einer Art phänomenologischer Minimal Art zu beginnen. Die minimale Formel, in der die Wiederholung zum Ausdruck kommt, lautet: ›Etwas wiederholt sich‹, wobei dieses ›etwas‹, das seine Bestimmung der Wiederholung verdankt, zunächst sehr umrißhaft zu denken ist. Das Rätsel liegt offenbar in dem noch einmal (gr. πάλιν, lat. *iterum*) oder in dem ›Re-‹ der Repetition. An Beispielen für eine Wiederholung herrscht kein Mangel. Wiederholungen gibt es, wo wir nur hinschauen. Sie finden sich in Ausdrucksgestalten und Wahrnehmungsschemata wie Blattformen, Klangfarben und Physiognomien, in Handgriffen und Schrittfolgen, in rhythmisch wiederkehrenden Vorgängen wie dem Wechsel von Wellenkamm und Wellental, und sie werden aufgenommen in Wortreimen, in litaneiartigen Anrufungen, in musikalischen Variationen oder in den Friesen und Ornamenten bildlicher Ausgestaltungen. Wiederholungen nehmen institutionelle Form an in Handlungstypen; wir schreiben wiederholte Verbrechenshandlungen einem Wiederholungstäter zu, wenn die Kette typischer Handlungen nicht abreißt; Wiederholungen inkorporieren sich in Prozeduren wie dem politischen Wahlvorgang, der bei aller zeiträumlichen Individuierung einen repetitiven Charakter hat; sie äußern sich in Ritualen wie dem Gruß, der weder informativ noch redundant ist, da er höchstens beiläufig etwas mitteilt, der vielmehr eine wechselseitige Gegenwart beschwört, und dies stets am Rande einer drohenden Abwesenheit. Schließlich sind es Welt- und Daseinszustände, die wiederkehren im Wechsel von Tag und Nacht, von Hunger und Sättigung und die erst so etwas wie Welt und Dasein im ganzen entstehen lassen. Eben dies treibt

Kierkegaard zu der Annahme, die Wirklichkeit der Welt und des Daseins bestehe in der Wiederholung. Schließlich ist an anomale Wiederholungsfälle zu denken, an Rückfälle in die Krankheit, an die Doppelgestalt von Zwillingen, die in der Möglichkeit des Klonens vom natürlichen Zufall zum technologischen Produkt avanciert, und schließlich gibt es das von Selbstspaltung begleitete Phänomen des Doppelgängertums, dessen extreme Möglichkeiten sich bereits im gewöhnlichen Doppelsehen andeuten. Schielen, Stottern und Stolpern sind bedeutsame Randerscheinungen, in denen sich etwas nicht ganz so wiederholt wie erwartet. Dies führt uns bereits an die Grenzen der Wiederholung. Doch bleiben wir zunächst bei der elementaren Analyse.

(1) Die Formel ›Etwas wiederholt sich‹ enthält zunächst die Differenz Selbes/Anderes. Daß etwas noch einmal auftritt, schließt die reine Andersheit (a – b) ebenso aus wie die schlichte unvermittelte Selbigkeit (a). Es besagt weder, daß der Winter durch den Frühling, der Krieg durch den Frieden abgelöst wird, noch daß ewiger Frühling oder ewiger Friede herrscht, vielmehr kehrt derselbe Zustand unter anderen Vorzeichen wieder (a – a'). Was identifiziert wird, fällt nicht völlig zusammen mit dem, womit es identifiziert wird. Wäre es so und würde sich nicht ein winziger Spalt öffnen, der etwas von sich selbst scheidet, so geschähe gar nichts. Dies veranlaßt Husserl, von einer »Synthesis der Identifizierung« zu sprechen (Hua I, § 18), eine Annahme, deren Sprengkraft später noch deutlicher hervortreten wird. Etwas ist nicht identisch, als wäre die Identität ein Attribut neben anderen; etwas wird identisch im Laufe der Erfahrung. Kants bekannte Behauptung, das Sein sei kein reales Prädikat, läßt sich auch auf die Selbigkeit anwenden.

(2) Daß etwas noch einmal auftritt, verweist auf das zeitliche Nacheinander einer Abfolge, die sich nach Vorher und Nachher gliedert. Selbst wenn wir dieselbe Lautgestalt noch einmal hören, dieselbe Bildgestalt noch einmal sehen, ohne daß uns ein Unterschied auffällt, erhält die Gestalt gleichwohl einen zeitlichen Index, der sich qualitativ im Vertrautwerden oder auch im Schalwerden eines Einerlei niederschlägt. Die Kurzformel a – a' läßt sich also durch ein a $t^0 \rightarrow$ a t+1 wiedergeben. Dieses Nacheinander färbt auf das Nebeneinander ab. Wird eine wiederkehrende Gestalt räumlich erfaßt, so nicht in reiner Synchronie. Vielmehr durchmessen wir den Raum, indem wir von hier nach dort gelangen. Dies gilt für

das Ziehen einer Linie, aber auch für die Aufzeichnung des Identitätssatzes a = a, bei dem das eine a vom anderen durch seine Stellung vor oder nach dem Gleichheitszeichen unterschieden ist, so daß sich eine ausdrückliche Indizierung erübrigt. Daß Rechts und Links bei einem Gleichheitssatz vertauschbar sind, besagt nur, daß sich die Bewegung der Identifizierung umkehren läßt, doch auch die Umkehrung ist eine Bewegung, die ihre Richtung ändert. Ein reines Zugleich gibt es nur, wenn wir alles, was sich wiederholt, als Zustände eines einheitlichen Trägers oder als Elemente einer höheren Einheit betrachten, doch für diese wiederholt sich das gleiche Spiel der Selbstunterscheidung – es sei denn, wir postulieren eine Ganzheit, die alle Unterschiede in sich faßt.

(3) Daß *sich* etwas wiederholt, verweist auf ein Selbst in der Andersheit, das mit der bloßen Selbigkeit nicht zu verwechseln ist. Das Selbst entspringt einer Differenz von Innen und Außen, einer Geschiedenheit, die über die bloße Verschiedenheit des Was-Seins hinausgeht. Daß etwas *sich* wiederholt, ist kein Resultat einer bloßen Außenbetrachtung, die etwas mit einem anderen oder eben mit sich selbst gleichsetzt und die ihrerseits von dieser wiederholenden Gleichsetzung unberührt bliebe, so daß der Schein eines reinen, alle Differenzen aufhebenden Zugleich entstünde. Daß sich etwas wiederholt, ist umgekehrt auch kein Resultat einer reinen Innenbetrachtung, die – getreu der scholastischen Definition der Reflexion – in Form einer *reditio completa in seipsum* bei sich selbst endet. Im Falle der reinen Außenbetrachtung gäbe es nichts, was *sich* wiederholt, im Falle der reinen Innenbetrachtung gäbe es nichts, was sich *wiederholt*. Etwas wiederholt sich nur dann, wenn das, was sich wiederholt, markiert ist: **a** = a' und wenn der Ausgangspunkt – mit Husserl zu reden – einen Nullpunkt bildet, der niemals restlos in jenes Koordinatennetz einzuzeichnen ist, das in ihm entspringt. Der Ort der Wiederholung wiederholt sich nicht, und doch ist er der Wiederholung nicht entrückt wie eine zeit- und raumferne Idee. Wir rühren damit an den paradoxen Kern der Wiederholung, die sich in die Formel »Wiederkehr des Ungleichen als eines Gleichen« kleiden läßt.[2] Wie bereits antike Skeptiker bemerkt haben, liegt das Rätsel der Wiederholung darin, daß man nicht nur nicht zweimal, sondern selbst einmal nicht in denselben Fluß steigen kann, ohne

2 Vgl. dazu vom Verf. *Ordnung im Zwielicht* (1987), S. 64.

sich zu wiederholen. Wer jemanden, den er sieht, oder ein Musikstück, das er hört, nicht wiedererkennt, wird nicht behaupten wollen, daß er kennt, was er sieht oder hört. Die Referenz bliebe völlig opak. Man würde dasselbe sehen, aber nicht *als dasselbe*. Der alte platonische Satz, Erkennen sei Wiedererkennen, auf den auch Kierkegaard in der Entgegensetzung von Erinnerung und Wiederholung anspielt, hat darin seine Wahrheit, die sich allerdings, kaum daß sie ausgesprochen wird, verdunkelt.

(4) Man kann das, was *schon* geschehen ist, wenn es sich wiederholt, und was *noch* aussteht, wenn es geschieht, an eine doppelte Grenze führen, indem man ein Erstes und Letztes ansetzt. Ein Erstes (e), das wäre ein Jetzt ohne Vorher, ein Letztes (l), das wäre ein Jetzt ohne Nachher. Dies entspräche dem Schema: (e) … a → a' … (l). Der zeitliche Index würde sich in einen Grenzwert verwandeln. Der reine Anfang wäre ein Augenblick, wo sich nichts wiederholt, das reine Ende wäre ein Augenblick, wo sich alles wiederholt. Im reinen Anfang und im reinen Ende wäre die Zeit aufgehoben. Daß dies eine ›gute Aufhebung‹ wäre, läßt sich sowohl von Kants Antinomienlehre wie von Husserls Lehre von den Zeithorizonten her bezweifeln, und dies zugunsten einer Zeit*erfahrung*, die nicht im Begriff der Zeit aufgeht.

(5) Schließlich wäre noch auf eine Ambivalenz hinzuweisen, die der Wiederkehr innewohnt, und zwar vor allem dann, wenn wir von den erwähnten Grenzerfahrungen ausgehen. Die Arché als emphatische Gestalt des Ersten steht für eine Fülle von Möglichkeiten, sie leidet aber auch unter einer Unwiederbringlichkeit, während umgekehrt das Telos als emphatische Form des Letzten Vollendung verspricht, aber auch die Schatten des Unwiderruflichen heraufbeschwört. Die verschiedenartige affektive Besetzung von Anfang und Ende, von Ursprung und Ziel führt dazu, daß sowohl das individuelle Leben wie die kollektive Geschichte als Aufstieg oder als Abfallen erlebt wird. Das Geschick der Wiederholung ist davon unmittelbar betroffen.

3. Wiederholung als Rettung aus der Zeit

In der Wiederholung spiegeln sich die Erosionswirkungen der Zeit. Daß etwas wiederholt werden *kann*, bietet mögliche Chancen, daß etwas jedoch zugleich wiederholt werden *muß*, setzt uns den Zwängen der Notwendigkeit aus. Ohne Wiederholung droht der Rückfall ins Nichts. Nehmen wir das Lernen, etwa das Erlernen einer Fremdsprache oder eines Musikinstruments. Daß jedes Lernen durch wiederholtes Tun zustande kommt und sich in Habitualitäten und Gewohnheiten niederschlägt, daß umgekehrt verlernt wird, was man nicht immer wieder aktiviert, ist eine alte Einsicht. Doch im Hintergrund steht der hartnäckige Versuch, dem Wandel, der alles Bestehende und Erworbene bedroht, mit einer Ordnung des Wandels zu begegnen. Man hebt etwas heraus oder hervor, das in seiner Selbigkeit beharrt und auf diese Weise dem Wandel entrückt ist. Für das Wesen, das den zeitlichen Charakter des Gewesenen abstreift, gilt das Gesetz einer Wiederkehr des Gleichen als eines Gleichen. Das Wesen kann zwiefach auftreten, gleichsam in einer apollinischen und einer dionysischen Form. Einmal ist es das Bleibende, das sich in der Wesensgestalt eines Ersten und Selben wiederholt, das andere Mal ist es das Fließende eines Wesensgrundes oder Untergrundes, das immerzu wiederkehrt. Der Gang der Zeit erstarrt zu einem *nunc stans*, oder er zerfließt in einem *nunc fluens*.

Die Rettung in die Wiederholung nimmt verschiedene Gestalten an, je nachdem, was sich wiederholt und wie es sich wiederholt. Ohne in historische Details zu gehen, können wir drei grundlegende Optionen unterscheiden.

Am Anfang steht in allen Kulturen so etwas wie eine mythische Wiederholung. Alles wiederholt sich im Kreislauf des Lebens, im Wechsel der Tages- und Jahreszeiten oder im Auf und Ab einer Weltordnung. In allem lebt und webt der Kosmos, umschattet von dem gleichen Chaos, so daß dasselbe in einem ewigen Kreislauf wiederkehrt.

Anders steht es mit der metaphysischen Wiederholung. Hier wiederholt sich nicht alles, sondern eben das Wesentliche, die Idee, das Eidos, die Morphe. Die Wesengestalten wiederholen sich, indem sie in das Werden eintreten, aber auf dem Weg einer Methexis, die dem Einzelnen Anteil am Ideellen gewährt, oder auf dem Weg einer Entelechie, die das Einzelne gänzlich durchformt. Eine Vermischung der Sphären ist durch die Herrschaft der Ideen und der Zielkräfte ausgeschlossen. In der Wiederholung steht das Schicksal des Einzelnen auf dem Spiel, nicht aber die Ordnung des Ganzen. Hegels Diktum »Um so schlimmer für die Tatsachen« klingt wie ein Echo dieses kosmisch verankerten Denkens, das keine Widerrede duldet. Was sich auf solche Weise wiederholt, ist das Gute, Wahre und Schöne selbst, das nicht immer wieder neu auftritt, sondern immerzu regiert als ewig dauernde Wahrheit. Daraus leitet sich die von Nietzsche in ein übergrelles Licht gerückte Dualität zweier Welten ab, in der Sein und Werden, Bleibendes und Veränderliches, Zeitlosigkeit und Zeitlichkeit auseinandertreten, und dies selbst dort, wo eine Vermittlung gesucht wird. Solange es *etwas* gibt, das – wie noch die Substanz bei Kant – in der Zeit beharrt, ohne sich selbst zu zeitigen, ist die Wiederholung etwas Zweitrangiges, das von einem unwiederholbaren Anfang zehrt. Der metaphysischen Wiederholung entspricht epistemisch betrachtet die schon erwähnte Lehre vom Erkennen als Wiedererkennen oder als Wiedererinnerung, die Platon an Hegel weitergereicht hat und zu der sich auch Gadamer in *Wahrheit und Methode* noch bekennt (1965, S. 108 f.). Selbst dort, wo die verändernde Kraft der wiederholenden Wiedererkenntnis hervorgehoben wird, bleibt man auf dem Weg einer aufhebenden Aneignung. Der Wiederkennende findet letzten Endes sich selbst im anderen wieder.

Als bescheidenere Spielart versteht sich die transzendentale Wiederholung. Was sich hier wiederholt, sind lediglich notwendige Bedingungen, ohne die es nichts gäbe, was zu erkennen oder zu tun ist. Das Wiederholen beschränkt sich auf das Ermöglichen von etwas, das von der ermöglichten Wirklichkeit durch einen transzendentalen Hiatus geschieden ist.

Nun kann man keineswegs behaupten, daß diese drei Wiederholungsvarianten einander ablösen im Laufe eines eindeutigen Fortschritts vom Mythos zum Logos, von einer substantiellen zu einer formalen Vernunft, einem Fortschritt also, der archaischere Wiederholungsformen einfach hinter sich ließe. Die mythische Form der Wiederholung übt immer wieder und bis heute ihre Anziehungskraft aus, weil wir es hier mit einer Wiederkehr der Zeit zu tun haben und nicht bloß mit ständig sich durchhaltenden Grundelementen und Grundgesetzen, und weil die Wiederholung auf diese Weise einen szenischen Charakter annimmt, bis hin zur

›Urszene‹ der Freudschen Psychoanalyse und zu entsprechenden Triebschicksalen, die jede lineare Zeitauffassung ins Gleiten bringen. Schließlich sind die drei Varianten nicht nur in der allgemeinen Welt- und Lebensauffassung gegenwärtig, sondern gerade auch in politischen Ordnungen und künstlerischen Erfindungen. Die mythische Verankerung der Ordnung wird vielfach abgelöst durch eine Metapolitik und eine Metapoetik, die der Metaphysik insofern entspricht, als jede Neuerung kleingeschrieben oder sogar geächtet wird, während die transzendentale Ordnung im Verzicht auf substantielle Grundlagen Fortschrittsimpulse freisetzt, die allerdings weiterhin auf geregelten Bahnen verlaufen. Kierkegaard und Nietzsche führen jeder auf seine Weise aus diesen Bahnen heraus, indem sie Uraltes in neuen Sprengstoff verwandeln, Kierkegaard im Rückblick auf ein ›Altes‹, das man nie hat, nicht gehabt hat und dessen man so auch nicht überdrüssig wird, Nietzsche im Rückgriff auf eine Wiederkehr, die sich ideellen Direktiven und moralischen Steuerungen entwindet. Doch dies führt dazu, daß die Wiederholung zu schillern beginnt wie nie zuvor.

4. Altes und Neues im Widerstreit

Betrachten wir das mit der frühen Neuzeit einsetzende Denken, so können wir beobachten, wie die von Anfang an gegebene Ambivalenz der Wiederholung in eine Polarisierung übergeht. Für diesen Prozeß lassen sich zwei wichtige Einbruchstellen angeben.

Was die Etablierung des neuzeitlichen Subjekts angeht, so geht diese Hand in Hand mit dem bekannten Individuierungsschub, der zu den Leitideen der Renaissanceforschung gehört. Doch gleichzeitig wird die ältere aristotelische Individualitätsauffassung umgemodelt. Es geht nicht mehr bloß um Einzelnes, um jenes Dies-da, das am unteren Ende einer Begriffspyramide auftaucht und sich einer völligen Bestimmung entzieht, es geht auch um Singuläres, um Eigenartiges, das eine Eigengestalt gewinnt, eigenen Gesetzen gehorcht, eine Eigenentwicklung durchmacht, das auf diese Weise seine eigene Vergangenheit und Zukunft durchlebt und nicht bloß dem zeitlichen Werden unterliegt. Der alte Satz *individuum est ineffabile* läßt sich ersetzen durch den Satz *individuum est irrepetibile.* Was fortan ›Geschichte‹ heißt, nimmt hier seinen Ursprung. Wenn

Singuläres sich wiederholt, müßte es sich dann nicht in toto wiederholen? Von daher ergibt sich eine neue Nähe zum Mythos, zur Erzählung, wie sie uns auf existentielle Weise bei Kierkegaard, auf ethisch-kosmische Weise bei Nietzsche begegnet.

Die zweite Einbruchsstelle bildet die neuzeitliche Vernunft, die anders als der alte Kosmos nicht nur Spielräume der Kontingenz offenläßt, sondern selbst von Kontingenz befallen wird.[3] Wenn Ordnungen nicht an Entstehungsprozessen und Grundnormen gemessen werden, verweisen sie auf Entstehungsprozesse und Entstehungsorte, die man mit Husserl und Heidegger als Stiftungen bezeichnen kann. In der Stiftung entsteht eine neue Ordnung, selbst wenn sie sich, wie die verschiedenen Renaissancen, als Erneuerung älterer Ordnungen ausgibt. Darin liegt ein zweites Charakteristikum dessen, was nun ›Geschichte‹ heißt. Diese beschränkt sich nicht auf das Feld der Tatsachen, denn als Vernunft- oder Sinngeschichte generiert sie Geschichtsräume oder Geschichtsepochen, die voneinander geschieden sind. Auch diese Geschichte wiederholt sich nicht, außer in karikierter Form. So beginnt Marx seinen Essay *Der 18. Brumaire des Louis Bonaparte* mit der lapidaren Feststellung: »Hegel bemerkt irgendwo, daß alle großen weltgeschichtlichen Tatsachen und Personen sich sozusagen zweimal ereignen. Er hat vergessen hinzuzufügen: das eine Mal als Tragödie, das andere Mal als Farce« (MEW 8, 115).

Die Polarisierung, der unser Augenmerk gilt, ist deutlich zu greifen in der *Querelle des Anciens et des Modernes*, die eine symptomatische Bedeutung gewinnt. Die eine Position bestimmt sich in Gegenstellung zur anderen und bezieht daraus ihre polemische Motivationskraft. Traditionalisten orientieren sich am Immer-Schon der Vergangenheit, während Modernisten und Futuristen vom Noch-Nicht einer ungeahnten Zukunft bewegt werden. Im ersten Fall gilt: Alles Entscheidende wiederholt sich, und zwar nicht nur in Form verbriefter Vorrechte, sondern auch in Form angeborener Grundrechte, während man im zweiten Falle sagen könnte: Nichts Entscheidendes wiederholt sich, selbst Grundrechte warten auf eine neuartige Verwirklichung, ganz zu schweigen von konkreten Erfindungen und Schöpfungen, die zeitlich erprobt werden. Der Wiederkehr des Gleichen tritt die Schöpfung des Ungleichen

3 Vgl. Bernhard Greiner und Maria Moog-Grünewald (Hg.), *Kontingenz und Ordo – Selbstbegründung des Erzählens in der Neuzeit* (2000).

gegenüber, der Re-greß findet im Pro-greß seinen Widerpart mit all den Polemiken, die aus diesem Gegensatz entspringen.[4] Dieser Gegensatz dringt in alle Kultursphären ein. Fortan hat nicht nur die Politik ihre ›Rechten‹ und ihre ›Linken‹, sondern auch Kunst und Religion bringen entsprechende Parteiungen hervor. Es bildet sich eine Avantgarde heraus, die den Akademien und Schulen den Kampf ansagt. Die Wiederholung gerät als bloße Bestätigung des Bestehenden in Verruf, umgekehrt wird der Fortschritt, der Neues hervorzubringen verspricht, als solcher zum Argument. »Wer rastet, rostet.« Kierkegaards provokativer Satz, der sein Wiederholungsexperiment begleitet: »[...] denn überdrüssig wird man nur des Neuen. Des Alten wird man nie überdrüssig« (1956, S. 330), gewinnt seinen Sinn als Replik auf Fortschrittsparolen, die partielles Recht durch überzogene Totalitätsansprüche verspielen. Nietzsche stößt in seiner Zweiten *Unzeitgemäßen Betrachtung* bei der Behandlung des Verhältnisses von Historie und Leben auf zerstörerische Extreme, die sich wechselseitig befeuern. Dem »rastlosen kosmopolitischen Wählen und Suchen nach Neuem und immer Neuem« tritt die Ablehnung und Anfeindung alles Neuen und Werdenden entgegen, das »widrige Schauspiel einer blinden Sammelwut, eines rastlosen Zusammenscharrens alles einmal Dagewesenen«; »Neubegier« schlägt um in »Altbegier« (KSA 227 f.). Im Hintergrund dieses Widerstreits halten sich allerdings Voraussetzungen, die älteren Epochen entstammen und ein Amalgam aus Altem und Neuem entstehen lassen. So wird dem Subjekt ein intelligibler Charakter und eine unveräußerliche Würde zugeschrieben, die sich zeitlichen Einflüssen entziehen, und die ›Vernunft in der Geschichte‹ läuft, allen historischen Wechselfällen zum Trotz, auf eine Wiederkehr im Großen heraus, die den Mythos streift. Was heute ›Postmoderne‹ heißt, beruft sich mit Jean-François Lyotard auf den Zusammenbruch der ›großen Erzählungen‹. Bedeutet dies, daß mit einem Male alles wieder möglich ist? Müssen wir uns auf eine hemmungslose ›Wiederkehr des Verdrängten‹ gefaßt machen? Oder bedarf es geeigneter Balanceakte, um den Verschiebungen der Zeit Rechnung zu tragen?[5]

4 Zur Vieldeutigkeit der betreffenden Präfixe vgl. vom Verf. *Antwortregister* (1994), S. 269.

5 Die Erklärung der Postmoderne für Kinder, mit der Lyotard übereilten Konsequenzen entgegentrat, weist ebenfalls in diese Richtung, so etwa in der Inanspruchnahme des *futur antérieur* (1988, S. 31).

5. Unwiederholbares in der Zeit

Die Fragen, die uns die Gegenwart aufdrängt, führen mitten in unsere Thematik hinein. Was wir unter dem Titel einer verändernden Kraft der Wiederholung angekündigt haben, besagt, daß die Wiederholung eine neue Funktion gewinnt, teils auch zurückgewinnt. Ich knüpfe an die minimalen Anfangsbestimmungen an, vor allem an die Formel von einer »Wiederkehr des Ungleichen als eines Gleichen«, indem ich im Anschluß an das vorige Kapitel zeitlichen Verschiebungen das gebührende Gewicht einräume.

Beginnen wir mit der Zeit als einem Generator von Identität. Letztere beschränkt sich keineswegs darauf, daß etwas Selbes gegeben ist, das sich zwar unter verändernden Bedingungen und Umständen wiederholt, aber in seinem Kern unverändert bleibt, mag dieser Kern auch zusammenschrumpfen zu einem unbestimmten X, einem bloßen Träger von Prädikaten. Vielmehr geht Identität hervor aus einem Prozeß der Identifizierung, einer Identifizierung *durch Wiederholung*. Dabei gilt es zu beachten, daß dieser Prozeß zunächst als passive Identifizierung im Sinne von Husserls passiver Synthesis zu verstehen ist. Eine aktive Identifizierung würde bereits einen Identifikatoren voraussetzen, dessen Identität fraglos feststünde, so daß das alte Substanz- oder Subjektdenken sich erneut einschleichen würde. Eine radikale Form von Identitätsbildung besagt, daß etwas zu dem wird, was es ist, und daß jemand zu dem wird, wer er oder sie ist, *indem* etwas oder jemand sich wiederholt. Hier gilt das englische Sprichwort: »Time will tell«. Auch personale Identitäten, auf die man sich so gern und schnell beruft wie auf Markenzeichen, verweisen auf einen Prozeß der Selbst- und Fremdidentifizierung. Der Neurologe Ernst Pöppel führt Zeitmessungen an, die zeigen, wie sehr jeder Tageslauf Identitätsschwankungen mit sich bringt, so »daß wir zu verschiedenen Tageszeiten nie dieselben sind« (1997, S. 114). Identität gibt es nur, wo ich immer wieder auf etwas zurückkomme und zurückkommen kann (vgl. Hua I, 95; IX, 110, 326). Gilles Deleuze hat Husserls Gedanken einer Identitätsbildung durch Wiederholung weiter verschärft, indem er großes Gewicht auf eine Differenz legte, die jede Wiederholung des Selben vorantreibt.[6]

6 Verwiesen sei auf die ausführliche Präsentation der entsprechenden Texte von

Unter Urproduktion verstehe ich eine Produktion, die als maßgebende Urstiftung auftritt: innovativ, inaugurativ und regelsetzend. Reproduktionen erweisen sich demgegenüber als maßnehmend, regelgeleitet und ordnungsgemäß. Selbst Stiftungen, die eine Ordnung im ganzen und nicht Einzelheiten innerhalb der jeweiligen Ordnung betreffen, reproduzieren sich in Form von Nachstiftungen. Jedes Schulkind, das Mathematik lernt, vollzieht für sich selbst eine solche Nachstiftung, wenngleich leider oft nur in einer recht gegängelten, automatisierten Form und im Wettbewerb mit dem maschinellen Rechner. Die Unterscheidung zwischen Urproduktion und Reproduktion findet ihren Ausdruck in der Differenz zwischen Neuartigem und Neuem; dementsprechend ist der Neumond (frz. *nouvelle lune*) kein neuer Mond (*lune nouvelle*). Wenn wir eine derartige Unterscheidung treffen, wie auch Alfred Schütz dies in seiner Sozialphänomenologie tut (vgl. Schütz 1971, S. 108), so müssen wir freilich hinzufügen, daß es eine reine Urproduktion, bei der sich nichts wiederholt, ebensowenig gibt wie eine reine Reproduktion, bei der sich alles wiederholt. Unwiederholbares ohne Spuren der Wiederholung entspräche einem *absoluten Original*, es würde uns völlig sprachlos machen. Umgekehrt gliche eine Wiederholung ohne Unwiederholbares der *reinen Kopie*; sie würde uns in einen Spiegelsaal versetzen, der keinen Blick ins Freie gestattet. Die verändernde Kraft der Wiederholung bewährt sich in der Verklammerung von Urproduktion und Reproduktion.

Doch davon abgesehen gibt es eine Skalierung, verbunden mit der Möglichkeit von Grenzfällen und Grenzwerten, die bei extremen Erfahrungen, bei pathologischen Abweichungen, aber auch bei künstlerischen, technischen und denkerischen Experimenten eine beachtliche Rolle spielen. Man kann durchaus behaupten, daß Normalität erst im Lichte von Anomalien faßbar wird und daß wir Ordnungsgrenzen erst entdecken, indem wir sie überschreiten. Was in solchen Grenzprozessen geschieht, können wir uns klarmachen, wenn wir in der von uns verwendeten Grundformel »Wiederkehr des Ungleichen als eines Gleichen« den Ton auf das Als legen, das gleichsam als sprachliche Drehscheibe fungiert und

Husserl und Deleuze und ihre poetologische Nutzbarmachung durch Eckhart Lobsien: *Wörtlichkeit und Wiederholung – Phänomenologie poetischer Sprache* (1995), besonders Kap. 7 (»Die Zeiten und die Wiederholung«, S. 16-190) und Kap. 8 (»Wörtlichkeit, Reproduktion, Modifikation, Wiederholung«, S. 191-222).

die Umschlagstelle bezeichnet, an der die Alchimie der Wiederholung ihre gleichmachende Wirkung ausübt. Dieses Als taucht überall dort auf, wo sich ›etwas als etwas‹ gibt und zeigt oder wo ›etwas als etwas‹ gemeint, aufgefaßt oder gedeutet wird. Dieses Als markiert das, was ich eine signifikative Differenz zu nennen pflege. Diese Differenz scheidet das Was des Erscheinens von seinem Wie, sie scheidet das Sein von seinem Sinn, oder wie immer man die Glieder der Differenz benennen mag. Das Schreckgespenst einer Verdinglichung oder Ontologisierung dessen, was in der Erfahrung in raumzeitlicher Form auftaucht, findet darin keine Nahrung; es gehört in die Rumpelkammer, nicht in die Waffenkammer des Denkens. Entscheidend ist, daß Was und Wie, Sein und Sinn nie zusammenfallen; doch das schließt nicht die Möglichkeit aus, daß ein Moment durch das andere nahezu aufgesogen wird und nahezu zum Verschwinden kommt. Dieses Nahezu kennzeichnet polar auftretende Grenzerfahrungen.

Auf der einen Seite haben wir Schockerfahrungen, die uns unvorbereitet und unvermutet treffen, Fulgurationen, die wie Blitze aus heiterem Himmel kommen, oder seltsame Fremdkörper, die unsere gewohnte Erfahrung nicht zu verarbeiten vermag. Etwas, das auftritt, ohne daß es als etwas erfahren wird, erweist sich als unwiederholbar in einem radikalen Sinne. Es nähert sich dem Zustand, wo etwas schlechthin ungleich *ist* und wir, mit Platon zu reden, in einem »unergründlichen Meer der Unähnlichkeit« zu versinken drohen (*Politikos* 273 d-e). Dieser Verflüssigung von allem und jedem stehen stereotype Verhaltensserien gegenüber, wo etwas (oder auch jemand) in seinem ›als etwas‹ erstarrt und gefriert, wo es sich also nur noch wiederholt und einem Zustand zustrebt, in dem es schlechthin gleich ist. Man kann diese extreme Polarisierung verschieden beschreiben, als warme oder kalte Erfahrung, wenn man die affektive Beteiligung berücksichtigt, aber auch als Gegensatz von kontextlosen und kontextfixierten Sprach- und Kommunikationsweisen. Ich denke dabei an Roman Jakobsons grundlegende Studie *Zwei Seiten der Sprache und zwei Typen aphatischer Störungen* (1974, S. 123-133). Jakobson geht von zwei sprachlichen Operationen aus; einerseits gibt es Kombination und Kontextbildung, die sich auf der syntagmatischen Achse abspielen, andererseits Selektion und Substitution, die der paradigmatischen Achse zuzuordnen sind. Nähert sich das sprachliche Verhalten einer Kombination ohne Selektion, so spinnt es sich ein in einen geschlossenen Kontext. Der Aphasiker kann nur noch auf Stichworte oder auf die aktuelle Situation reagieren; den Satz »es regnet« kann er nur aussprechen, wenn es wirklich regnet. Nähert sich das Verhalten dem Gegenextrem einer Selektion ohne Kombination, so geht jeder Zusammenhang verloren. Es bleiben nur noch Sprachbrocken zurück wie Wortanhäufungen oder Ein-Satz-Äußerungen, es entsteht der sogenannte Telegrammstil. Der Gegensatz von Denormalisierung und Hypernormalisierung läßt sich schließlich auch bildnerisch nutzen, also etwa in dem Versuch, die Kunstdarbietung in einem vielfach schockierenden Happening explodieren zu lassen oder umgekehrt das Immer-Gleiche von Serienprodukten, das bis zur Imageverfertigung öffentlicher Personen reicht, durch gezielte Stereotypisierung zu überbieten, wie es in der Pop Art geschieht. Doch offensichtlich sind Extrembildungen einer besonderen Abnutzung ausgesetzt, und sie schlagen leicht in ihr Gegenteil um. Dies gilt namentlich für die Annäherung an eine wiederholungslose Innovation. Witze, die in der Witzelei chronisch werden, oder Gruselkabinette und Horrorfilme, die uns von einer Überraschung in die andere fallen lassen, und auch schockierende Nachrichten, die sich häufen, büßen ihre auflockernde oder aufrüttelnde Wirkung ein. Die reine Wiederholungslosigkeit rächt sich durch eine besonders sterile Form der Wiederholung.

Abgesehen von solchen Abnutzungserscheinungen kann man sagen, daß die Spannung zwischen Sehen/Sichtbarwerden und Gesehenem oder jene zwischen Sagen/Zur-Sprache-Kommen und Gesagtem nicht auf solche Extrembildungen angewiesen ist, um ihre produktive Kraft zu entfalten. Doch mich interessiert noch etwas anderes. Extreme können nicht nur in ihr Gegenteil umschlagen, sie können auch einer *coincidentia oppositorum* zustreben, und zwar ausgehend von der reinen Wiederholung. Jakobson nähert sich dieser Möglichkeit, indem er in seiner Studie »Linguistik und Poetik« (1972, bes. S. 126, 135-139) eine eigentümliche poetische Funktion der Sprache in Betracht zieht. In diesem Falle bezieht sich die Sprache nicht wie üblich auf Gesagtes, sondern sie kommt auf ihr eigenes Sagen zurück, indem sie das Prinzip der Äquivalenz von der paradigmatischen Achse der Selektion auf die syntagmatische Achse der Kombination überträgt, so daß die Similarität die Kontiguität überlagert. Bedeutsam sind auch die Zeit-Spekulationen von Deleuze, die das Problem mittels einer Gabelung in »reines Ereignis« und »reines Zeichen« aufrollen (vgl. Lobsien 1995, S. 168). In unserer eigenen Diktion können wir sagen, daß die Wiederholung aufhört, in der bloßen Wiederholung zu erstarren und in der Redundanz nichtssagender Wiederholungen zu versickern, wenn sich nicht etwas als etwas wiederholt, wenn nicht Ungleiches als Gleiches wiederkehrt, sondern vielmehr die Wiederkehr selbst wiederkehrt. So etwas begegnet uns in gewissen Zeitexperimenten des Gegenwartstheaters, die – so bei Pina Bauschs Wuppertaler Inszenierung von Béla Bartóks Oper *Herzog Blaubarts Burg* – ein »Aufmerken auf die winzigen Unterschiede« bewirken (Lehmann 1999, S. 334-337). Im Gegensatz zur identitätsbildenden, voranschreitenden Wiederkehr haben wir es mit einer Wiederholung *auf der Stelle* zu tun,[7] einer an sich haltenden, sich steigernden, einer potenzierten Bewegung. Ein sinnfälliges Beispiel liefert die ornamentale Kunst des Orients, für die uns in der westlichen Kultur die rechten Namen zu fehlen scheinen. Gewiß handelt es sich hier nicht um einen bloßen Zierrat, um eine schmückende Zugabe oder um eine ihrem Gegenstand anhängende Schönheit, wie Kant sie in seiner *Kritik der Urteilskraft* (§§ 14, 16) in Betracht zieht – denn was sollte diese Ornamentik schmücken oder verschönern, und wem sollte sie anhängen? Ziehen wir es dagegen vor, von nicht-figurativer Kunst zu sprechen, so wählen wir eine bloß negative Kennzeichnung, die einzig dann einen Sinn ergibt, wenn wir eine Figur oder einen Gegenstand erwarten. Doch einer Kunst die – wie die islamische – auf figurative Darstellungen verzichtet, fehlt nichts. Sie folgt ihren eigenen Gesetzen, darunter solchen einer Wiederholung, die *auf etwas* antwortet, ohne dieses Worauf auf die referentiellen oder semantischen Bahnen eines *etwas als etwas* zu lenken. Der eigentümliche Sog, der von dieser Gleichförmigkeit ausgeht, zeigt eine gewisse Verwandtschaft mit mystischen Versenkungen, bei denen der Hintergrund zum Abgrund wird. Man wird nicht sagen können, daß die besonders geartete Responsivität der Sinne, die sich hier andeutet, in der traditionellen westlichen Kunst fehlt, doch wird sie vielfach durch ein Übermaß an figürlichen und szenischen Darstellungen zurückgedrängt oder überlagert, zumal auf

7 Vgl. dazu das Motiv einer *ascension sur place* bei Merleau-Ponty (1964, S. 231, dt. S. 229).

seiten eines Betrachters, der sich an Alltagserwartungen orientiert. Wir geraten hier auf das Feld einer interkulturellen Ästhetik und Ästhesiologie, die zeitliche und räumliche Strukturen der Erfahrung einzubeziehen hat.

Die Beispiele, die wir eingeblendet haben, deuten an, daß die Zeit nicht bloß Identisches in der Differenz erzeugt, sondern Abgründe aufreißt, die sich nicht schließen. Dies führt uns zu einem zweiten grundlegenden Aspekt der Zeit, der für uns zentral ist, nämlich zur Zeit als einem Vorgang der Verschiebung, der Verzögerung, des Aufschubs, durch den der Wiederholungsprozeß sich weiter verschärft. Die Linearität der Zeit, die sich auf ein Vorher und Nachher ausrichtet und damit ein relativ oder gar absolut Erstes und Letztes ins Spiel bringt, verwandelt sich in ein Zickzack, sofern etwas zugleich hier ist und dort, jetzt und einstmals oder später, so und anders, sofern also jede Identität durch eine Nicht-Identität ausgehöhlt wird. Dies bedeutet, daß das, was uns trifft, immer zu früh kommt, gemessen an unseren eigenen Initiativen, und daß diese immer schon zu spät kommen, gemessen an dem, was auf uns einwirkt. Die Zeitverschiebung, von der schon ausführlich die Rede war, besteht in diesem Zugleich von Vorzeitigkeit und Nachträglichkeit, die man mit Levinas als Diachronie bezeichnen kann.

Die Vergangenheit zieht sich damit zurück in die Vorvergangenheit, die niemals Gegenwart war. Das betrifft unsere Geburt, deren Vorgängigkeit sich wiederholt, wenn immer Neues und Fremdes in unsere Ordnungen einbricht. Hinzu kommt, daß jede Wirkung, die uns unvorbereitet und mehr oder weniger schutzlos trifft, eine verletzende Wirkung ausübt, die wir in den Extremfällen einer lähmenden, alle Antwortmöglichkeiten unterbindenden Wirkung als Trauma bezeichnen. Das griechische Wort Pathos gibt den schillernden Charakter, der jedem Widerfahrnis anhaftet, treffend wieder. Die Nachträglichkeit der Sinnbildung hebt schon Husserl hervor, wenn er in seinen Zeitanalysen auf eine »Rückwirkung« des Neuen auf das Alte stößt und feststellt, daß sie der Reproduktion eine besondere »Färbung« verleiht (Hua X, 54). Was uns affiziert, weist zurück auf Unvordenkliches, auf etwas, das wir nicht einmal in der Erinnerung auffangen und einfangen können, weil es einem Urvergessen bzw. einer Urverdrängung unterliegt. In diesem Sinne bedeutet Prousts Suche nach der verlorenen Zeit eine Suche nach dem, was der Erzähler nie gehabt hat, so etwa die absolute Nähe zur

Mutter, die der junge Marcel so schmerzlich vermißt.[8] Sofern die eigene Vergangenheit an bestimmte Triebschicksale geknüpft ist, die nicht unserer Lenkung unterliegen, gehen in die Wiederholung Momente eines Wiederholungszwanges ein, dessen Unlust Freud sehr zu schaffen gemacht hat. All dies spricht für eine genuine und originäre Wiederholung, die Kierkegaards frühe Intuitionen bestätigt. Anfänge und Ursprünge sind uns nur in Form von Wiederholungen zugänglich, die etwas wiederholen, das sich immer schon unserem Zugriff entzogen hat. Dies besagt nicht, daß es keine Ursprünge gibt, denn Abwesendes ist nicht nichts, und der Entzug ist selbst eine Art von Erfahrung.

Der Vorvergangenheit, die nie Gegenwart war, korrespondiert eine Nachzukunft, die nie Gegenwart sein wird, da sie sich nicht auf unsere Entwürfe reduzieren läßt. So wie die Vergangenheit uns zuvorkommt, so überkommt uns die Zukunft. Die »Frühgeburt einer noch unbewiesenen Zukunft«, von der Nietzsche spricht (KSA 3, 635), und – so füge ich hinzu – einer unbeweisbaren Zukunft gehört einem Zweiten Futur an. Das normale oder Erste Futur besteht darin, daß etwas *noch nicht* ist und noch aussteht, und dies in klarer Scheidung von dem, was jetzt *ist* oder *nicht mehr* ist, während das Zweite Futur sich dadurch auszeichnet, daß etwas mit mir *schon sein wird*, daß etwas schon im Gange ist, wenn ich einschreite. Dieses Zweite Futur, das eigentlich das Erste ist, liegt zugleich vor uns wie hinter uns.[9] Das gewöhnliche Futur gleicht der Abfolge zweier Stimmen, während das Zweite Futur einer Fuge gleicht, in der eine Stimme in der anderen beginnt. Ein Futur, das in dem, was uns widerfährt, schon begonnen hat, ist durch Möglichkeiten und Unmöglichkeiten charakterisiert, die wir auf immer vor uns haben, eben weil sie weiter zurückreichen als unser eigenes Tun und Lassen. Deshalb hat selbst eine Innovation, die über eine Variation des Selben hinausgeht, Züge der Wiederholung an sich. Diese paradoxe Verklammerung von Vor und Zurück deutet sich bei Kierkegaard an, wenn er die Wiederholung als ein Sich-nach-vorn-Erinnern versteht, und dem schließt Heidegger sich an, wenn er in *Sein und Zeit* (§ 31) von einem »geworfenen Entwurf« und einer »geworfenen

8 Ich verweise auf meine Proust-Interpretation: »Die verspätete Antwort« (1995, Kap. 21).

9 Wenn im Griechischen das Zukünftige als τὰ ὀπίσω bezeichnet wird, also als das, was in unserem Rücken, was hinter uns liegt, so trifft dies nur die eine Seite.

Möglichkeit« ausgeht. Ein Fatalismus wird daraus erst dann, wenn man das Fremde in uns, das uns anrührt, fesselt, verletzt, während es sich uns entzieht, in eine fremde Macht verwandelt, die über unsere Köpfe hinweg regiert. Hier und erst hier schlägt Phänomenologie in Mythologie um.

Als dritter und letzter Aspekt der Zeit sei ihre Selbstbezüglichkeit bedacht, die uns bereits früher begegnet ist. Was im Bereich unserer Erfahrung entsteht und sich uns darbietet, fällt nicht einfach *in die Zeit* wie in einen reißenden Strom, es nimmt auch Abstand *von der Zeit*. Wie das Ich sich in ein Ich des Aussagens und ein Ich der Aussage verdoppelt, so verdoppelt sich auch die Zeit in eine Zeit des Aussagens und der Aussage. Hier und jetzt entspringen Zeit und Raum, und doch läßt sich dieses Hier und Jetzt lokalisieren und datieren, wie jeder Briefschreiber weiß. Das Jetzt in seiner Augenblicklichkeit ist weder ein pures *nunc fluens* noch ein pures *nunc stans*, sondern ein *nunc distans*. Diese Figur der Selbstverdoppelung und Selbstspaltung, die recht eigentlich unsere leibliche Existenz bestimmt, findet sich überall dort, wo wir weder in die Grenzen einer Ordnung eingeschlossen, noch über sie hinaus sind, wo wir vielmehr Grenzen einer Ordnung überschreiten, ohne sie zu überwinden. Dies besagt, daß auch die Wiederholung sich als Selbstwiederholung vollzieht, begleitet von all den Paradoxien, die einem solchen Selbstbezug innewohnen. Wenn es Unwiederholbares gibt, so in der Wiederholung selbst, da sie geschieht, ohne daß sie sich in ein wiederholbares Etwas verwandeln ließe. Epiphanien verschiedener Art, die uns bei modernen Autoren wie Joyce, Proust oder Musil begegnen, sind keine Ereignisse, die lediglich sich selbst feiern, wie eine gewisse spätzeitliche Ästhetik es uns einreden will; sie verweisen vielmehr auf einen Überschuß in allen Phänomenen, auf das Unsagbare, Unsichtbare, Unhörbare, Unberührbare in allem Sagen, Sehen, Hören und Berühren. Sie verweisen auf jenes Ungleiche, das nur als Gleiches wiederkehrt, aber nicht schlichtweg gleich ist. In den ästhesiologisch-ästhetischen Grenzbetrachtungen, die ich in den *Sinnesschwellen* unternommen habe und die sich im zweiten Band dieser Studien fortsetzen werden, geht es immer wieder um solche Überschüsse. Aber es scheint mir wichtig, den okkasionellen Charakter dieser Überschüsse zu betonen, weil ein direkter Zugang, der sich geradewegs auf das Fremde, das Undarstellbare oder das

Unwiederholbare einstellt, eine sublime, wenn auch negative Identifizierung nach sich zieht.

Wenn aus diesen Überlegungen etwas folgt für die Ausbildung kultureller Praktiken, so scheint mir dies ein Agieren auf der Grenze, die Ordentliches von Außerordentlichem trennt. Die Leitdifferenz Altes/Neues oder Rückschritt/Fortschritt mit all den Ordnungsvorstellungen, die sie belasten, und mit all den Illusionen, die sie verbreiten, weicht damit der Leitdifferenz Ordentliches/Außerordentliches. Die Wiederholung spielt hierbei ihren Part als ein Wiedersagen, das sich als Widerrufen selbst ins Wort fällt, als ein Antworten, das Fremdes im Eigenen wiederholt.[10] Der Rest ist funktionale Anpassung, die das Unwiederholbare einplant, oder Exzentrik, die sich in der Zurschaustellung des Unwiederholbaren gefällt.

10 Vgl. hierzu das Doppelmotiv von *redire* und *dédire* bei Levinas in seiner Schrift *Jenseits des Seins* und dazu meine Überlegungen zur Wiederkehr von Ansprüchen in: *Antwortregister* (1994), S. 377-398.

7. Die Wahrscheinlichkeit von Zukünftigem im Anschluß an Aristoteles

In ihrem intermediären Charakter erweist sich die Wahrscheinlichkeit als eine recht menschliche Kategorie. Ihre Mißdeutung, auch ihre philosophische Mißdeutung, liegt nahe. Bedroht ist sie einerseits von der Ungeduld der *Alles-wissen-wollens*, andererseits von der Resignation angesichts eines *Nicht-wissen-könnens*, und werden solch extreme Haltungen vermieden, so bleibt als Ausflucht der Versuch, ihre *Bedeutung zu minimalisieren*. Die Deutung der Wahrscheinlichkeit ist ein möglicher Prüfstein dafür, wieweit die Eigenart menschlichen Erkennens und Tuns gewahrt bleibt. Die Wahrscheinlichkeit trägt selbst einen zeitlichen Index. Wäre alles im Nu erkannt oder getan, so würde das Wahre und Gute allen Schein abwerfen. Das Wahrscheinliche wäre allenfalls das zeitweilig Wahre. Anders steht es, wenn das, was ist, nur ›mit der Zeit‹ zum Vorschein kommt und wenn selbst das Abzählen, das mit festen Maßeinheiten rechnet, ›seine Zeit‹ braucht.

1. Handlungsperspektive

Die Wahrscheinlichkeit zeigt verschiedene Aspekte. Wir werden sie unter einer bestimmten Perspektive betrachten als Komponente eines entschiedenen *Ich-werde-tun*, das seinerseits mit den Umständen eines *Es-wird-geschehen* verflochten ist. Wir fragen uns also: Welche Rolle spielt die Wahrscheinlichkeit als Moment des praktischen Wissens, das selbst wiederum eine Seite des praktischen Verhaltens darstellt? Für das Ich-tue läßt sich auch ein Du-tust einsetzen, wofern das fremde Handeln dem teilnehmenden Blick ausgesetzt bleibt und nicht gänzlich der objektivierenden Beobachtung überantwortet wird. Daß das Ich-tue darüber hinaus im konkreten Verbund eines Wir-tun und auf dem anonymen Hintergrund eines Man-tut in Kraft tritt, bietet einen zusätzlichen Aspekt, den wir zunächst stillschweigend voraussetzen. Wir orientieren uns also an der Lebenspraxis, die nicht ausschließlich, aber stets auch von ihren Zielen her zu verstehen ist. Diese Perspektive ist insofern grundlegend, als sie in aller Theorie, einschließlich der »theoretischen Praxis« (Hua VI, 135), vorausgesetzt ist. Das gilt für die Philosophie ebenso wie für die Wissenschaften. Wir leben bereits in einer Welt, wenn wir unser Weltleben thematisieren und problematisieren. Die Frage, was wir *als Wissenschaftler* wissen können, wenn wir unser Handeln nicht bloß verstehen und deuten, sondern es statistischen und probabilistischen Gesetzen unterwerfen, die Frage ferner, was wir *als Philosophen* wissen können, wenn wir uns auf die Grundlagen unseres Handelns besinnen, verweist auf die grundlegende Frage, was wir *als Menschen* wissen können, als die wir zunächst auf alltägliche Weise mit Dingen, Lebewesen, Mitmenschen, Werken und Instrumenten umgehen, eingebettet in ein Feld von Symbolen, Medien, Praktiken und Techniken, die unser Handeln durch und durch prägen, wenn wir essen und trinken, arbeiten und feiern, ruhen und reisen, lieben und kämpfen, reden und schweigen. Alle Auslegungen und Erklärungen setzen die Frage nach dem, was der Mensch als Mensch ist, voraus, auch wenn wir sie gewöhnlich stillschweigend beantworten. Selbst wenn wir von der alltäglichen Erfahrung Abstand nehmen, bleiben wir an ihr Wirken gebunden. Dies gilt für die Wo- und Wann-Fragen, die mit der Wer-Frage des Fragenden aufs engste verquickt sind, und ebenso gilt es für das Motiv der Wahrscheinlichkeit, mit dem wir es im folgenden zu tun haben. Das *Wissen um die Wahrscheinlichkeit* verwandelt diese nicht selbst in ein bloßes Wissen, und zwar auch dann nicht, wenn wir dem Streben nach Vergewisserung, nach einer grundlegenden βεβαίωσις (*Politikos* 309 c) oder einer methodisch zu erzielenden *certitudo* folgen. Daß ein Purismus der Gewißheit der Wahrheit nicht bekommt, ist im übrigen eine Einsicht, die in unserer Zeit auf vielfältige Weise zurückgewonnen wurde.

Die folgenden Analysen setzen bei Aristoteles an, indem sie dessen grundlegenden Bemühungen in die Perspektive einer Phänomenologie und Hermeneutik des Handelns rücken. Daß dies nur ein erster Schritt ist, heißt nicht, daß man ihn überspringen kann. Uns selbst interessiert hierbei in erster Linie die Verquickung der praktischen Orientierung mit der Zeitigung unseres Handelns, die in der Bezugnahme auf Zukünftiges eine besondere Zuspitzung erfährt.[1]

1 Der folgende Text, der hier in leicht überarbeiteter und kommentierter Form vorgelegt wird, lag einem im Juli 1967 vor der Münchener Philosophischen Fakultät gehaltenen Habilitationsvortrag zugrunde. Für mich selbst bedeutet diese verspä-

Die systematischen und paradigmatischen Zeitanalysen der aristotelischen *Physik* geraten in ein gewisses Zwielicht, wenn wir nun ein singuläres Kapitel aus der Urteilslehre heranziehen, so wie wir an früherer Stelle die Raumanalysen der *Physik* vom grammatischen Gefüge der Kategorienlehre her in ein besonderes Licht gerückt haben. Zugleich wird die regionale Vielfalt der Zeit, die in Kapitel 5 bereits ansatzweise sichtbar wurde, durch die Berücksichtigung der Handlungszeit ergänzt. Diese Sonderform der Zeit erhält mit dem Thema der Wahrscheinlichkeit einen besonderen Akzent. Ähnlich wie die Wiederholung dringt auch die Wahrscheinlichkeit als ein sperriges Gut in unsere Erfahrung ein. Während die Wiederholung der Idealisierung Grenzen setzt, läßt die Wahrscheinlichkeit unsere Planungen an ihre Grenzen stoßen. Eidos und Telos regieren nicht unumschränkt, wenn Chronos sich einmischt.

2. Die drohende Seeschlacht

Eine knappe Charakterisierung des Wahrscheinlichkeitsurteils findet sich in Kapitel 9 von *De interpretatione* (vgl. dazu Frede 1970). Eine umfassende Darstellung der aristotelischen Wahrscheinlichkeitslehre hätte noch weitere Passagen zu berücksichtigen: aus der *Psychologie* die vorprädikative Ausrichtung auf Zukünftiges in Form affektiv besetzter Erwartungen und Befürchtungen; aus der *Ethik* die Bedeutung des Situationswissens für ein überlegtes Handeln; schließlich aus der *Rhetorik* die beratende Rede, die sich anders als die Gerichtsrede oder die Festrede um Zukünftiges dreht und ausgiebig von Wahrscheinlichkeitsschlüssen Gebrauch macht. Doch unsere Passage aus der Urteilslehre ist in ihrer Engführung praktischer und epistemischer Überlegungen von unvergleichlichem Interesse, da sie an den Kern unserer praktischen Weltorientierung rührt.

Aristoteles schränkt den Geltungsbereich seiner These in doppelter Weise ein. Es ist nicht die Rede vom Immer-Seienden und Allgemeinen, sondern vom *Werdenden* und *Individuellen*, und darin wiederum nicht vom Gegenwärtigen und Vergangenen, sondern

tete Veröffentlichung eine eigene Form der Zeitverschiebung. Diese schließt nicht nur Provisorisches mit ein, sondern auch Improvisatorisches, indem sie Revisionen vorwegnimmt.

vom *Zukünftigen*. Als Beispiel dient eine Seeschlacht, die morgen stattfinden wird. Die entscheidende These lautet: Ein Urteil über Zukünftiges ist *weder wahr noch falsch*. Wohlgemerkt, es heißt nicht: Wir können jetzt *noch nicht wissen*, ob es wahr oder falsch ist, sondern: Es *ist* weder das eine noch das andere. Urteile über faktisch Vergangenes lassen sich prinzipiell bestätigen, wenn die entsprechenden Zeugnisse und Quellen vorliegen. Bei Urteilen über Zukünftiges ist diese Möglichkeit prinzipiell ausgeschlossen. Die Schlacht bei Salamis *hat* im Jahre 480 stattgefunden, wenn nicht alle Zeugnisse trügen, eine kommende Schlacht *kann* stattfinden.[2] Das *être* verwandelt sich in ein *peut-être*, das *be* in ein *maybe*. Der Wahrheitsgehalt entsprechender Aussagen ist demnach *prinzipiell unentscheidbar*. Wie Aristoteles ausdrücklich hinzufügt, *war* die Aussage auch dann nicht wahr, wenn das Vorausgesagte tatsächlich eintrifft; denn war die Voraussage zuvor schon wahr, so mußte das Vorausgesagte notwendigerweise eintreten.[3]

Aristoteles begründet seine These wie folgt. »Wenn jede Bejahung und Verneinung wahr oder falsch ist [also auch die Voraussage], so muß auch alles sein oder nicht sein.« Entgegen der Behauptung einer durchgängigen *Notwendigkeit* beruft er sich einerseits auf den im weiteren Sinne verstandenen *Zufall*,[4] andererseits auf das

2 Bei dieser Schlacht, die etwa anderthalb Jahrhunderte vor der Abfassung der aristotelischen Schrift stattgefunden hat, handelt es sich nicht um irgendeine unter vielen. Für Christian Meier bildet die Enge von Salamis eine Art »Nadelöhr, durch das die Weltgeschichte hindurch mußte«, um den östlichen Großreichen eine neue Form von Polis entgegenzusetzen (1993, S. 33); doch der Autor berücksichtigt auch die dabei auftretenden Zufälle, darunter die Wirkkraft eines Themistokles, selbst wenn es keine reinen Zufälle sind. Geben wir nach dem Historiker einem Entscheidungsdenker wie Kierkegaard das Wort: »Als Themistokles [laut Plutarch] bei dem Gedanken an die Triumphe des Miltiades schlaflos wurde, machte ihn gerade schlaflos, daß er die Wirklichkeit als Möglichkeit verstand; wäre er eifrig damit beschäftigt gewesen, ob Miltiades nun wirklich, und hätte er sich damit begnügt, daß Miltiades es nun wirklich getan hatte: er wäre kaum schlaflos geworden, wohl aber ein schläfriger oder höchstens ein tönender Bewunderer, aber kein Miltiades Nr. zwei. Und ethisch verstanden gibt es kein besseres Ruhekissen als die Bewunderung einer Wirklichkeit.« (*Unwissenschaftliche Nachschrift*, 2. Teil, 1959, S. 528 f.)

3 J. L. Austin faßt diese Unentscheidbarkeit sprachpragmatisch; er rechnet Vorhersagen zu solchen Feststellungen, die zu treffen wir *nicht in der Lage* sind (1962, S. 137, dt. S. 154).

4 Speziell unterscheidet Aristoteles zwischen der *Tyche* als unbeabsichtigter Neben-

überlegte Handeln. Die Berufung auf den Zufall zeigt, daß der Philosoph selbst in der Naturbetrachtung kein Vorgänger von Laplace ist. Freilich betrifft der Zufall nur Ausnahmefälle innerhalb einer feststehenden kosmischen Ordnung und nicht die radikale Kontingenz dieser Ordnung selbst, wie wir es aus der neueren Philosophie kennen. Während für Aristoteles offen bleibt, ob der Stein, der seiner Schwerkraft folgt, hierhin fällt oder dorthin, hält Hume es für möglich, daß er sich aufwärts bewegt, anstatt abwärts zu fallen. Der Naturlauf und mit ihm der Ablauf menschlicher Dinge kann völlig wechseln. So heißt es in der *Untersuchung über den menschlichen Verstand* (IV, 2: 1964, S. 46): »Kann ich mir nicht klar und deutlich vorstellen, daß ein Körper, der aus den Wolken fällt und in jeder anderen Hinsicht dem Schnee ähnlich ist, doch wie Salz schmeckt oder sich wie Feuer anfühlt?« Die induktive Durchforschung der Natur läßt keine schlechthin notwendigen Gesetze zu, sondern – wie auch Kant konstatiert – nur einen »glücklichen Zufall«, der unsere Absichten begünstigt (KU B XXXIV). Freilich rät schon Platon zur Vorsicht. So stellt er fest, daß die Untersuchungen über diese unsere Welt, die sich mit dem befassen, was wird, werden wird oder geworden ist, keinen festen Boden, kein βέβαιον erreichen, weil das Untersuchte selbst keinerlei Festigkeit, keine βεβαιότης besitzt (*Philebos* 59 a-b). Das zweite einschränkende Prinzip bildet das überlegte Handeln. Aristoteles spricht in diesem Zusammenhang nicht objektivierend über das Handeln wie ein Naturforscher, sondern ähnlich wie später Kant nimmt er die Perspektive des Handelnden ein. Wäre alles notwendig, »so brauchte man weder zu überlegen noch sich zu bemühen in dem Gedanken, daß das und das geschehen werde, wenn man so und so, und nicht geschehen werde, wenn man nicht so verfährt«.

Die Notwendigkeit im Bereich des Handelns ist also zwiefach eingeschränkt: durch die *faktische Unbestimmtheit* des »Es kann so geschehen oder so« und durch die *praktische Unbestimmtheit* des »Jemand kann so handeln oder so«. Eben deshalb ist das Urteil über Zukünftiges weder wahr noch falsch. Fände aber das Urteil über Zukünftiges als Zukünftiges keinerlei Anhalt in der Wirklichkeit, so könnten wir nicht einmal über die Zukunft sprechen. Wäre

folge einer Handlung und dem *Automaton* als einem Ereignis, das von selbst auftritt und das Zielgeschehen durchkreuzt; doch auf diesen Unterschied kommt es hier nicht an.

das jeweilig Zukünftige völlig unbestimmt, so wäre die Prognose ein reines Phantasieurteil, das mit Möglichkeiten spielt, ohne sich um die Wirklichkeit zu kümmern. Diese offene Bestimmtheit oder bestimmte Unbestimmtheit, mit der Husserl die offenen Horizonte unserer Erfahrung zu charakterisieren pflegt, steht durchaus im Einklang mit bestimmten Forschungsansätzen der neueren Neurologie, in denen das menschliche Gehirn als dynamisches System behandelt wird. So stellt Ernst Pöppel fest: »Die Unbestimmtheit menschlichen Handelns ist eine evolutionäre Anpassung an die partielle Unbestimmtheit der Natur. Nur weniger entwickelte Lebewesen [wie manche Polypen, die nur aus einem Typ von Neuronen bestehen] verfügen über ein vollkommen determiniertes Weltbild; ihre fixen, nicht veränderbaren Verhaltensprogramme machen sie unempfänglich für das Zufällige« (1997, S. 102 f.).

Die Einschränkung, der die Unbestimmtheit der Zukunft unterliegt, führt uns nun zum Thema der Wahrscheinlichkeit. Wie Aristoteles feststellt, *kann* die morgige Seeschlacht eintreten oder nicht; *notwendig* aber ist, daß sie *entweder* eintritt *oder* nicht. Auch das Zukünftige untersteht also den allgemeinen logisch-ontologischen Gesetzen; sonst wäre es nicht einmal denkbar als etwas, das *sein* wird. Doch diese Überlegung bedarf der Ergänzung. Zukünftiges ist jeweils *jetzt zukünftig* als etwas, das jetzt zu erwarten oder herbeizuführen ist. Die Zukunft setzt die aktuelle Gegenwart fort; sie erfüllt oder enttäuscht das, was in der Gegenwart angelegt ist oder angezielt wird. Eine völlig unbestimmte Zukunft wäre Korrelat einer völlig leeren Erwartung. Diese entspränge einer reinen Gedankenkonstruktion; gültig wäre sie nur für Wesen, die nicht bereits einen Standort in der Welt innehätten. Nehmen wir als Beispiel die Erwartung einer baldigen Seeschlacht. Als Erwartung geht sie aus von einer bestimmten *Situation*, die von politischer Dominanz, wirtschaftlicher Konkurrenz, Kriegstaktik, Rüstungsstand und ähnlichem abhängig ist. Diese Situation gibt den *Rahmen* ab für *verschiedene Möglichkeiten*, die in dem, was bereits wirklich vorliegt, mehr oder weniger deutlich vorgezeichnet sind. Es handelt sich, mit Husserl zu sprechen, um »motivierte Möglichkeiten«, motiviert durch den Erfahrungszusammenhang, und keineswegs um bloß »leere logische Möglichkeiten« (Hua III, § 47).

Urteile über solche Möglichkeiten sind, wie gesagt, weder wahr noch falsch, weil wir es nur mit Möglichkeiten zu tun haben. Aber da in einem situationsbezogenen Handlungsfeld nicht alle Möglichkeiten gleich nahe liegen,[5] kann das eine Urteil »wahrer« (μᾶλλον ἀληθές) sein als das andere. Dieser Komparativ läßt nun eine beliebige Steigerung zu. Als wahrscheinlich (εἰκός) gilt das, was zumeist (ἐπὶ τὸ πολύ) geschieht, und zwar im Bereich dessen, was auch anders sein kann (*Rhet.* I, 2, 1357 a 27 ff.). Die Wahrscheinlichkeit hält sich zwischen absoluter Gewißheit und absoluter Ungewißheit. Selbst wenn für etwas ›alles spricht‹, wie man sagt, so ist doch nicht sicher, daß es so kommt, weil dieses ›alles‹ nur eine komparative Allgemeinheit darstellt. Spricht schließlich für jede von mehreren Möglichkeiten gleich viel und halten bei der Erwägung Gründe und Gegengründe sich die Waage, so sehen wir uns einer ganz und gar offenen Situation gegenüber, die keinerlei vernünftige Prognose zuläßt. Hier ist, wie Aristoteles sich ausdrückt, das eine Urteil »um nichts wahrer« als das andere. Der so anstößig klingende Komparativ »wahrer als« bezeichnet ein Mehr an motivierenden Gründen im Falle einer Urteilssetzung, der die volle Bewährung durch die Wirklichkeit versagt ist.

3. Wahrscheinlichkeit und Häufigkeit

Der Wahrscheinlichkeit als einem Mittleren entspricht also die *bestimmte Offenheit des Gegenwartsfeldes*, das auf die Zukunft hin geöffnet ist und sich durch ein Mehr oder Weniger an Bestimmtheit auszeichnet. Immerzu müssen wir auf Überraschungen gefaßt sein, doch dabei können wir mit gewissen Regelmäßigkeiten rechnen und mit vorhandenen Regelstrukturen, die das Neue sozusagen auffangen. Neues tritt in eine Welt ein, die uns bis zu einem gewissen Grad schon vertraut ist. Die Interpretation des Unbekannten mit Hilfe des Bekannten geht aller kritischen Beurteilung voraus; sie vollzieht sich im Bereich der vorprädikativen Erfahrung, der Affektionen, der assoziativen Verknüpfungen und der gewohnten Auffassungen, die Husserl einer passiven Synthesis zurechnet. Die Frage »Wird es einen Krieg geben?«, die entsprechende Prognosen und Reaktionen hervorruft, setzt voraus, daß gewisse *Anzeichen*

5 Das trifft selbst auf die beiden Heuhaufen zu, zwischen denen Buridans Esel zu wählen hat, da schon die Rechts-Links-Differenz eine gewisse Asymmetrie aufweist.

auftreten, daß etwa *Befürchtungen* wach werden; andernfalls wäre die Frage ganz und gar müßig, sie beträfe eine völlig leere Möglichkeit. Laut Aristoteles geht auch der Redner in seinen induktiven Wahrscheinlichkeitsschlüssen von Zeichen (σημεῖα) aus *(Rhet.* I, 2, 1357 b 1 ff.), und laut Kant (Ausg. Weischedel, Bd. VI, S. 357) kann sich auch die Geschichtsbetrachtung an bestimmten »Geschichtszeichen« orientieren. Der wachsame kritische Zweifel bricht mit jedem naturalen oder historischen Fatalismus, indem er hinter jegliches »Es mußte so kommen« ein Fragezeichen setzt; er führt aber nicht hinaus aus dem Erfahrungsfeld mit seinen Wahrscheinlichkeiten, außer er verwandelt sich selbst in eine Doktrin. Das Urteil über Wahrscheinlichkeit setzt die Gegebenheit von Wahrscheinlichem schon voraus.

Bleiben wir zunächst auf der Urteilsebene. Ähnlich wie wir faktische von praktischer Unentschiedenheit abgehoben haben, können wir nun zwischen *faktischer* und *praktischer Wahrscheinlichkeit* unterscheiden. Erstere betrifft das, was zumeist geschieht, letztere das, was man zumeist tut. Damit scheint sich die aristotelische Wahrscheinlichkeitslehre den Wahrscheinlichkeitstheorien anzunähern, die in unseren empirischen Wissenschaften den Ton angeben. Doch alles hängt davon ab, was wir unter dem Zumeist, dem ἐπὶ τὸ πολύ, verstehen.

Aristoteles billigt den Naturgesetzen Ausnahmen zu, doch werden die Gesetze nicht selbst einer radikalen Kontingenz überantwortet. Die Physik steht unter dem Grundsatz: »Der Gott und die Natur tun nichts umsonst (μάτην)« *(De caelo* I, 271 a 33). Als das eigentliche Feld der Wahrscheinlichkeit gilt nicht die Natur, sondern die Durchschnittlichkeit des menschlichen Handelns, das heißt, das Verhalten selbst, mit dem sich Ethik und Politik befassen, und die Beeinflussung des Verhaltens, mit dem sich die Rhetorik abgibt. Dieses Zumeist geht nicht aus einer Messung hervor, sondern es handelt sich um eine Regelmäßigkeit, die im Laufe der Erfahrung infolge eines wiederholten und gewohnten Handelns zustande kommt. Allgemeine Handlungsmuster werden nicht errechnet, sie werden an Einzelfällen abgelesen und durch Einzelfälle eingeführt, die das Allgemeine exemplifizieren. So versteht es sich, daß die aristotelische Epagoge, die an Allgemeines ›heranführt‹, indem sie am Einzelnen das Allgemeine sichtbar macht, nicht mit der modernen Induktion gleichgesetzt werden darf. Sie erinnert an

Fallstudien in der Medizin oder an Fallbeispiele der juristischen Praxis.

Freilich schließt dies nicht die Möglichkeit aus, das Zumeist zu quantifizieren und es statistischen Berechnungen zu unterwerfen, wie es erstmals in der mathematischen Wahrscheinlichkeitslehre von Jacob Bernoulli geschieht. Über die auf subjektiven und situativen Einschätzungen beruhende Wahrscheinlichkeit einer *verisimilitudo* geht sie deutlich hinaus. Dabei wird die für den Einzelfall zu berechnende Wahrscheinlichkeit (*probabilitas*) als deren Anteil an einer Gewißheit (*certitudo*) gefaßt, so etwa die Sterbewahrscheinlichkeit eines Gruppenmitglieds.[6] Dies kennen wir aus den modernen Natur- und Sozialwissenschaften, insofern diese auf streng induktivem Wege von Wahrscheinlichkeitsaussagen zu Wahrscheinlichkeitsgesetzen gelangen. Solche Gesetze erlauben eine Voraussage dessen, was zwar sein kann, aber anders als noch bei Laplace nicht sein muß. Der hypothetische Charakter dieser Gesetze beruht nicht zuletzt darauf, daß in die Verallgemeinerung zukünftige Fälle eingehen, die noch gar nicht bestätigungsfähig sind. Abgesehen davon führt die Wahrscheinlichkeit selbst zu Schwierigkeiten. Diese treten auf, sobald man Wahrscheinlichkeit als relative Häufigkeit definiert. Bezieht man sich auf eine unendliche Reihe von Fällen, so bezieht man sich auf etwas, das in der Erfahrung gar nicht auftreten kann; beschränkt man sich dagegen auf eine endliche Reihe von Fällen, so muß man damit rechnen, daß die relative Häufigkeit sich je nach Zahl der vorausgehenden Fälle verändert. Jeder Roulettspieler, der zu einem bestimmten Zeitpunkt an den Spieltisch tritt, bewegt sich auf schwankendem Boden. Man kann jedes berechnen, aber nicht alles. Der Wahrscheinlichkeitsansatz, der eine bestimmte Wahrscheinlichkeitsrate festsetzt, beruht seinerseits auf Beobachtungen, nicht auf Berechnungen.[7] In seinen physikalisch ausgerichteten Überlegungen (1971, S. 172-182) weist C. F. von Weizsäcker darauf hin, daß jeder Anfangszustand, mit dem ein Experiment beginnt, künstlich hergestellt ist und daß schon im physikalischen Kosmos die nomologische Angleichung von Vergangenheit und Zukunft an ihre Grenzen stößt. Das An-

6 Vgl. hierzu den Artikel »Wahrscheinlichkeit« im *Historischen Wörterbuch der Philosophie*, Bd. 12.

7 Vgl. Stegmüller 1975, S. 423 f., ferner zum Problem subjektiver Wahrscheinlichkeitsbeurteilungen ebd., S. 206.

wachsen der Entropie, das aus dem zweiten thermodynamischen Hauptsatz folgt, hätte demnach zur Folge, daß die Zukunft relativ unbestimmt bleibt, da fast jeder zukünftige Zustand, den man sich ausdenken kann, »wahrscheinlicher« ist als der vergangene. Somit gilt: »Das Wahrscheinliche ist das Gestaltlose« (ebd., S. 178), oder besser vielleicht: das Gestaltarme. Damit nähern wir uns erneut der Wahrscheinlichkeit im Bereich praktischer Lebenserfahrung.

Im Hinblick auf die exakte Methodik, die sich ihre eigenen Probleme schafft, kann man die aristotelische Sichtweise, der sich die zeitgenössische Phänomenologie, Hermeneutik und Pragmatik annähern, nicht als naive Vorstufe abtun. Eine Form der Wahrscheinlichkeit, die in den konkreten Umgang mit Dingen und Mitmenschen und in den konkreten Gang der Erfahrung eingebettet ist, läßt vielmehr eigene Formen der Bewährung zu, die auf indirekte Weise auch die exakten Wissenschaften tangieren. So wendet Husserl sich bei seiner Verteidigung der natürlichen Weltsicht nicht gegen die Objektivität der Wissenschaften, wohl aber gegen den Objektivismus einer selbstvergessenen Wissenschaft, die ihre eigenen Voraussetzungen untergräbt: »Das wirklich Erste ist die ›bloß subjektiv-relative‹ Anschauung des vorwissenschaftlichen Weltlebens. Freilich für uns hat das ›bloß‹ als alte Erbschaft die verächtliche Färbung der δόξα. Im vorwissenschaftlichen Leben selbst hat sie davon natürlich nichts; da ist sie ein Bereich guter Bewährung [...]. Die Verächtlichkeit, mit welcher alles ›bloß Subjektiv-Relative‹ von dem dem neuzeitlichen Objektivitätsideal folgenden Wissenschaftler behandelt wird, ändert an seiner eigenen Seinsweise nichts, wie es daran nichts ändert, daß es ihm doch selbst genug sein muß, wo immer er darauf rekurriert und unvermeidlich rekurrieren muß« (Hua VI, 127 f.). Es geht folglich nicht darum, eine Methode gegen die andere, etwa die qualitativ-deskriptive gegen die quantitativ-messende Methode auszuspielen; Aristoteles wie Husserl oder Wittgenstein wären die letzten, dies zu tun. Aber es kommt alles darauf an, die verschiedenen Methoden in ein angemessenes Verhältnis zueinander zu bringen. Die Wahrscheinlichkeit dessen, was zunächst und zumeist eintritt und ganz Bestimmtes erwarten läßt, behält so besehen ihr eigenes Recht.

Von der Beurteilung zukünftiger Ereignisse und Taten gehen wir nun über zum zukunftsgerichteten Handeln selbst, wo faktische und praktische Wahrscheinlichkeit ineinander greifen. Es geht dabei um jenes Ich-tue, von dem wir ausgingen, um ein Tun, in dem ich mir selbst voraus bin und über mich hinausgehe. Die Originalität dieser Sichtweise tritt deutlich hervor, wenn wir sie von möglichen Mißdeutungen abgrenzen.

4. Zwischen Gewißheit und Ungewißheit

Es gibt eine extreme Einstellung, die es sich zutraut, Handlungen sicher vorauszusagen. Solche Prognosen setzen voraus, daß die Handlung *völlig determiniert* ist, sei es durch mechanische Ursachen, die entsprechende Wirkungen erzwingen, sei es durch Beweggründe, die mittels geeigneter Vorstellungen passende Reaktionen auslösen, sei es durch ein göttliches Walten, das von innen her unsere Geschicke lenkt. In all diesen Fällen wäre die Voraussage von Anfang an wahr oder falsch, selbst wenn mangels einer vollständigen Kenntnis aller Determinanten eine restlose Bestätigung nicht zu erbringen wäre. Kant nennt die Freiheit, die dabei in Anspruch genommen wird, eine bloß »komparative« (KpV A 174); denn hätten wir Kenntnis von allen Determinanten, »so würde es keine einzige menschliche Handlung geben, die wir nicht mit Gewißheit vorhersagen und aus ihren vorhergehenden Bedingungen als notwendig erkennen könnten« (KrV B 578). Diese Freiheit eines »Automaton spirituale« dünkt Kant um nichts besser als die »Freiheit eines Bratenwenders [...], der auch, wenn er einmal aufgezogen worden, von selbst seine Bewegungen verrichtet« (KpV A 174). Freiheit ist im eigentlichen Sinne nichts, was sich objektiv beobachten und konstatieren läßt. Dies gilt mutatis mutandis auch für die bildgebenden Verfahren der heutigen Neurologie. Daraus folgt allerdings nicht, daß Freiheit einem rein intelligiblen und zeitlosen Bereich angehört. Wo und wie aber ist sie sonst zu fassen?

Es fehlt nicht an Versuchen, die Kluft zwischen Freiheit und Notwendigkeit zu schließen und beide in einem Ganzen zu versöhnen. In seinem gigantischen Versuch, die Geschichte zu Ende zu denken, läßt Hegel es nicht bei einer äußeren Natur- und Geschichtsbetrachtung bewenden. In der Vermittlung von naturhaftem Wirken, menschlichem Handeln und göttlichem Walten sucht er zu zeigen, wie in Natur und Geschichte der Geist zu sich selbst kommt und sich in seinen Werken wiedererkennt. Die absolute

Gewißheit betrifft nicht, was geschehen *soll*, sondern was geschehen *sollte*, aber am Ende mit dem, was *ist*, zusammenfällt. Vergönnt ist sie nicht dem konkreten Individuum als dem »unvollständigen Geist«, wie es in der *Phänomenologie des Geistes* tituliert wird (*Werke*, Bd. 3, 32), sondern dem allgemeinen Individuum als dem totalen Geist. Es ist eine Gewißheit vom Ende her, die Hegel uns verspricht. Doch der reflektierende Blick degradiert das Tun und die Entscheidung des Einzelnen zum bloßen Durchgang eines Geschehens, das an sich bereits entschieden ist. Ich, der ich dieses oder jenes tun soll und tun will, finde mich in dem, was herauskommt, nur begrenzt wieder; denn eine schlechthin sichere Zukunft wäre keine Zukunft mehr, auf die ich mit meinen Entwürfen und Erwartungen ausgreife. Die marxistische Geschichtskonzeption, die auf ein »Reich der Freiheit« abzielt, steht vor ähnlichen Schwierigkeiten, die sich mit allen hermeneutischen Schlichen nicht weginterpretieren lassen.

Verglichen mit einem solchen aufs Ganze gehenden Geschichtsdenken nimmt sich die empiristische Gegenposition harmlos aus. Dennoch hat sie das Recht auf ihrer Seite, wenn sie auf der Offenheit der Erfahrung besteht. Steigert man diese jedoch bis zu einer absoluten Ungewißheit, so macht man jedes zukunftsorientierte Handeln, aber auch jede Aussage über Zukünftiges unmöglich. Hume sucht den Ungereimtheiten einer empiristischen Begründung des Empirismus zu entkommen, indem er die Beliebigkeit durch einen vortheoretischen Erfahrungsglauben und durch erworbene Gewohnheiten einschränkt. Unsere sinnlichen Eindrücke sind niemals rein punktuell und verweisungslos, weil sie immer schon in verarbeiteter Form auftreten. Das weiße Blatt der Zukunft ist von vornherein kein völlig unbeschriebenes Blatt. Selbst Platon hält das »unsichere und unreine Wissen« für notwendig, »wenn einer von uns auch nur jedesmal den Weg nach Hause finden will« (*Philebos* 62 b).

Gegenüber den Extremen völliger Gewißheit und purer Ungewißheit bieten sich *empirische Wahrscheinlichkeitsgesetze* als ein Mittleres an. In der Aufstellung solcher Gesetze ordnet sich das Natur- und Kulturgeschehen, ohne daß der Einzelheit des Einzelnen Gewalt angetan wird. Dennoch ist auch damit die ursprüngliche Sichtweise noch nicht erreicht. Die Handlung, die wir beobachten und beschreiben, ist eine Handlung, die zu einem *Vorgang* objektiviert und mit bestimmten *Parametern* erfaßt wird.[8] Doch diese Objektivation geschieht selbst wiederum in Form eines Handelns, das seiner selbst nur *vom Ziel her* als *Vollzug* einer Handlung innewird. Die Frage, die das Handeln von sich selbst her aufhellt, lautet nicht: »Was geschieht?« sondern: »Was soll ich tun?« und »Wie erreiche ich mein Ziel?« In einer gemeinsamen Situation, wie sie in unserem exemplarischen Kriegsfall gegeben ist, bezieht diese Frage unmittelbar das fremde Tun mit ein. Sonst wäre der Satz »Man tut« formaliter nicht zu unterscheiden von Sätzen wie »Etwas geschieht«, die aus der reinen Beobachterperspektive formuliert werden. Das eigene und fremde Handeln ist jederzeit mehr als ein statistisch zu ermittelnder Fall, weil es Situationen definiert, Handlungsfelder organisiert und die Ordnungen, in die es eingeordnet wird, mit konstituiert. Selbst ein Handeln, das sich von außen manipulieren läßt, geht nicht restlos in statistische Rubriken ein, sofern dieses Handeln *sich* von außen lenken *läßt*. Ein bloßer Fall wäre im strengen Sinne gesichts- und gewissenlos.

Das sokratische Fragen wirft ebenso wie der cartesische Zweifel jeden auf sich selbst zurück. Es wirkt wie ein Lösesalz in aller Natur- und Geschichtsbetrachtung. Es verhindert, daß wir uns in der Natur oder der Geschichte verlieren wie eine Geschehenswelle unter anderen. Alle Natur- und Geschichtsbetrachtung übt eine tödliche oder zumindest doch distrahierende Wirkung auf das Individuum aus, wenn sie nicht ständig zurückbezogen bleibt auf das verantwortliche Tun, zu dem auch das Erkennen selbst zu zählen ist.

Es bleibt die Frage nach der Rolle der Wahrscheinlichkeit in unserem Handeln. Wie verteilen sich Gewißheit und Ungewißheit, wenn die erwähnten Extremlösungen ausscheiden?

5. Rückzug auf praktische Gewißheit

Beim Handeln ist zu unterscheiden zwischen der *Entscheidung* als der Intention, die auf ein Ziel geht, das durch mich zu verwirklichen ist, und der *Tat* als der Erfüllung dieser Intention. Ohne

8 Ich sehe in diesem Zusammenhang davon ab, daß die Handlung als Antwort auf Widerfahrnisse selbst einen Ereignischarakter hat; Ereignisse im Sinne dessen, was *jemandem geschieht*, sind keine zielbestimmten Akte, aber auch keine objektiven Vorkommnisse.

das *Ich-will* der Entscheidung wäre die Handlung ein bloß äußerer Vorgang, ohne das *Ich-tue* wäre sie ein bloß inneres Erlebnis. Handeln aber, das in der Welt unter Mitwirkung der Natur und der Anderen vor sich geht, bedeutet gerade eine Vermittlung von Innen und Außen; es bedeutet eine *Verleiblichung* der Intentionen und eine *Verkörperung* des Sinnes. Das *agendum* ist etwas, das durch mich getan werden soll und erst im *actum* erfüllt ist. Alfred Schütz unterscheidet demgemäß in seiner Handlungstheorie zwischen dem Akt des Handelns und der Handlung als seinem Resultat. Ziel des Handelns ist nicht *die* Gerechtigkeit als ein Wert, den wir an sich erfassen, oder als eine Norm, die wir für sich bejahen. Ziel der auf Gerechtigkeit bedachten Handlung ist in diesem Falle vielmehr eine Tat, die fremde Ansprüche ebenso berücksichtigt wie die eigenen, die den Anderen nicht übervorteilt, für einen Güterausgleich sorgt und so fort, oder aber ein Gesetz, das solches Verhalten regelt. *Die* Gerechtigkeit ist nur eine allgemeine Hinsicht, unter der sich solches abspielt und beurteilen läßt; sie erschließt sich erst in der Reflexion auf die allgemeinen Maßstäbe unseres Handelns. Es geht hier nicht anders zu als im Bereich der Erkenntnis. Ich kann *eine* Buche oder *einen* Baum wiederkennen, ohne auf *die* Buche oder *den* Baum zu achten. Die Verselbständigung solcher Hinsichten zu allgemeinen Wesenheiten oder Werten, die den Einzeldingen an die Seite treten oder sich über sie erheben, entspringt einem schlechten Platonismus, gegen den sich schon Aristoteles zur Wehr setzt.

Nun stoßen wir in der Geschichte der Ethik immer wieder auf Versuche, *Gesinnung* als rechte Intention und *Erfolg* als deren Verwirklichung nicht nur zu unterscheiden, sondern voneinander zu trennen, und zwar so, daß es letzten Endes nur auf die rechte Gesinnung ankommt. Wir kennen diese Auffassung unter anderem unter der Form einer *moralischen Geschichtsbetrachtung*. Fragen wir uns nach den Motiven dieser Sonderung, so stoßen wir unmittelbar auf das Problem, das uns hier beschäftigt.

Wir haben gesehen, wie Aristoteles den Geltungsbereich der Wahrscheinlichkeit einschränkt. Das Zukünftige wird eintreten oder nicht, *tertium non datur*. Die allgemeinen ontologischen und logischen Gesetze sind der Ungewißheit enthoben. Aber es gibt auch materiale Gesetzmäßigkeiten, die dem Zweifel entrückt sind. *Falls* eine Seeschlacht stattfindet, dann unterliegt sie allgemeinen Gesetzmäßigkeiten, die bereits ansatzweise in dem Bedeutungsgehalt dieses Wortes impliziert sind. Dazu gehört die Beschaffenheit von Wind und Wasser ebenso wie der Bau und die Verwendung von Schiffen, der Einsatz von Schiffsvolk sowie die Orientierung auf der See. Ähnlich steht es mit dem Handeln. *Falls* ich gerecht handle, so beachte ich einen allgemeinen Standard, den wir probeweise als gleichmäßige Verteilung von Rechten und Pflichten definieren können. Die *Bejahung eines praktischen Gesetzes*, das – wenn gültig bestimmt – immer und überall gelten müßte, befreit uns von allen Mutmaßungen und Wahrscheinlichkeiten; sie verschafft uns ein gutes Gewissen. Die *Verwirklichung* oder *Anwendung eines allgemeinen Gesetzes* vollzieht sich dagegen in einer Situation mit ihren besonderen Vorzügen und Risiken. Sie macht sich abhängig vom natürlichen Lauf der Dinge. Die Dinge sind nicht nur gefügig, sondern auch widerspenstig, nicht nur einladend, sondern auch trügerisch, und ähnliches trifft zu auf die Mitwirkung anderer. Die vorgegebenen Möglichkeiten einer Situation können wir lediglich abschätzen, die Auswirkungen unseres Tuns nur mutmaßen. Jeder Erfolg eines Tuns, das niemals völlig abgeschlossen ist, bleibt ein wahrscheinlicher Erfolg. Wer sein konkretes Tun, nicht nur seine Intentionen verantwortet, macht sich für mehr verantwortlich als für das, was sich überblicken und steuern läßt.

Die moralistische Einstellung dem eigenen Leben und der gemeinsamen Geschichte gegenüber wird so verständlich. Exemplarisch ist die Gestalt des Weisen, wie sie in der spätantiken Stoa als Ideal auftritt. Den Griechen aus der Zeit von Platon und Aristoteles, von Sophokles und Thukydides, die immerzu von der Polis her dachten, war dieses Ideal fremd. Die Schwächung der politischen Öffentlichkeit läßt dagegen die Handlungshorizonte schrumpfen. Man empfiehlt den Rückzug auf das, was in unserer Macht steht; allem gegenüber, was uns berührt und widerfährt, bemüht man sich um Unempfindlichkeit (ἀπάθεια), und allen äußeren Gütern verleiht man den Status des Indifferenten (ἀδιάφορα). Was Furcht oder Hoffnung auslöst, prallt ab von der Bastion des Weisen. Diese Immunität, die auf eine innere Seelenstärke baut, ist freilich erkauft mit einer Entleiblichung und Entweltlichung des Ich, die unsere menschliche Existenz durchschneiden. Der Rückzug aus einer halbdunklen Zukunft zieht eine Entleerung der Gegenwart nach sich. Das Glück reduziert sich auf tugendhafte Rechtschaffenheit, es wird seiner Lebensfülle beraubt. In mancherlei Hinsicht erinnert dies an das ethische Stadium bei Kierkegaard. Hier gilt die »eigene ethische Wirklichkeit des Individuums« als die »einzige Wirklichkeit« im emphatischen Sinne (1959, S. 490). Das »approximative« Weltwissen wird nicht nur vom Heilswissen geschieden, sondern es wird zur relativen Bedeutungslosigkeit verurteilt. Bei Kierkegaard ist das Ethische allerdings eine Differenzbestimmung, die ohne das Versuchsfeld des Ästhetischen und den Ausnahmebereich des Religiösen nicht zu denken ist.

Sinn, der dem menschlichen Handeln innewohnt, sieht anders aus. Er läßt sich nicht mit einem inneren Rückzug aus der Welt absichern. Das jeweils Gute soll sein, aber was sein *soll*, ist nicht ablösbar von dem, was sein *wird*. Wenn es um Hilfeleistung geht, ist es nicht gleich, ob die Schiffe oder Flugzeuge mit ihren Hilfsgütern ans Ziel kommen. Auch ein Künstler kann nicht umhin, sich den Unsicherheiten des Materials und den Tastversuchen seiner Hände auszusetzen. »Raffael ohne Hände« wäre ein Phantom. Der Purist der Gewißheit bringt sich um seine Kreativität. Wir sehen uns auf eine mittlere Einstellung verwiesen, die nicht alles, aber ebensowenig nichts von der Zukunft erwartet. Die Vermittlung von Innen und Außen, von Sinn und Faktum, die Hegel ungeduldig zu Ende führt, kann nur im Handeln geschehen in Form einer offenen Vermittlung, deren Ende nicht abzusehen ist.

6. Zwischen Entwurf und Erwartung

Greifen wir nochmals auf das aristotelische Beispiel der drohenden Seeschlacht zurück. Für den Handelnden lautet die entscheidende Frage nun nicht mehr: »Wird die Seeschlacht stattfinden oder nicht?« – die Frage des bloßen Prognostikers. Sie lautet auch nicht bloß: »Soll sie stattfinden oder nicht?« – die Frage des Normativisten oder des Moralisten, der die Rechtmäßigkeit von Handlungen überprüft. Die Frage des verantwortlich Handelnden lautet vielmehr: »Was kann ich tun, um die Seeschlacht herbeizuführen oder zu verhindern?« Fakten und Normen sind implizit im Spiel, aber eben in Anlehnung an das, was zu tun ist. Eine derartige Frage schließt die Möglichkeit ein, auf den Lauf der Ereignisse Einfluß zu nehmen, andernfalls bliebe es beim bloßen Wünschen. Die Möglichkeit der Einflußnahme, die eine direkte oder indirekte Form annehmen kann, läßt allerdings eine graduelle Steigerung und Verminderung zu; danach bemißt sich die Verantwortung, die den Beteiligten zuzuschreiben ist.

Die Perspektive des Handelnden kann nur dann als die ursprüngliche Perspektive angesetzt werden, wenn sie die übrigen Sichtweisen in sich faßt, und das scheint tatsächlich der Fall zu sein. Der Handelnde kann sich im Zuge einer *moralisch-politischen Besinnung* fragen, was erreicht werden *soll*. Die Antwort könnte etwa lauten: Erreicht werden soll ein Status friedlichen Zusammenlebens auf der Basis des Rechts. Eine solche Besinnung kann zu einer *partiellen Gewißheit* führen. Es ist zwar so, daß Friedfertigkeit und Gerechtigkeit nicht fix und fertig vorliegen wie Warenmuster; sie sind im Handeln zu erproben und zu konkretisieren. Dennoch ist nicht zu erwarten, daß sie sich im Fortgang des Handelns plötzlich als verwerflich herausstellen und daß ihre Eigenqualität von der Wahrscheinlichkeit dessen, was noch aussteht, infiziert wird. Dies gilt auch, wenn ein Hegemoniestreben den Ausschlag gibt wie in unserem historischen Beispiel. Unsere Entwürfe können an den Tatsachen scheitern, sie können nicht durch sie widerlegt werden wie technische Projekte, die sich als nicht durchführbar erweisen. Wären alle Handlungsziele und Handlungsnormen auf den faktischen Lauf der Dinge zurückzuführen, so hätte unser Tun nichts, auf das wir uns selbst und auf das andere sich uns gegenüber berufen könnten. Es wäre den Umständen ausgeliefert, es wäre opportun oder inopportun, geschickt oder ungeschickt und nichts weiter. Doch Handeln heißt, für etwas einstehen. Hier liegt die Wahrheit des moralischen Gesichtspunktes. Verfestigt sich dieser allerdings zu einem moralistischen Standpunkt, so treten deutliche Schwächen zutage. Werte, die von den konkreten Handlungszielen abgelöst werden, tendieren zu einer schlechten Allgemeinheit, die unter Wirklichkeitsferne leidet. Die Hinsicht, unter der wir handeln, ist nicht selbst Gegenstand unseres Handelns und Beratens. Nicht umsonst lädt Sokrates seine Mitunterredner nicht dazu ein, eine Art »Wertanschauung« oder »Wertfühlen« zu vollziehen, sondern er bringt das Gespräch auf das, was sie im Handeln ständig anzielen und oftmals verfehlen. Gewißheit und Entschiedenheit sind nur Aspekte des Handelns; sie stützen sich auf allgemeine Züge, die unseren Handlungsentwürfen anhaften.

Damit kommen wir zu einer weiteren Dimension des praktischen Fragens. Der Handelnde kann sich im Zuge *situativer Erwägungen* fragen, was unter den gegebenen Umständen erreicht werden *kann*. Losgelöst von der Situation des Handelns lautet die Frage dann: »Was ist der Fall, und was wird möglicherweise sein?« Hierbei ist nicht nur an natürliche, sondern auch an kulturelle Vorgegebenheiten zu denken, an Instrumente, Institutionen, Organisationen, Techniken, Strategien und ähnliches. Damit stehen wir mitten in dem gesuchten Feld der *Wahrscheinlichkeit*. Dazu gehört nicht nur die faktische Wahrscheinlichkeit dessen, was wir von den Umständen zu erwarten haben, sondern auch die praktische Wahrscheinlichkeit dessen, was andere vorhaben und wie sie auf unser Verhalten antworten werden. Kein praktisches Wirken geschieht ohne fremde Mit- und Einwirkung. Daß wie im Falle der Seeschlacht die Anderen nicht bloß als Mitkämpfer, sondern auch als Gegner auftreten, schafft weitere Probleme, die bei Aristoteles unterbelichtet bleiben. Doch abgesehen davon bleibt es dabei, daß die Ziele, für die wir uns entscheiden, eine bestimmte Zukunft *eröffnen*, daß die Verwirklichung dieser Ziele uns aber zugleich einer Zukunft ausliefert, die wir *zu erwarten* haben. Man billigt der Vergangenheit gemeinhin den Charakter des Unabänderlichen zu, da wir Vergangenes nur erinnern können. Wie aber steht es mit der Zukunft? Hat erinnerte Vergangenheit keine Zukunft? Liegt die Zukunft völlig in unserer Hand? Entwerfen wir die Zukunft?

Hier gilt es sorglich zu unterscheiden. *Wir erwirken nicht die Zukunft, sondern wir wirken in die Zukunft hinein*, indem wir ihr eine bestimmte Gestalt verleihen. Die Tatsache, daß es mit uns weiter geht, daß wir Neues zu gewärtigen haben, daß Vergangenes fortwirkt, daß wir altern und uns verjüngen, liegt nicht in unserer Hand, selbst wenn wir unsere Lebensrhythmen mit bestimmen. In diesem Sinne begreift Husserl die Zeitigung des Lebens und so auch das Kommen der Zukunft, mit dem wir uns ständig selbst voraus sind, als ein *passives Geschehen*. Wollen, planen und vorwegnehmen können wir etwas nur auf dem Boden dessen, was uns erwartet. Deshalb sind wir Erwartungen und Befürchtungen ausgeliefert, solange wir leben, die Büchse der Pandora wird sich nicht schließen. Was sich in Hoffnung und Furcht ankündigt, ist und bleibt bis zu einem gewissen Grad ungewiß. Die stoische Maxime, sich von all dem nicht anrühren zu lassen, erweist sich demgegenüber als ein voluntaristischer Kraftakt. Allerdings kann das, was ist und sein kann, nicht abgelöst werden von unseren Handlungsvollzügen. Das pure Hinstarren auf das, was möglicherweise eintreten wird, läßt uns selbst erstarren.

All das, was einerseits in der Besinnung auf die Maßstäbe des Handelns, andererseits in der Erwägung auf die Umstände des Handelns isoliert auftritt, ist im Handeln selbst miteinander verbunden. Das Verbindende ist die *Leiblichkeit* des Handelns, das leibliche Ich-kann, das an weltliche und mitweltliche Situationen gebunden ist, ohne dinghaft in der Welt aufzugehen. Ich kann mich vergewissern über das, was ist und sein soll, ich kann nur mutmaßen, was sein wird. In dieser halbdunklen Zwischensphäre spielt sich menschliches Handeln ab.

Kehren wir noch einmal zu Aristoteles zurück. Wenn er das menschliche Leben als ein Leben versteht, das seine Erfüllung im Glück findet, so vermeidet er es, das Gute vom Angenehmen und den Entschluß von der Tat abzulösen. Die Tat als das spezifische Werk des Menschen ist etwas, das ›glücken‹ muß. Der Zufall, die Tyche, die uns mit unbeabsichtigten Nebenfolgen einer Handlung konfrontiert, spielt mit und spielt uns mit. Aristoteles weist selbst auf die sprachliche Verwandtschaft von Glück: εὐτυχία und Zufall: τύχη hin (vgl. *Physik* II, 6). Jene, denen eine Handlung ohne eigene Absicht mißlungen ist, trösten wir nicht über ihr Mißgeschick hinweg, indem wir ihr gutes Gewissen preisen, wir billigen ihnen Nachsicht und Mitleid zu (*Nik. Ethik* I, 12). In diesem Grenzbereich zwischen Tun und Erleiden berührt sich das Ethische mit dem Tragischen. Die Tragik eines Ödipus wird von Aristoteles nicht moralisch aufgelöst. Bei Kant, dessen Moralphilosophie einen jüdisch-christlichen Hintergrund hat, wird die Frage »Was soll ich tun?« ergänzt durch die Frage »Was darf ich hoffen?« Unabhängig von dem Glauben an religiöse Verheißungen bedeutet dies, daß zum menschlichen Leben auch das gehört, was sich unserer sicheren Verfügung entzieht.

7. Unwahrscheinliche Zukunft

Bis hierher führt uns die aristotelische Handlungslehre, deren Einfluß weit in unsere Gegenwart reicht. Mit der Zeit des Handelns eröffnet sich eine Zukunftsperspektive, die für Offenheit, Unbestimmtheit und Unentscheidbarkeit Raum läßt. Die Wahrscheinlichkeit ist deren Signet und Indiz. Dennoch kann der Schritt mit Aristoteles nur ein erster Schritt sein, dem andere Schritte zu folgen haben. Abschließend seien schlaglichtartig einige zweifelhafte Punkte markiert, an denen eine teleologisch verfaßte Handlungslehre uns, wie ich überzeugt bin, nicht weiterhilft. Darin zeigen sich zugleich Nahtstellen, an denen die Frage nach der Wahrscheinlichkeit auf weitere Fragen nach der Zeit übergreift.

Die Dimension des *Mithandelns* wird so sehr von einem gemeinsamen Ethos her gedacht, daß nicht nur die Verflechtung von Eigenhandlung und Fremdhandlung, sondern auch die Sphäre der Zielkonflikte und schließlich der Prozeß der Verfeindung keine hinreichende Beachtung finden. Damit kommt auch die Fremdheit der Zeit in all ihren Dimensionen zu kurz. – Die Orientierung an einer teleologischen Grundordnung führt dazu, daß die *Kreativität* von Handlungsentwürfen und in eins damit die Stiftung von Ordnungen sowie die unausbleiblichen Ordnungskonflikte keinen Platz finden. Dies betrifft auch die intrakulturelle und interkulturelle Variation von Zeitordnungen. Inwieweit leben die Griechen, die sich gegen den Ansturm der Perser wehren, mit ihren Gegnern in ein und derselben Zeit? Wie berühren sich die divergierenden Erwartungshorizonte? – Das Übergewicht der Zielorientierung, die Dominanz des Wozu der Handlung gegenüber ihrem Wie, läßt zu wenig Raum für die Vielfalt der *Praktiken* und *Techniken*, für die damit verbundenen Zeitrhythmen und für Verlaufsformen wie das Zögern und Erproben. – Gegenüber der Tätigkeit, die als Energeia und Entelecheia ihr Ziel in sich trägt, kommt das *Pathische*, von dem Handlungsimpulse und ein Handlungsdruck ausgehen, ohne daß es selbst in Aktionen umgesetzt werden kann, zu kurz. Dies hat zur Folge, daß die Zeitverschiebung, die im Mittelpunkt unseres Interesses steht, im Ablauf der Handlungsphasen, die sich zwischen Handlungsursprung und Handlungsziel ausbreiten, keinen rechten Platz findet. Eine Zukunft, die nicht ganz und gar auf eigene Bestrebungen, eigene Entwürfe und bestehende Regelungen zurückgeht, sondern auf uns zukommt, hat jedoch stets etwas Zu-fälliges, Ab-wegiges, Unnützes, Überraschendes, Erstaunliches. Inmitten aller Wahrscheinlichkeit stoßen wir auf Unwahrscheinliches, das unsere Erwartungen durchkreuzt und übertrifft.

8. Kommen und Gehen in der Zeit im Anschluß an Merleau-Ponty

»Es gibt keine übergeordneten und keine untergeordneten Probleme: alle Probleme sind konzentrisch.« Diese allgemeine Bemerkung, mit der Merleau-Ponty das Zeit-Kapitel seiner *Phänomenologie der Wahrnehmung* eröffnet, trifft in besonderem Maße auf das Problem der Zeit zu. Die Zeit verteilt sich auf verschiedene Regionen, es gibt eine Zeit der Wahrnehmung, der Selbstbewegung, des Ausdrucks, der Ideen, des Handelns oder des Mitseins. Jedes Ding hat seine Zeit. Einige von diesen Varianten kamen bereits zur Sprache. Doch da es sich bei den genannten Zeitarten offensichtlich um keine bloßen Homonyme handelt, stellt sich die Frage nach der Zeit selbst, sei es die nach der Singularität des Zeitgeschehens, sei es die nach einer durchgehenden Zeitstruktur. Die klassischen Zeitdefinitionen von Platon, Aristoteles, Augustinus oder Kant sind ebensowenig zu übergehen wie die Neubestimmungen, die wir Bergson, Husserl und Heidegger verdanken. Merleau-Ponty knüpft an all dies an, indem er mit seiner Phänomenologie des Leibes und seiner späteren Ontologie des Fleisches besondere Akzente setzt. Doch es ist gar nicht so leicht, den Kern seiner Zeitkonzeption zu fassen. In der *Phänomenologie der Wahrnehmung* wird die Zeit schlichtweg als Subjekt verstanden. Natürlich stützt Merleau-Ponty sich dabei auf keine traditionelle Subjektauffassung, vielmehr sucht er zu zeigen, wie die »Zeit selbst« in ihrer »inneren Dialektik« die Idee des Subjekts verändert (PP 470/467).[1] Doch die Orientierung an der Subjektivität, an welcher Subjektivität auch immer, hinterläßt erhebliche Fragezeichen, auch bei Merleau-Ponty selbst, der dabei nicht stehen geblieben ist.

Unsere Absicht kann es nicht sein, die synchrone und diachrone Vielfalt der von Merleau-Ponty behandelten Zeitphänomene auch nur annähernd auszuschöpfen.[2] Stattdessen konzentriert sich un-

1 PP: *Phénoménologie de la perception* (1945), dt. 1966. Die Zahl vor dem Schrägstrich bezieht sich hier und auch sonst auf das frz. Original, die Zahl danach auf die dt. Übersetzung, die bei Bedarf verändert wurde.

2 Ergänzend verweise ich auf meinen zusammen mit Regula Giuliani verfaßten Aufsatz »Wirbel der Zeit«, der sich um einen umfassenden Überblick bemüht, abgedruckt in: *Idiome des Denken* (2005).

sere kritische Revision auf den Zusammenhang von Gegenwart, Vergangenheit und Zukunft. Die Pointe liegt in der Charakterisierung des Zeitgeschehens als Zweitakt von Kommen und Gehen. Wir gehen auf etwas zu, das auf uns zukommt, und dazwischen ereignet sich eine Zeitverschiebung, die den kontinuierlichen Gang der Dinge immer wieder unterbricht. Dieses Leitmotiv, das unsere eigenen Zeitanalysen durchzieht, bietet sich auch als Schlüsselthema an für eine erneute Lektüre einschlägiger Texte von Merleau-Ponty. Dabei ergeben sich Bezüge zum Chiasmus der Zeit in dessen Spätwerk, allerdings bleibt auch dieses Motiv neu zu durchdenken.

1. Frühe Dialektik der Zeit

Um einen Abstand zur aktuellen Problemlage zu gewinnen, beginne ich mit einem Abstecher in die Dialektik Platons, die noch ganz aporetisch angelegt ist und, wie Hegel ihr nachrühmt, einige spekulative Dornen und Disteln enthält. In dem Dialog *Parmenides* finden sich drei bemerkenswerte Aperçus, die der von Merleau-Ponty geforderten inneren Dialektik der Zeit förderlich sind. Meine Lektüre beschränkt sich auf Schnappschüsse, bei denen die weiteren Horizonte ausgeblendet werden.

Älter und jünger als es selbst. – Diese paradoxe Formulierung begegnet uns im Rahmen einer Erörterung, in der es um das Verhältnis des zeitlos Einen zur zeitlichen Vielheit geht. Da heißt es dann, »daß alles, was in der Zeit ist [...], das nämliche Alter mit sich selbst habe und zugleich auch älter sowohl als jünger werde als es selbst« (*Parm.* 141 c-d, Üb. Schleiermacher). Dieser merkwürdige Komparativ, der Werdendes mit sich selbst vergleicht, zeichnet sich dadurch aus, daß er das Gewordene und Kommende sowohl in das Gegenwärtige einschließt, wie von ihm ausschließt. Zeitliches trägt seine eigene Andersheit in sich. An der berühmten Stelle in *Politeia* VI, 509 b ist es das Gute, das in seiner hyperbolischen Andersheit, die »über das Sein hinaus« führt, alles andere »an Kraft und Alterswürde (πρεσβεία) übertrifft«. Schon diese Urform der Hyperontologie trägt einen zeitlichen Akzent, das Höhere ist zugleich das Ältere, doch in welchem Sinne? Eine schlichte Gleichsetzung von beidem würde auf die Spuren eines Traditionalismus führen, der nicht im Sinne der platonischen ›Staatsgründung‹ sein kann. Der Dialog *Parmenides* geht einen Schritt weiter, indem er die grundsätzliche Frage aufwirft, ob etwas jenseits der Zeit und doch älter sein kann. Diese Möglichkeit widerspricht einer schlichten Antithese von Inner- und Außerzeitlichkeit. Wichtig ist indessen auch, daß sich bei Platon das Werden mit dem Wechsel des Lebensalters (ἡλικία) erquickt, also mit dem Prozeß des Alterns, dessen spezifischer Charakter in der schematischen Abfolge von Bewegungsphasen und Zuständen verloren geht. Das komparativische Älter/Jünger ist reicher an Bedeutung als das bloße Früher/Später, das in die aristotelische Zeitdefinition Einlaß gefunden hat. Allerdings zählt auch Aristoteles, der die Lebendigkeit des Lebens nie aus dem Auge verliert, das Altern und Vergessen zu den Wirkungen der Zeit, unter denen wir zu leiden haben und die sich von der bloßen Zeitmessung entfernen (*Physik* IV, 12, 221 a 30-32).

Sich berühren. – Bei der Erörterung der Frage, ob das Eine sich selbst und die vielen anderen berührt, stellt sich das Problem, ob das Eine sich selbst überhaupt berühren kann. Die Antwort lautet: Wenn das Eine sich berührt, so wird daraus eine Zwei, da es als Berührendes nicht nur die eigene, sondern auch die angrenzende Stelle einnehmen und an zwei Stellen zugleich sein muß (*Parm.* 148 e – 149 a). Wenn Merleau-Ponty im Anschluß an Heideggers Kant-Buch die Zeit als Selbstaffektion bestimmt, wird sich die Frage stellen, ob dies nicht eine Verdoppelung und somit auch eine Fremdheit des Selbst einschließt.

Plötzlichkeit des Augenblicks. – Wenn das Eine von der Ruhe in die Bewegung übergeht, so vollzieht sich ein Umschlag (μεταβολή). Da es nun keine Zeit gibt, in der etwas weder in Ruhe noch in Bewegung ist, bleibt nur etwas anderes, nämlich das Plötzliche, wörtlich das Jähe (ἐξαίφνης) des Augenblicks. »Dieses ortlose Wesen (φύσις ἄτοπος) liegt zwischen der Bewegung und der Ruhe, in keiner Zeit seiend« (*Parm.* 156 d-e). Die seltsame Art der Ortlosigkeit, die hier zum Vorschein kommt, besagt nicht, daß Zeitloses dem Zeitlichen antithetisch gegenübertritt, sondern daß Zeitliches sich selbst entzeitlicht, aus sich heraustritt.[3] Kierkegaard bezieht sich

3 Zum »Paradox des Augenblicks«, das darin besteht, daß der plötzliche Augenblick

in einer langen Fußnote seiner Schrift *Der Begriff der Angst* (1956, S. 538-543) ausdrücklich auf diese Stelle, um die Entscheidung aus dem vermittelnden Gleichmaß der Geschichte herauszulösen, und auch der »große Mittag«, den Nietzsche am Ende des ersten Teils des *Zarathustra* beschwört, ist auf einem Gipfel der Zeit angesiedelt, wo diese auf dem »Weg zu einem neuen Morgen« über sich hinausschwingt. Merleau-Ponty stellt ebenfalls fest, daß es keinen Ort der Zeit gibt. Diese trägt und erneuert sich selbst, und wenn es etwas gibt, das nicht mit der Zeit vergeht, so ist es der Verlauf (*passage*) der Zeit selber, so daß sich ein Gefühl von Ewigkeit einstellt (PP 484/481). Man könnte auf paradoxe Weise sagen: *die Zeit ruht selbst in der Zeit*, doch damit deutet sich eine Zeitverdoppelung an, die uns auch hier einiges zu schaffen macht.

2. Zeit als bloßes Nacheinander

Stein des Anstoßes ist für Merleau-Ponty wie für manch anderen Zeitdenker der Versuch, die Zeitlichkeit aus dem Nacheinander physischer oder psychischer Ereignisse herzuleiten. Man spricht von *Sukzession*, was wörtlich bedeutet, daß eines an die Stelle des anderen tritt wie bei der Regelung einer Thronfolge. Man konstruiert eine endlose Zeitlinie mit dem Jetzt als Nullpunkt und kann dann alle übrigen Zeitpunkte auf der Zeitlinie eintragen. Doch dieses Diagramm gibt weder Auskunft darüber, worin die Zeitlichkeit besteht, noch gibt es dem Zeitsinn Nahrung. Ereignisse, die sich lediglich aneinanderreihen, sind ebensowenig zeitlich, wie eine Farbwelle von bestimmter Länge farbig ist. Die aristotelische Definition der Zeit als Zahl der Bewegung nach dem Früher und Später stützt sich nicht auf ein leeres Bezugsschema, sondern auf eine zielgerichtete Bewegung, deren Phasen sich nach der Nähe und Ferne des Ziels bemessen. Die Zeit ist etwas *an der Bewegung* (*Physik* IV, 11, 219 a 10). Das Nacheinander empfängt erst dann seine zeitliche Bedeutung, wenn wir das Vor und Nach anders als bloß räumlich verstehen, doch woher nehmen wir dieses Mehr? Das Zählen der Seele, das bei der Ermittlung der Anzahl der Be-

zeit- und ortlos in der Zeit wirksam ist, vgl. Beierwaltes 1966/67, speziell S. 273; der Autor schlägt eine Brücke von Platon zu Aristoteles, dem Neuplatonismus und zu Kierkegaard.

wegungsphasen vorausgesetzt wird (vgl. *Physik* IV, 14, 223 a 25-26), hilft nicht weiter; denn die Zeit ist allenfalls etwas, das wir uns *mit der Zahl* zurechtlegen.

Die Verlegenheiten, in die uns solche Annäherungsversuche stürzen, schwinden, wenn wir auf die Tempora der Verben achten: ›ich gehe‹, ›ich ging‹, ›ich werde gehen‹, wenn wir ferner Zeitadverbien wie ›jetzt‹, ›soeben‹, ›sogleich‹ heranziehen sowie Zeitangaben wie ›heute‹, ›gestern‹ und ›morgen‹, mit denen wir bestimmte Zeiträume umschreiben. Wer Äußerungen, die von dieser elementaren temporalen Grammatik Gebrauch machen, gar nicht versteht, versteht auch nicht, wonach wir fragen, wenn wir nach der Zeit fragen. In Buch XI seiner *Confessiones* staunt Augustinus darüber, daß wir in unserer alltäglichen Rede zwar verstehen, was Zeit ist, doch nicht imstande sind, auf Befragung hin zu erklären, was wir darunter verstehen; man muß sich darauf *besinnen*, fügt Wittgenstein hinzu (*Phil. Untersuchungen*, No. 89). Diese Verlegenheit erinnert uns an den Unterschied zwischen einer *zeitlich artikulierten Rede* und der *Rede über Zeit*. Diese Differenz trennt nicht erst die Redepraxis von der theoretischen Reflexion, sie taucht bereits innerhalb des Sprechens auf als *Zeit des Sagens* und *Zeit des Gesagten*. Die Berücksichtigung dieser Zeitverdoppelung, die in der Sprache angezeigt ist, würde uns manche Verlegenheiten ersparen. Doch dies ist nicht der Weg, den Merleau-Ponty einschlägt. Eine performative Äußerung wie »ich gehe« bildet für ihn nur den Auftakt für die Beschreibung der eigenen Bewegungserfahrung (PP 311/313).[4]

3. Totalität der Zeit: Präsenzfeld

Die Beschreibung der Zeiterfahrung, die in der *Phänomenologie der Wahrnehmung* mit dem Kapitel über die Zeit ihren Höhepunkt erreicht, stützt sich, abgesehen von vorsichtigen Anleihen bei Bergson, weitgehend auf die bekannten Bewußtseins- und Daseinsanalysen von Husserl und Heidegger. Dazu paßt es, daß die Frage nach der Zeit als Sinnfrage eingeführt wird. Die beiden Mottos, die dem Kapitel vorangestellt sind, sprechen eine deutliche Sprache. Claudel

4 Zu der erwähnten Zeitverdoppelung, die sich auf die bekannten Theorien von Karl Bühler, Roman Jakobson und Émile Benvéniste, aber auch auf Husserls Theorie der okkasionellen Ausdrücke stützen kann, siehe oben Kap. 5.3.

wird zitiert mit dem Satz »Die Zeit ist der Sinn des Lebens«, Heidegger mit dem ähnlich lautenden Satz »Der Sinn des Daseins ist die Zeitlichkeit«. Was die Hermeneutik des Daseins der Claudelschen Poetik an Prägnanz voraushat, wird dort durch Bedeutungsfülle wettgemacht, denn der Zusatz lautet: »Sinn: wie man vom Sinn (= Richtung) eines Wasserlaufs, dem Sinn (= Bedeutung) eines Satzes, dem Sinn (= Strich) eines Kleiderstoffes, dem Sinn (= Empfindung) des Geruchs spricht.« Doch in erster Linie geht es um den Sinn, mit dem etwas gemeint oder verstanden wird. Sinn bedeutet hier, daß etwas da ist, indem es auf anderes verweist und mit ihm einen Verweisungszusammenhang bildet. Mit der empiristischen Annahme äußerlich verbundener Einzelereignisse hat dies wenig zu tun. Alles, was sich jetzt zeigt, was sich soeben gezeigt hat und sogleich zeigen wird, geht ineinander über. Der Sinnzusammenhang eröffnet ein *Zeitfeld* (Hua X, 31), das als *Präsenzfeld* in der lebendigen Gegenwart seinen Kern hat. Die Einheit des Zeitfeldes rührt daher, daß der Augenblick selbst schon retentionale und protentionale Anteile einer primären Erinnerung und Erwartung enthält und daß wir uns in Akten der Vergegenwärtigung jederzeit in frühere und spätere Gegenwartsfelder hineinversetzen können. Bei Husserl zeitigt sich das Zeitbewußtsein, indem die Gegenwart in Vergangenheits- und Zukunftshorizonte hinübergleitet, so wie sich bei Heidegger das Dasein zeitigt, indem es im »Auf-sich-zu«, im »Zurück auf« und im »Sein bei« auf dreifache Weise aus sich heraustritt (*Sein und Zeit*, § 65). Der Sinnzusammenhang weitet sich schließlich aus zu einem *Lebenszusammenhang* im Sinne Diltheys, dem die Weite der Husserlschen Lebenswelt entspricht. Letzten Endes gibt es also nur eine *einzige Zeit*, und ›Zeit‹ ist eine Art Eigenname (PP 481 f./478 f.). Die Aktualität der Gegenwart ist durchsetzt mit Potentialitäten. Alles ist implizit mit da, selbst wenn die explizite Auslegung der zeitlichen Horizonte auf Grenzen stößt. Gegenwart, Vergangenheit und Zukunft sind wie aus einem einzigen Stoff gewirkt.

4. Riß der Zeit: Selbstaffektion

Durch das Sinngewebe geht jedoch ein Riß, der eine Art Kernspaltung bewirkt. Das zeitliche Geschehen würde auf die Stufe eines realen Geschehens zurückfallen, dessen Zeitqualität erschlichen wäre, wenn die Zeit nicht *als Zeit* erfahren würde. Es gibt keine zeitlichen Ereignisse ohne »jemanden, dem sie geschehen«, ohne »Sicht auf die Zeit« (PP 470/467). Dies setzt voraus, daß jemand selbst von der Zeit erfaßt ist. Wie schon Husserl betont, gibt es keine Wahrnehmung der Dauer ohne Dauer der Wahrnehmung (Hua X, 22). Merleau-Ponty verschärft und verallgemeinert diese Einsicht: »Man muß die Zeit als Subjekt, das Subjekt als Zeit begreifen« (PP 483/480). Doch die Subjektivität dieses Subjekts, die sich mit der Zeitlichkeit der Zeit verschränkt, ist weit entfernt von der einseitigen Rolle eines Hypokeimenon. Außerdem bedeutet das doppelte interpretative Als nur eine partielle, keine totale Deckung; es schließt nicht aus, daß man die Zeit auch noch anders versteht. In unserem Zusammenhang kommt es darauf an, daß das sprichwörtliche Fließen der Zeit einen Selbstbezug aufweist, wie wenn »der Bach *sich* ergießt, *s'*écoule« (PP 470/467). Der graphisch markierte reflexive Charakter des benutzten Verbs deutet darauf hin, daß kein reflexives Zeitbewußtsein höherer Stufe im Spiel ist. Wie schon Husserl zu bedenken gibt, würde uns dies in einen unendlichen Regreß verwickeln. Dies zwingt ihn zur Annahme einer *Selbsterscheinung* des Zeitflusses, eines »konstituierenden Urbewußtseins« (Hua X, 83 f.); in einer Beilage, die Merleau-Ponty sicherlich noch nicht kannte, wird daraus ein »notwendig ›unbewußtes‹ Bewußtsein« (ebd., 382). Merleau-Ponty wird später selbst von einem »Unbewußten des Bewußtseins« sprechen (VI 308/321).[5]

Der Autor der *Phänomenologie der Wahrnehmung* bezieht sich nicht nur auf Husserls Motiv der Selbsterscheinung, mit dem dieser den eigenen Bewußtseinsstandpunkt untergräbt, sondern auch auf das Motiv der *Selbstaffektion*, das Heidegger in Paragraph 34 seines Kant-Buches entwickelt. Dort heißt es: »Die Zeit ist als reine Selbstaffektion nicht eine wirkende Affektion, die ein vorhandenes Selbst trifft, sondern als reine bildet sie das Wesen von so etwas wie Sich-selbst-angehen.« (1965, S. 172). Merleau-Ponty erläutert dies wie folgt: »Das Affizierende ist die Zeit als Andrang und Übergang zur Zukunft hin; das Affizierte ist die Zeit als die entfaltete Reihe der Gegenwarten; Affizierendes und Affiziertes sind ein und dasselbe, da der Andrang der Zeit nichts anderes ist als der Übergang von Gegenwart zu Gegenwart« (PP 487/484). Mit der *poussée* wird

5 VI: *Le visible et l'invisible* (1964), dt. 1986 (zur Zitierweise siehe oben, Anm. 1).

der Zeit eine Macht eingeräumt, die der eigenen Initiative zuvorkommt. Mit der Zweiheit von konstituierender und konstituierter, von affizierender und affizierter Zeit geraten wir allerdings in einen Zirkel der Zeit, der sich mit einem Zirkel des Selbst verbindet, da es dem Dasein primär um sich selbst geht.

Hier sei vorweg auf einige offene Probleme hingewiesen. Der Selbstbezug, der in der Selbstaffektion zutage tritt, schließt einen Fremdbezug ein, allerdings nur dann, wenn wir statt von zwei Zeitstufen oder Zeitmodi von einer radikalen Selbstverdoppelung der Zeit ausgehen. Wir gelangen dann zu einer Zeit, in der das Selbst – wie es sich schon bei Platon abzeichnet – nicht an sich selbst rührt, ohne an anderes zu rühren. Die bloße Selbstabwesenheit, die darin liegt, »daß ich mich nur berühre, indem ich mir selber entfliehe« (PP 467/464), ist Ausdruck der Endlichkeit des Selbst, die »transzendentale Urstruktur des endlichen Selbst als eines solchen«, wie Heidegger formuliert (1965, S. 173). Die zusätzliche Annahme, es sei der Zeit wesentlich, »sich einem Anderen zu öffnen und *aus sich selbst* herauszugehen« (PP 487/485), würde dann eine Andersheit unterstellen, die letzten Endes selbst noch eine von Gnaden des Selbst wäre. Doch die Selbstberührung, die den augustinischen und cartesischen Unterschied von *comprehendere* und *attingere* wiederaufleben läßt, macht noch etwas anderes deutlich. Sie zeigt, daß das Wirken der Zeit über alle Zählbarkeit hinaus affektiv getönt ist. Heidegger wie auch Merleau-Ponty erinnern daran, daß es bei Kant das Gemüt ist, das durch sich selbst affiziert wird. Die Interpretation als Selbstaffektion läßt also einiges offen, was uns noch beschäftigen wird. Mit der Selbstaffektion tut sich ein Spalt auf, der die vorgebliche Sinntotalität aufsprengt.

5. Bewegung der Zeit: Vor- und Rückläufigkeit

Der Sinn der Zeit besteht darin, daß sich in ihrem Kommen, Gehen und Dauern Zusammenhänge ergeben, an denen wir als Subjekte beteiligt sind, aber nicht in Form eigenmächtiger Setzungen und Entscheidungen. Da wir selbst in das Zeitgeschehen verwickelt sind, fehlt uns die Distanz, die uns einen Überblick über die Zeit und einen Zugriff auf sie ermöglichen könnte. Merleau-Ponty knüpft abermals an Husserl an, indem er die zeitliche

Synthese als *passive Synthesis* begreift, bei der das Syn- nicht selbst aus einer Thesis hervorgeht. Die Einheit bildet sich in Form einer *Übergangssynthesis*. Diese prägt sich nicht von oben her einer gegebenen Mannigfaltigkeit von Daten und Ereignissen auf, sie kommt implizit zustande, indem eine Bewegungsphase in die andere übergeht. Besonders deutlich wird dies in Merleau-Pontys Beschreibung von Bewegungsphänomenen. Die Welt besteht nicht aus Dingen, sondern aus Übergängen (*transitions*). Der Vogel etwa, der meinen Garten überquert, wird zum Vogel durch die besondere Art seines Vorbeifliegens. Es ist nicht der Vogelbeschauer, der die Einheit des Flugs zustandebringt, sondern der Vogel selbst, der *noch hier* und doch *schon dort* ist in einer Art Allgegenwart. Nur die objektive Zeit besteht aus einer Abfolge von Augenblicken, die erlebte Gegenwart schließt in ihrer Dichte Vergangenheit und Zukunft in sich ein und bildet mit ihnen eine einzige Zeitwelle (PP 318/320). Die Wahrnehmungsbewegung zeitigt sich, indem das Auge den sichtbaren Bewegungen folgt, so wie das Ohr mit den Bewegungen der Töne mitschwingt.[6]

Doch das Mitmachen solcher Bewegungen, die sich selbst inszenieren, führt nicht nur in die Weite zeitlicher Horizonte, sondern auch in die Tiefe der Vergangenheit. Die Dichte (*épaisseur*), eines der Lieblingswörter des Autors, besagt, daß die Zeit sich wie in einem Kompressor zusammendrängt und daß Zeitschichten sich wie Gesteinsschichten überlagern. Die zeitliche Gegenwart ist kein Kern, der in einer Schale ruht, und keine Fläche, die sich ungehindert ausbreitet, sie platzt aus allen Nähten. Die Tiefe löst einen Sog aus, der uns mit sich zieht. Sprachlich bekundet sich das Zeit-

6 In ähnlichem Sinne spricht Franco Paracchini von einem Wahrnehmungsereignis (*evento perceptivo*), das sich zeitlich strukturiert, kontextualisiert und ständig erneuert. Vgl. *Le ragioni del tempo* (2002), S. 177-180 u. ö. In dieser gründlichen Untersuchung, in der phänomenologische Analysen sich mit experimentellen Forschungen wie denen von C. Stumpf, A. Michotte oder G. Kanizsa verbinden, liegt das Gewicht auf dem Perzeptum, das in der Einheit von Sukzession und Permanenz Gestalt annimmt. So bedeutsam diese Problematik auch ist, sie beschränkt sich auf das, was sich zwischen Pathos und Response abspielt, ohne daß dieses Zwischenereignis hinreichend bedacht wird. So kommt es zwar, wie schon bei Bergson und Husserl, zu »rückläufigen« Strukturierungseffekten (S. 215), doch das *après coup* und das *avant coup*, dem unser Augenmerk gilt, wird einzig der Reflexion zugeschoben (S. 178) und nicht als Effekt einer zeitbildenden Selbstaffektion erfaßt.

gefälle in einer ganzen Skala von Instanzen, die das Präfix *prä-* oder *vor-* vor sich her tragen wie eine Zeitmaske. Das Zeitgeschehen gilt als präobjektiv, präsubjektiv, präpersonal, präthetisch, präreflexiv, es verweist auf ein Vor-Ich, eine Vorwelt, eine Vorgeschichte. Was sich in einer statischen Sichtweise als Schichtengefüge darstellt, nimmt bei genetischer Betrachtung die Form einer Sinngeschichte an. Merleau-Ponty beruft sich dabei nicht nur auf Husserl, sondern auch auf Hegel, der die Geschichte in der Tiefe der Gegenwart entdeckt als Existenz des Geistes (PP 277 f./281).[7] Dabei wird die *Vor-läufigkeit* des *Prä-* wettgemacht durch die *Rück-läufigkeit* eines *Re-*, eines *Wieder-*, so vor allem in der Wiederaufnahme des Sinnes oder im Rückgriff auf einen vorgezeichneten Sinn, einer *reprise*, wie es häufig heißt, oder auch eines *Nach-vollzugs* im Sinne Husserls.[8] Um Vor und Wieder schlingt sich das einigende Band einer Zirkularität, die höchst problematisch ist. Das hält sich durch bis ans Ende: »Zirkularität: alles, was auf einer bestimmten Ebene gesagt wird, greift voraus und wird wiederaufgegriffen«; der Erzähler Proust dient als Kronzeuge für das Ende einer Philosophie, das mit der Erzählung ihres Anfangs zusammenfällt (VI 231/230). Der hermeneutische Zirkel, der sich zwischen dem Ganzen und den Teilen hin und herbewegt, nimmt die Form eines temporalen Zirkels an. Natürlich wird sich der Kreis nie schließen, weil der Anfang keiner blinden Voraussetzung entstammt, die sich in einer durchsichtigen Selbstsetzung aufheben ließe. Eine radikale Reflexion, die ihre eigenen Voraussetzungen bedenkt, stößt auf unumstößliche Grenzen. Für uns leibliche Wesen bedeutet der »unreflektierte Untergrund« eine »ursprüngliche Vergangenheit, die niemals Gegenwart war« und die eben deshalb auch niemals Gegenwart sein wird (PP 280/283). Deshalb sind Geburt und Tod Grenzereignisse, die mir ebenso unzugänglich sind wie die fremde

7 Ein Text, der das frühe Hegel-Verständnis von Merleau-Ponty stark geprägt hat, ist der Aufsatz »Vie et prise de conscience de la vie dans la philosophie hégelienne d'Iéna« von Jean Hyppolite, veröffentlicht 1938, wiederabgedruckt in: *Études sur Marx et Hegel* (1955).

8 Dazu ein Beispiel: In seinem Aufsatz über die »Phänomenologie der Sprache« verlegt Merleau-Ponty den Ort der Wahrheit zwischen *anticipation* (Vorhabe) und *reprise* (Nachvollzug), die Husserlschen Termini sind in Klammern auf deutsch beigefügt. Vgl. *Signes* (1960), S. 119, dt. S. 134. Verwandt mit dem ›Nachvollzug‹ ist Husserls ›Nachstiftung‹; auf das Begriffspaar ›Urstiftung/Nachstiftung‹ bezieht sich Merleau-Ponty immer wieder.

Gegenwart; es ist die Gegenwart selbst, die eine Kehrseite der Abwesenheit hat (PP 418/417). Das vielfältige *es gibt*: es gibt Welt, Sinn oder Rationalität wird ergänzt durch ein *es gibt Zeit*, hinter dem sich nicht mehr die Existenz des Begriffs oder des Geistes verbirgt.

Und dennoch scheint die lebendige Gegenwart »zerrissen in die Vergangenheit, die sie übernimmt, und die Zukunft, die sie entwirft« (PP 384/384). Gemessen an den Zielen der Wahrnehmung und an den Einsätzen der Handlung führt das Wechselspiel von Reprise und Pro-jekt zu einer beständigen Enttäuschung und einem wiederholten Scheitern, wie die Analysen der Wahrnehmungs- und der Handlungszeit zeigen werden. Um der Verlegenheit zu entgehen, die aus dem Hin und Her von Vorgabe und Wiederaufnahme resultiert, flüchtet Merleau-Ponty zu Umkehrformeln, die sich in der *Phänomenologie der Wahrnehmung* geradezu häufen, so etwa: »Die Welt ist gänzlich innen, ich bin gänzlich außer mir«, weil die Welt »vor mir« ins Bild tritt und ich »in ihr« situiert bin (467/464); die Sinngebung ist »zugleich zentrifugal und zentripetal« (501/499) und so fort. Man könnte versucht sein, von einer deskriptiven Diallele zu reden. Zwar handelt es sich nicht um Zirkelschlüsse oder zirkuläre Definitionen, von denen sich die gewohnte Verteidigung der Zirkularität, wie etwa jene in *Sein und Zeit*, deutlich absetzt; es handelt sich nicht um eine Ordnung der Gründe, sondern um eine Ordnung der Sachgehalte (VI 220/216). Dennoch bleibt es dabei, daß in solchen zirkulären Beschreibungen dieser Sachgehalt aus jenem und jener aus diesem geklärt wird in endloser Folge. Entspricht dies nicht jener »Mischung von Endlichkeit und Universalität, von Innerlichkeit und Äußerlichkeit«, die Merleau-Ponty selbst als »schlechte Ambiguität« anprangert?[9] Mit Hegel könnte man auch von einem unglücklichen Bewußtsein, speziell von einem unglücklichen Zeitbewußtsein sprechen. Es stellt sich dann die Frage, ob die Passivität des Zeitgeschehens sich nicht auch an-

9 Vgl. die Schrift für die Kandidatur am College de France von 1951/52, in: *Parcours deux 1951-1961* (2000), S. 48, dt. in: *Das Auge und der Geist* (2003), S. 110. Ich verweise dazu auf meine kritischen Überlegungen in: *Phänomenologie in Frankreich* (1998), S. 174-178. Dort unterscheide ich im Hinblick auf Merleau-Pontys phänomenologischen Ansatz zwischen einer radikalen Tendenz und einer kompromißhaften Ausführung; dies trifft auch auf die Zeitauffassung zu, obwohl gerade sie einen Ausweg aus dem traditionellen Dilemma verspricht.

ders begreifen läßt und ob Ansätze dazu nicht bei Merleau-Ponty selbst zu finden sind.

6. Wahrnehmung zwischen Vor- und Rückblick

Ich schiebe hier ein phänomenologisches Intermezzo ein, das die Wahrnehmung als das Kernstück der *Phänomenologie der Wahrnehmung* betrifft und das die Beschreibungskunst des Autors in helles Licht rückt; in ein Licht, das heller strahlt als alle direkte Kritik an einer Metaphysik der Präsenz. Das Kapitel über das Empfinden endet mit der Frage nach der synthetischen Leistung, die der Wahrnehmung zu ihren Objekten verhilft. Die Antwort besteht in dem Aufweis, daß in der Wahrnehmung kein bloßes Zeitschema einer sinnlichen Mannigfaltigkeit übergestülpt wird, sondern die Wahrnehmungssynthese sich selbst in Form einer zeitlichen Synthese entfaltet (PP 276-278/279-281). Als Beispiel wählt Merleau-Ponty einen ganz vertrauten Gegenstand, seinen Arbeitstisch. Natürlich könnte man sich eine Situation ausdenken, in der uns Überraschendes oder Merkwürdiges vor Augen kommt wie etwa Wittgensteins Sessel, der plötzlich dem Blick entschwindet und ebenso plötzlich wieder da steht. Doch anhand des schlichten Beispiels läßt sich zeigen, daß selbst das normale Sehen mehr bedeutet als ein bloßes Wiedersehen.

So lesen wir also: »Ich öffne die Augen über meinem Tisch: mein Bewußtsein saugt sich voll mit Farben und konfusen Reflexen, es unterscheidet sich kaum von dem, was ihm begegnet, es verbreitet sich durch seinen Leib hindurch in diesem Schauspiel, das zunächst noch ein Schauspiel von nichts ist.« Das virtuelle Objekt wird zu einem aktuellen Objekt, sobald ich den Tisch fixiere. Der vage umherschweifende Blick schlägt im Hinsehen eine bestimmte Richtung ein, so daß das Sehen sich um einen Brennpunkt sammelt. Nun aber setzt eine überraschende Wende ein, die den Gang der Wahrnehmung in einen eigenartigen Krebsgang verwandelt. Der Augenblick entpuppt sich selbst als ein Rückblick, der einen Vorblick fortsetzt. Es lohnt sich, Merleau-Pontys Beschreibung ausführlich zu zitieren. »So vermag ich das Etwas, das mich berührte, auf seinen Platz in der Welt zu verweisen, da ich, zurückweichend in die Zukunft, den ersten Angriff der Welt auf meine Sinne in die unmittelbare Vergangenheit verweisen und mich auf den bestimmten Gegenstand als eine nächste Zukunft hin orientieren kann. Der Akt des Blickens ist in eins prospektiv, da der Gegenstand im Zielpunkt meiner Fixierungsbewegung steht, und retrospektiv, da er sich als seiner Erscheinung vorgängig geben wird, als der ›Reiz‹, das Motiv oder das erste Bewegende des ganzen Prozesses von seinem Anfange an.«

Dieser dichte Text enthält einige höchst bemerkenswerte Aspekte. Da ist zunächst das Hin und Her zwischen dem Akt, den ich vollziehe: *Ich fixiere*, und dem was mir widerfährt: was *mich berührte*, eine *Attacke auf meine Sinne*, etwas, was *mich bewegt*, und zwar von Anfang an, so daß meine Blickbewegung nicht schlechthin meine ist. Eine bloße Mischung aus Aktivität und Passivität würde der schlechten Ambiguität verfallen, von der schon die Rede war. Eine Erlösung aus dem Dilemma, das aus einer Kombination realer und idealer Faktoren entsteht, bietet die Zeit, aber eine Zeit, die sich von der Vorstellung einer Zeitlinie weit entfernt. Der Blick ist retrospektiv, weil der Gegenstand »sich als *seiner Erscheinung vorgängig* geben wird«, nämlich als Reiz, der zur Gegenstandsbildung anregt. Der Blick ist prospektiv, weil dieses Vorgegebene allererst *zur Erscheinung kommen wird*. Das Vorher zeigt sich erst im Nachhinein, das Nachher greift auf ein Vorher zurück. Entscheidend ist dabei, daß nicht *etwas* dem Gegenstand vorausgeht, sondern daß dieser *sich selbst* vorausgeht, sofern er buchstäblich zur Erscheinung kommt und nicht schon fertig vor Augen liegt. Umgekehrt greift der Blick nicht auf etwas zurück, das bereits vorliegt, sondern im Vorliegenden entdeckt er künftige Möglichkeiten. Was ich *sogleich* sehen werde, ist schon da in dem, was ich *soeben* sah. Dies erinnert an das platonische Paradox, demzufolge alles Werdende älter und jünger ist als es selbst.

Doch die außerordentliche Spannkraft dieser »inneren Dialektik« erlischt, kaum daß ihre Wirkung eingesetzt hat. Mein Leib *knüpft* Gegenwart, Vergangenheit und Zukunft *zusammen* zu einem Knoten, mein Leib *greift Besitz* von der Zeit, er *macht* die Zeit, anstatt ihr zu unterliegen, *läßt* Vergangenheit und Zukunft *für die Gegenwart existieren*. Da jeder Akt der Fixierung der Erneuerung bedarf und auf Reprisen angewiesen ist, um sich seiner Geschichte zu versichern, verweist die Geschichte der Wahrnehmung auf eine *Vorgeschichte*. Wieder stoßen wir auf die Gegenläufigkeit von *Prä-*

und *Re-*. Es gäbe keine dichte Gegenwart mit all ihrem unerschöpflichen Reichtum, »bewahrte die Wahrnehmung nicht, mit Hegel zu reden, in ihrer gegenwärtigen Tiefe eine Vergangenheit auf und zöge sie diese nicht in jener Tiefe zusammen«. Eine jede Synthese wird durch die Zeit gesprengt und erneuert. Wie auch an anderen Stellen gezeigt wird, ist eine erste Wahrnehmung nicht möglich, da jede Wahrnehmung sich von einem Hintergrund und somit auch von einer Vergangenheit absetzt (PP 326/327), und eine letzte Wahrnehmung ist dann ebenfalls unmöglich.

Diese Wahrnehmungsgeschichte beschränkt sich nicht auf eine individuelle Geschichte. Abgesehen von dem Sockel einer vorpersönlichen Anonymität, der wie eine zweite Natur in alle persönlichen Erlebnisse hineinragt, weisen Geburt und Tod in ihrer Unzugänglichkeit über sich hinaus, doch immer noch ist dieses Über-hinaus meines. Ähnlich steht es mit dem Anderen, der mich mit einer Vorgeschichte in actu konfrontiert. Das fremde Gesicht fungiert gleich wie der eigene Leib als ein originäres Memento. In der eigenen Wahrnehmung »finde ich in meinen Wahrnehmungsorganen ein Denken bereits am Werke, das älter ist als ich selbst und dessen bloße Spuren die Organe sind. Auf gleiche Weise verstehe ich den Anderen. Auch hier finde ich nur die Spur eines Bewußtseins, dessen Aktualität sich mir entzieht [...]« (PP 404/403). Aber der Andere bleibt »ein jüngerer Bruder«, denn »nie erfahren wir in ihm den Andrang der Zeitigung, wie wir ihn in uns selber erfahren« (PP 495/492). Aufgrund einer »prinzipiellen Allgegenwart und Ewigkeit« fühle ich mich einem »unerschöpflichen Lebensfluß« ausgeliefert; weder seinen Anfang kann ich denken noch sein Ende, da dies nur zu meinen Lebzeiten geschehen könnte. So kommt es, daß mein Leben *sich ständig vorausgeht* und *sich ständig überlebt* (PP 418/417). Das Paradox der Zeit, das darin besteht, daß die Präsenz von Schatten der Absenz umlagert ist und nach dem greift, was ihr uneinholbar vorauseilt, führt zu einem »beständigen Scheitern des Wahrnehmungsbewußtseins« (PP 277/280). Angesichts der Dinge, von denen jedes »nur sein Sein bejaht, indem es mich meines Seins enteignet«, erfaßt mich ein »beständiges Unbehagen«.[10] Das anfängliche Paradox eines An-sich, das für mich ist, weicht am Ende

10 So in dem Aufsatz zu Simone de Beauvoir von 1945, wiederabgedruckt in: *Sens et non-sens* (1996), S. 37 f., dt. S. 38.

einer »Dialektik von konstituierter und konstituierender Zeit« (PP 278/281) und der Bindung an ein Subjekt, das wie die Zeit selbst *naturans* und *naturatum*, Endliches und Unendliches zugleich ist (PP 419/418). Der Kreis schließt sich nicht, aber er hält uns in einer »schlechten Ambiguität« gefangen, solange die Passivität als untilgbarer Rest behandelt wird und nicht als Ausdruck eines ersten Movens, wie Merleau-Ponty es in seiner Beschreibung der Wahrnehmungszeit selbst nahelegt.

7. Handeln zwischen Vorsatz und Vorschlag

Die Wahrnehmung dient der *Phänomenologie der Wahrnehmung* als Prototyp einer Erfahrung, die Zeitfelder durchquert und zwischen den Klippen von Empirismus und Intellektualismus ihren Weg sucht. Ähnliche Grundzüge, aber auch ähnliche Fehlschläge ließen sich in allen weiteren Erfahrungsregistern aufzeigen. Ich greife nur die Zeit der Handlung heraus, die in der Geschichts- und Gesellschaftstheorie eine entscheidende Rolle spielt und politische Konsequenzen hat.

Daß das große Werk über die Wahrnehmung mit einem Kapitel über die Freiheit endet, kann nur den erstaunen, dem das Handeln einzig von Zielen, Normen und Kalkülen beherrscht scheint. Merleau-Ponty geht sowohl über die aristotelische Zielbestimmtheit wie über ein kantische Normierung des Handelns hinaus, und eben dabei spielt die Zeit eine entscheidende Rolle. Ähnlich wie Sartre sieht er das Handeln in Situationen verankert, die uns vor immer neue Herausforderungen stellen. Doch anders als der existentialistische Sartre begreift er das Handeln nicht als eine menschliche Spielart der *creatio continua*, in der sich Augenblick an Augenblick reiht; eine Urwahl ist für ihn ein ebensolches Unding wie eine erste Wahrnehmung oder ein erstes Wort (PP 500/497). Es gibt nicht nur, wie schon bei Husserl (Hua III, 195), ein »Feld der Freiheit«, sondern auch eine Geschichte der Freiheit. Alles Handeln beginnt mit einem Schwanken und Zögern, in dem die verschiedenen Gewichte der Dinge gegeneinander abgewogen werden (PP 503/500). Es gibt, wie sich bereits in der Wahrscheinlichkeitslehre von Aristoteles andeutet, eine »positive Unbestimmtheit«, die nicht im Indikativ, sondern im Interrogativ, im Konjunktiv und im Optativ steht und mit

Wünschen und Erwartungen durchsetzt ist. Es gibt Latenzphasen, in denen eine Entscheidung heranreift und ausgearbeitet wird wie das Werk des Künstlers – bis schließlich eine bestimmte Zukunft aus meiner Gegenwart und meiner Vergangenheit hervorquillt (PP 508-510/506 f.). Die Situation macht Vorschläge, liefert aber keine fertige Lösung, so daß unser Handeln auf kreative Antworten angewiesen ist. »Wir geben der Geschichte ihren Sinn, doch nicht, ohne daß sie ihn selber uns nahelegte« (PP 513/510). So beruht jeder eigene Vorsatz auf einem fremden Vorschlag.

Doch wie schon die Wahrnehmung, so ist auch das Handeln zum Scheitern verurteilt. Die generalisierte, anonyme Zeit, die unsere persönlichen Entscheidungen trägt, gleicht mit ihrem ständigen Neubeginn von Vergangenheit, Gegenwart und Zukunft »einer immer wieder neuen Enttäuschung und einem immer wieder neuen Fehlschlag« (PP 516/514). Der doppelte Vorbehalt, daß wir unsere Welt wählen und die Welt uns wählt (PP 518/515), führt nicht hinaus aus dem Tretrad der Zeit. So fruchtbar der Versuch ist, sowohl im persönlichen wie im gesellschaftlichen Leben einen Mittelweg einzuschlagen, der das Extrem eines Determinismus ebenso vermeidet wie das Extrem eines Dezisionismus oder Voluntarismus, so weckt er doch Erwartungen, die zwangsläufig enttäuscht werden.

Politisch entspricht dies einem Attentismus, den Merleau-Ponty in seiner Auseinandersetzung mit dem Marxismus, auf dem Weg von *Humanismus und Terror* zu den *Abenteuern der Dialektik*, allmählich überwunden hat. In dem letztgenannten Werk, in dem jede Utopie eines vollendeten Sinnes und einer ein für allemal verwirklichten Freiheit aufgeben wird, heißt es: »Die Geschichte arbeitet nicht nach einem Modell: sie ist gerade die Heraufkunft oder das Aufkommen (*avènement*) des Sinns.«[11] An der gleichen Stelle zieht Merleau-Ponty eine Parallele zwischen dem Sinn der Geschichte und dem Bildsinn in der Malerei sowie dem Sinn der gesprochenen Sprache. Dies betrifft auch das Paradox eines kreativen Ausdrucks, von dem weiter unten die Rede ist.

11 *Les aventures de la dialectique* (1955), S. 27, dt. S. 23. Die Übersetzung von »avènement« mit »Inthronisierung« tilgt alle Spuren einer Zukunft, die nicht schlichtweg unsere eigene ist.

8. Kommen und Gehen

In der Vorgängigkeit und Nachträglichkeit, die in dem gleichzeitigen Vor und Zurück des Erfahrungsganges zutage tritt, liegt eine Zweideutigkeit, die auf eine Alternative hindrängt. Geht unser Leben mit seinen Akten und Entwürfen lediglich *sich selbst* voraus, oder geht es *sich selbst in einem Anderen* voraus? Wäre letzteres der Fall, so würde dies den Zirkel, der uns gefangen nimmt, sprengen. Allerdings kann dies nicht besagen, daß uns einfach *etwas anderes* oder *jemand anders* vorausgeht, als wäre die Erfahrung des Anderen und Fremden ohne das Selbst zu denken. Wenn Platon zwei Register aufmacht, nämlich das des Älter- und Jüngerseins einmal in bezug auf sich selbst, das andere Mal in bezug auf anderes, so wären beide zu einem Doppelregister zu vereinen. Zu diesem Zweck greife ich auf die doppelte Bewegung des Kommens und Gehens zurück, die in den zeitlichen Dimensionen des Ver-gangenen und Zu-künftigen schon anklingt. Die Zeit der Wahrnehmung und die der Handlung, dazu die Zeit der Rede, wird uns weiterhin leiten, doch die Beschreibungen, die Merleau-Ponty anbietet, bedürfen einer Neubeschreibung oder, wie er es zu nennen pflegt, einer kohärenten Verformung. Dabei werden Motive wie Pathos, Appell, Response und Zeitverschiebung eine zentrale Rolle spielen, die schon in Kapitel 5 vorgestellt wurden.

In der Wahrnehmungsanalyse war davon die Rede, daß wir von etwas getroffen, gereizt, bewegt werden, bevor wir es fixierend in den Blick nehmen. Dies besagt: etwas kommt *auf uns* zu, bevor wir *von uns aus* darauf zugehen. Entscheidend ist dabei die *doppelte Blickrichtung*. Darin unterscheidet sich die Doppelbewegung von dem Nacheinander einzelner Bewegungen, deren jede für sich *a fronte* von einer Zielursache oder *a tergo* von einer Wirkursache gesteuert wird. Die sukzessive Anordnung lädt dazu ein, den Bewegungsablauf in Phasen einzuteilen, Hindernisse einzukalkulieren und eine Vielzahl sich kreuzender Bewegungen zu berücksichtigen – doch an der einseitigen Bewegungsrichtung ändert dies nichts. Selbst wenn wir zwischen zentripetalen und zentrifugalen Bewegungen unterscheiden, ändert sich nichts Entscheidendes, solange die Zentrierung nicht als solche durchbrochen wird. Im Falle der Zeiterfahrung ist es die lebendige Gegenwart, und zwar zunächst die eigene Gegenwart, von der unsere Intentionen und Entwürfe ausgehen, um Vorgegebenes zu verarbeiten. Die Husserlsche Passivität, auf die Merleau-Ponty zurückgreift, besagt, daß es Erlebnisse gibt, bei denen die Initiative nicht beim Subjekt liegt. Damit nähern wir uns einer radikalen Dezentrierung, doch mehr auch nicht, solange – wie schon bei Aristoteles – die Passivität als Minderung der Aktivität oder die Potentialität als Minderung der Aktualität begriffen wird. Die Doppelbewegung, die wir im Auge haben, stellt sich demgegenüber als ein *Doppelereignis* dar, das sich einerseits als Pathos, Widerfahrnis oder Anspruch (Anblick, Anrede, Antun), andererseits als Response bestimmen läßt. Während das Pathos *mir* geschieht oder *mich* trifft, bin *ich* es, der oder die eine Antwort gibt. Das Pathos ist ein Ereignis, aber es ist kein objektives Vorkommnis, das sich der Beobachtung erschließt, sondern ein Ereignis für jemanden, eben ein Widerfahrnis. Ein Widerfahrnis ohne jemanden, dem es zustößt, wäre wie ein Schmerz ohne jemanden, der ihn spürt. Aber auch die Antwort, ob als Blick, Wort oder Tat, ist ein Ereignis, also mehr als ein eigener Akt, sofern das eigene Tun geprägt ist durch das, *wovon* es getroffen oder affiziert wird und *worauf* es antwortet. Um ein Doppelereignis handelt es sich, sofern Widerfahrnisse oder Ansprüche nur faßbar sind in der Antwort und sofern umgekehrt die Antwort nur Antwort ist im Rückbezug auf ein Pathos oder einen Appell, von dem sie ausgeht. Dieses Doppelereignis entstammt keiner Synthese, sondern einer Dihairese, die zwar einen Kontakt schafft, aber in Form einer Berührung aus der Ferne, eines Berührens des Unberührbaren.[12]

Die zeitliche Eigenart dieses Doppelereignisses liegt nun darin, daß das, was mich trifft oder mir widerfährt, nicht früher eintritt als meine Antwort, sondern mit einer *originären Vorgängigkeit*, die eine ebenso *originäre Nachträglichkeit* nach sich zieht. Dem Zufrüh des Widerfahrnisses entspricht ein Zu-spät der Antwort. Besonders eklatant sind Fälle des Schocks und der Traumatisierung, in denen die Antwort blockiert ist. Der *Respondent*, jener also, dem eine Antwort abverlangt wird, ist älter als er selbst, da er als *Patient* durch eine uneinholbare Vergangenheit geprägt ist; er ist jünger als er selbst, da aus eben dieser Vorvergangenheit eine unerreichbare Zukunft entspringt. Anders gesagt, ich bin älter als ich selbst,

12 Vgl. VI 308/321, dazu Antje Kapust, *Berührung ohne Berühren. Ethik und Ontologie bei Merleau-Ponty und Levinas* (1999), ferner *Bruchlinien der Erfahrung* (2002), Kap. 2: »Berührung aus der Ferne«.

weil *mir* etwas widerfährt, *bevor ich* antworte, und ich bin jünger als ich selbst, weil *ich* antworte, *nachdem mir* etwas widerfahren ist. Zwischen Pathos und Response klafft ein Hiatus, der als Ort des *Umschlags*, wie schon Platon anmerkt, im strengen Sinne ortlos ist. Mit Husserl könnte man von einem »Umschlagspunkt« oder einer »Umschlagstelle« sprechen (Hua IV, 160f., 286),[13] mit Merleau-Ponty von einem »Scheideweg«, einer »Wegkreuzung« (*croisée*) (VI 212/209). Umschlag bedeutet mehr als Übergang. Beim Übergang kommt es zu einem Zustandswechsel, der die oben erwähnte Übergangssynthese zuläßt; der Umschlag bewirkt dagegen einen Richtungswechsel. Das Auf-mich-Zukommen und das Auf-anderes-Zugehen sind zwei Bewegungen, die sich nicht koordinieren und synchronisieren lassen, da sie keinen gemeinsamen Sinn verfolgen und keiner allgemeinen Regel folgen. In den Zeitanalysen von *Autrement qu'être* bestimmt Levinas die Zeitlichkeit, die sich zwischen mir und dem Anderen ereignet, als Diachronie. Ich selbst bezeichne besagten Hiatus als *Diastase*, als ein Auseinandertreten, im Anklang an und im Kontrast zur Ekstase als einem Heraustreten, das bei Heidegger die Zeitstruktur des Daseins kennzeichnet.

Der zeitliche Charakter dieser Doppelbewegung läßt sich zuspitzen zu einer *Zeitverschiebung* besonderer Art. Hier sind es nicht zwei Zeitordnungen, die kollidieren wie bei dem normalen *time lag*, den wir vom Fliegen her kennen, vielmehr werden alle Zeitberechnungen durcheinandergewürfelt. Die »unmittelbare Vergangenheit«, die Husserl der Retention zurechnet, ist so wenig vergangen, daß man sie sachgerecht als künftige Vergangenheit bezeichnen müßte. Was *zu sehen, zu sagen, zu tun* ist und für uns *zu sein* hat,[14] liegt zugleich hinter uns, da es unter dem »Andrang der Zeit« unserer Initiative zuvorkommt, und vor uns, da es erst in unserer Antwort zum Zuge kommt. Dieses Überkreuz von vergangener Zukunft und zukünftiger Vergangenheit findet seinen Nicht-Ort dort, wo Neues aufkommt. Husserl fügt an dieser Stelle die »Urimpression« ein,

13 Diese Umschlagstelle wäre allerdings nicht mit einer Umkehrstelle (*point de retournement*) oder mit einer bloßen Falte gleichzusetzen (vgl. VI 317/331).

14 Vgl. im Lateinischen: *mihi faciendum est*, was wörtlich übersetzt heißt: »Mir ist etwas zu tun«. Das präsentische »ist« schillert zwischen »war« und »wird sein«. Die Sprachform des Gerundivs, die sich auf etwas diesseits der Schwelle von Sein und Sollen bezieht, kehrt bei Merleau-Ponty ständig wieder. Ich verweise auf meine Ausführungen zur »Responsivität des Leibes«, in: *Idiome des Denkens* (2005).

und Merleau-Ponty spricht von einem *jaillissement*, einem Hervorquellen und Hervorbrechen, in dem nicht lediglich weiterfließt, was schon im Fluß ist. Auch das wissenschaftstheoretische Konzept der Emergenz findet darin phänomenologische Anhaltspunkte.[15] Doch der Umschwung, die Metabolé, die wir im Sinne haben, geht darüber hinaus. Im Gegensatz zu dem, was einem kontinuierlichen Sinn- und Lebenszusammenhang zugehört, im Gegensatz auch zu dem, was dem *élan vital* als einem stetig wirksamen Lebensdrang und Lebensschwung entstammt, ist das, was den Umschwung herbeiführt, weder alt noch neu; der Gegensatz von Alt und Neu hat hier vielmehr seinen Ursprung.

Wenn wir von einem Kommen und Gehen ausgehen, so fällt der Zukunft ein besonderes Gewicht zu; denn das Kommen und Gehen läßt sich nicht einfach umkehren in ein Gehen und Kommen, dies würde dem Zeitgefälle schlicht zuwiderlaufen. An Heideggers Behauptung vom Vorrang der Zukunft, die Merleau-Ponty bestreitet, scheint etwas Wahres, doch alles hängt davon ab, wie die Zukunft gedacht wird. Merleau-Ponty nimmt die »Kunft« (*Sein und Zeit*, S. 325), die in der Zukunft steckt, durchaus ernst. Oftmals benutzt er den Terminus *avènement*, um das Ankömmliche eines Ereignisses hervorzuheben, so etwa im Falle der Geburt (PP 466/463).[16] An anderer Stelle heißt es: »Keine Ereignisse ohne jemanden, dem sie geschehen, wörtlich: bei dem sie ankommen: *pas d'événements sans quelqu'un à qui ils adviennent*« (PP 470/467).[17] Die Zukunft ist keine Folge dessen, was in Vergangenheit und Gegenwart angelegt ist: »Nicht hinter dem Beobachter bereitet sich die Zukunft vor, sie braut sich vor ihm zusammen (*il se prémédite devant lui*), wie ein Gewitter am Horizont« (PP 471/468); es bedarf eines spezifischen Sinnes für die Zukunft, um diese zu erschließen

15 Das vertikale Auf und Ab von Auftauchen und Absinken verdient gegenüber dem horizontalen Hin und Her von Kommen und Gehen eine größere Aufmerksamkeit, als ihm im Rahmen der vorliegenden Untersuchung zuteil wird. Mehr dazu in meiner *Phänomenologie der Aufmerksamkeit* (2004), S. 73-83.

16 Dies geht in der deutschen Übersetzung, die lediglich von »Ereignis« und »Geschehen« spricht, verloren. Merleau-Ponty muß übrigens solche Stellen aus den Augen verloren haben, wenn er den Ausdruck *avènement* auf Ricœur zurückführt (*Signes*, 1960, S. 85, dt. S. 93).

17 Dieses »jemand« wäre im Hinblick auf die frühesten Ansätze in *Die Struktur des Verhaltens* wie auch im Hinblick auf die späten Vorlesungen zur Entwicklung des Organismus auszudehnen auf ein Selbst, das nicht das menschliche sein muß.

(PP 473/470). Doch an der entscheidenden Stelle weicht Merleau-Ponty aus. In *Sein und Zeit* findet die Zukunft ihren Platz in der Zirkelstruktur der Sorge. Die »ursprüngliche und eigentliche Zukunft« liegt im »Auf-sich-Zukommen« (S. 330) beziehungsweise im »sich auf sich *Zukommen*-lassen« des Daseins (S. 325). Wenn Merleau-Ponty gegen diesen Vorrang der Zukunft opponiert, so nur mit Rücksicht auf eine Gegenwart, deren Uneigentlichkeit und Zerstreutheit wir nie überwinden werden und die unserer persönlichen Zeit die Last einer anonymen Zeit auferlegt, so daß wir »gänzlich aktiv und gänzlich passiv« sind (PP 489/486). Das geht nicht wesentlich über die Zirkularität eines »geworfenen Entwurfs« hinaus. Das Dasein geht sich selbst voraus, aber nicht in einem Anderen, und so stehen wir wieder dort, wo wir schon einmal waren.

9. Chiasmus der Zeit

In seinem späten Werk *Das Sichtbare und das Unsichtbare* kommt Merleau-Ponty nochmals auf die Zeitproblematik zurück. Das kritische Verhältnis von Gegenwart, Vergangenheit und Zukunft erfährt eine Umgestaltung, bei der einige Schwächen der älteren Konzeption überwunden, andere aber wohl doch übersprungen werden. Es ist unmöglich, die dichtgefügten Textpassagen, auf die es ankommt, auch nur annähernd auszuschöpfen. Ich begnüge mich also damit, einige Schlüsselmotive herauszuheben, die unsere bisherigen Erörterungen teils fortsetzen, teils verschärfen.[18]

Eine Arbeitsnotiz von 1960 trägt den Titel »Zeit und Chiasmus«. Begreift man die Zeit als Chiasmus, »dann sind Vergangenheit und Gegenwart ineinander, jede umgriffen-umgreifend,[19] und das gerade ist das Fleisch« (VI 321/336). Es fragt sich, wie das Husserlsche Begriffswort des Ineinanders, das wie auch sonst in der Originalsprache verwendet wird, zu verstehen ist. Wie wir sehen, wird es im Gebrauch umgemodelt. Gehen wir von einem konstituierenden

18 Die Passagen aus *Das Sichtbare und das Unsichtbare*, auf die ich mich besonders beziehe, finden sich auf folgenden Seiten: 242-246/243-248; 296-298/307-309; 321/336.

19 Zu dieser Anspielung auf Pascal vgl. schon PP 467/464.

Zeitbewußtsein aus, so haben wir es mit einer teils sukzessiven, teils simultanen Vielheit von Bewußtseinsakten zu tun, die mittels ihres Sinnes miteinander verknüpft sind. Sehen wir ein Haus am Horizont, so werden Erinnerungen und Erwartungen geweckt; man kann sich in Gedanken vor- und zurückversetzen und so die Enge des Gegenwartsfeldes überwinden. Das Nacheinander wird durch das Ineinander diverser Sinnimplikationen zusammengehalten. Der zeitliche Ablauf verbindet sich mit einem Zurück und Voraus, ohne daß die beiden Enden der Zeitkette sich zusammenschließen. Das *sempre di nuovo* der Zeit, wie Enzo Paci es genannt hat, verrät gewisse Züge einer Sisyphusarbeit, wenn ihm nicht eine Teleologie des Bewußtseins zur Hilfe kommt. Das Ineinander, das bei Merleau-Ponty unter den Namen *Chiasmus* oder *Chiasma* auftaucht, ist indessen weit entfernt von einer anthropologisch getönten Vergeblichkeit, es nimmt einen ontologischen Charakter an.

Die Gegenwart verweist nicht bloß auf Vergangenes, sie versinkt nicht in den Tiefen der Vergangenheit, sondern die Vergangenheit selbst entbirgt und verbirgt sich in der undurchschaubaren Tiefe der Gegenwart; sie ist Abgrund und nicht Fülle (VI 108/107) und hat ohne intentionale Vermittlung an der Stiftung der Gegenwart teil (VI 273/279). Die absolute »Selbsterscheinung« der Zeit, die nicht weiter auf die Stützen eines konstituierenden Bewußtseins angewiesen ist, entfaltet sich im Wechselspiel von An- und Abwesenheit, von Nähe und Distanz. Der Ablauf der Erlebnisse weicht einer Abweichung von sich selbst, einem *écart*, der es mit tänzerischen Seitenschritten zu tun hat und nicht mit einem stetigen Fortschreiten. Differenzen erwachsen aus einem Prozeß der Selbstdifferenzierung. Diese fundamentale Form der Zeit wird als monumentale, vertikale, simultane Zeit vorgestellt, bei der – wie schon bei Platon – Ruhe und Bewegung sich berühren. Sie hat Züge einer mythischen Zeit, eines *nunc stans*, wie im Falle der Proustschen Weißdornhecken, die als Weißdornhecken der Vergangenheit die wahren Weißdornhecken sind (die heutzutage Maiwallfahrer anziehen wie eine literarische Pilgerstätte); wahr sind sie, weil sie, anders als ephemere Vorkommnisse, den Charakter einer Stiftung, einer Initiation haben (VI 296/307).

Der Chiasmus der Zeit bringt es mit sich, daß die *Gegenwart* sich *in der Vergangenheit*, die *Vergangenheit* sich *in der Gegenwart* wiederfindet. Der Chiasmus tritt antizipatorisch auf als Vorhabe, wie es in Anschluß an Husserls *Krisis* heißt (Hua VI, 367),[20] als Vorahnung der Gegenwart, als eine *préméditation*, wie wir sie schon aus der *Phänomenologie der Wahrnehmung* kennen, als »Keimung dessen, was verstanden sein wird«, auch als »Embryologie des Verhaltens«.[21] Umgekehrt äußert sich der Chiasmus rückläufig als »rückläufige Bewegung des Wahren«. Dieser wiederholt zitierte Gedanke Bergsons verweist auf das paradoxe Wunder eines kreativen Ausdrucks, das einen deutlichen zeitlichen Aspekt hat. In seiner Antrittsvorlesung am Collège de France formuliert Merleau-Ponty den Wechselbezug von Erfahrung und sprachlichem Ausdruck wie folgt: »Was ich über die sinnliche Welt sage, findet sich nicht in der sinnlichen Welt, und dennoch hat das Gesagte keinen anderen Sinn als zu sagen, was diese sagen will. Der Ausdruck datiert sich selbst vor und postuliert, daß das Sein auf dem Wege zu ihm war.«[22] Was nun die Wahrnehmung selbst angeht, so spielt sie sich zwischen Vor- und Rückgestaltung ab, als Angel (*pivot*), in der sich die Zeit bewegt, wobei dieser Drehpunkt selbst unbewußt bleibt (VI 243/244). Diese Zeit geht sich als »Zeit vor der Zeit« (VI 296/307) selbst voraus, da die Thematisierung, Verarbeitung und Berechnung der Zeit immer hinter der lebendigen Zeit zurückbleibt. Alles in allem gibt es keine Zeiten im Plural, sondern

20 Siehe die Beilage III, Hua VI, S. 367. Die Deutung der Vorhabe als »Vor-habe (*pré-possession*) einer Totalität« (VI, 65/65) und der Vorblick auf ein Ding, das eine »totale Aktualität verspricht« (VI 245/247), ist allerdings nicht unproblematisch.

21 Vgl. 246/247. An solchen Stellen blitzt die Möglichkeit einer originären Naturzeit auf, die Merleau-Ponty in seinen späten Natur-Vorlesungen von der modernen biologischen Forschung her behandelt. Zur »Embryologie des Verhaltens« vgl. *La nature* (1995), S. 188, dt. S. 196. In der gleichen Vorlesung erörtert der Autor die Möglichkeit einer Zukunft, die aus der Gegenwart selbst kommt, aber aus einer Gegenwart, die in bezug auf das Nachkommende leer ist und sich in einem Ungleichgewichtszustand befindet. »Beim lebenden Organismus dürfen wir weder ›platonisieren‹ noch ›aristotelisieren‹«, also weder mit einer ideellen Präformation noch mit einer realen Entelechie rechnen (ebd., S. 206 f./S. 217). Die Phänomenologie des Lebens und der Natur, die sich hier abzeichnet, bedürfte einer eigenen Analyse. Beachtenswertes findet sich bei Antje Kapust: »Der sogenannte barbarische Rest der Natur und sein menschlicher Logos«, in: Regula Giuliani (Hg.), *Merleau-Ponty und die Kulturwissenschaften* (2000).

22 *Éloge de la philosophie* (1953), S. 43, dt. in: *Das Auge und der Geist*, S. 197 (die dt. Übersetzung ist an dieser Stelle sinnentstellend). Zum Paradox des Ausdrucks und seinem zeitlichen Charakter vgl. *Deutsch-Französische Gedankengänge* (1995), Kap. 7.

eine einzige Zeit, die als System, als gelebter Zusammenhang alles umfaßt (VI 244/246).

Doch am Ende fragt es sich, ob nicht auch die Figur des Chiasmus etwas Zweideutiges hat, das keiner guten Ambiguität zuzuschreiben ist. Chiasmus oder Chiasma bedeutet im engeren Sinne, daß zwei Linien sich überkreuzen wie im griechischen Buchstaben Chi, doch im weiteren Sinne, den Merleau-Ponty im Auge hat, bedeutet es, daß zwei Bereiche sich teilweise überschneiden und aufeinander übergreifen, daß Anteile der einen Seite sich auf der anderen Seite wiederfinden, daß eines im anderen wiederkehrt und beides wie Vorder- und Rückseite miteinander zusammenhängt. Dies entspricht der Figur des Ineinanders oder der des Geflechts. Der Prototyp ist die Wechselberührung der beiden Hände, bei der die berührende Hand zur berührten, die berührte Hand zur berührenden wird. Ähnliches gilt für das Sichsehen im Spiegel, für den Handschlag oder für das Überkreuz des eigenen und des fremden Blicks. Die Deckung beider Seiten ist immer nur partiell, die Koinzidenz à distance wahrt eine Differenz. »Was ich von mir sehe, ist nie genau der Sehende, jedenfalls nicht der Sehende im Augenblick« (VI 314/328). Die zeitliche Verschiebung, die sich an solchen Stellen bemerkbar macht, wird allerdings überspielt durch eine strukturelle Simultaneität der Seinssplitter, die alle Risse und Inkompossibilitäten übergreift und überdauert.

Die Deckung, die Disparates eint, ist auf keinen Fall als logische oder epistemische Identität zu verstehen, sie entspringt einer phänomenalen Gegebenheit, die auch bei optischen Deckfiguren, bei Klangüberlagerungen und in Freuds Deckerinnerung auftritt. Ferner sind solche Doppelphänomene nicht rein statisch zu verstehen als starre Relation, sondern als ein dynamisches Übergreifen mit mannigfachen Vor- und Rückgriffen. Bei Ausdrücken wie Dekkung, Koinzidenz oder Verflechtung sind die entsprechenden Verben mitzuhören, die auf Vorgänge hindeuten, nicht auf fertige Vorlagen. Dann aber stellt sich für uns die entscheidende Frage, ob und wieweit die Doppelbewegung einer *Reversibilität* unterliegt, die es erlaubt, eine Bewegungsrichtung gegen die andere auszutauschen. Dies würde eine fundamentale Symmetrie und eine beidseitige Homogenität voraussetzen, aufgrund deren wir beide Bewegungen als gleichwertig behandeln können. Auch Merleau-Ponty sieht das Verhältnis zwischen mir und dem Anderen von einer »unvermeidlichen Asymmetrie« geprägt (VI 112/112), und strenggenommen trifft dies auf alle chiasmatischen Verdoppelungen zu, auch auf die leibliche Selbstberührung, da rechte und linke Hand nicht in jeder Beziehung austauschbar sind, und es gilt schon gar für das Verhältnis von Gegenwart und Zukunft. Die Asymmetrie beschränkt sich aber nicht darauf, daß zwei Bezugsglieder sich auf verschiedene Weise aufeinander beziehen, sie verleiht der wechselseitigen Bezugnahme einen verschiedenen Duktus. Merleau-Ponty liebäugelt mit einer Zirkularität im Stile Heraklits, so 1960 in seinen Notizen zur Husserl-Vorlesung: »In die eine Richtung gehen, das bedeutet wirklich, in die andere gehen. Es gibt eine dichte Identität, die wirklich die Differenz enthält.«[23] Doch die Doppelbewegung von Kommen und Gehen, die im Chiasmus der Zeit durchschimmert, ist so nicht zu fassen.

Die Fassung der Zeit als Chiasmus ist nicht unzutreffend, aber unzureichend, sie leidet unter einer Unterbestimmtheit. Auffällig ist die Tatsache, daß die Zukunft zumeist nur noch in Form einer Vorwegnahme auftritt, als »Keimung« der Gegenwart, nicht aber als *à-venir*, als Zu-kunft, die auf mich zukommt, mich herausfordert, so daß ich sein (oder nicht) sein werde, was ich zu sein hatte. So wird auch das zweite Futur, das *futur antérieur*, von Husserl ausgehend als Sedimentierung von Sinn gedacht, als »antizipierte Ablagerung unserer Gegenwart in einer Gegenwart, die im Kommen ist«, als »Gegenwart, die offen ist für einen Rückblick, den man von ihr gewinnt, wenn alles gesagt sein wird«.[24] Kommen den eigenen Entwürfen keine fremden Ansprüche entgegen, so nähert sich der Chiasmus der Zeit dem Hin und Her einer Pendelbewegung, die in Eliots *Love Song of Alfred Prufrock* als halbironischer Refrain wiederkehrt: »In the room the women come and go / Talking of Michelangelo.« Die oszillierende Bewegung kann zwar jederzeit in eine rotierende Bewegung übergehen, doch mit dem Kommen und Gehen

23 *Notes de cours sur* L'origine de la géométrie *de Husserl* (1998), S. 50.

24 Ebd., S. 71, 78. Anders sieht es aus, wenn man die Keimung und andere Formen der Zeitverschränkung, auf die wir hingewiesen haben, nicht nur, aber auch mit Jacques Lacan versteht als ein Zweites Futur im Sinne dessen, »was ich für das gewesen sein werde, was ich zu werden im Begriffe stehe« (siehe oben, S. 156). Zu den historischen Aspekten dieser Problematik vgl. Reinhart Koselleck, *Vergangene Zukunft* (1989), dazu von philosophischer Seite Burkhard Liebsch, *Geschichte im Zeichen des Abschieds* (1996).

hat auch das Kreisen um sich selbst wenig zu tun. Ein Chiasmus, der dem, was sich zwischen uns und den Dingen, zwischen mir selbst und den Anderen abspielt, symbolischen Ausdruck verliehe, müßte als *asymmetrisches und irreversibles Ineinander* gedacht werden.[25] Dann aber wäre die zeitliche Verschiebung zwischen Pathos und Response durch keine *réversibilité* und durch kein *renversement* wettzumachen, es gäbe nicht nur keine »dialektische Umkehrung« (VI 204/203), sondern auch keine »Vermittlung durch Umkehrung« (VI 268/274). Als »letzte Wahrheit« scheint die Reversibilität überfordert. Zu dem, was auf uns zukommt, kehren wir nicht zurück. Kommen und Gehen der Zeit bilden keinen Kreis. Responsivität geht nicht auf in Reversibilität. In diesem Sinne sind wir älter und jünger als wir selbst.

25 Vgl. dazu meine Ausführungen zu Merleau-Ponty und Levinas in: *Deutsch-Französische Gedankengänge*, (1995), Kap. 20, insbesondere S. 358-369: »Geflecht als asymmetrisches Ineinander«.

Epilog: Verquickung von Ort, Raum und Zeit

Unsere Untersuchungen haben gezeigt, daß Ort und Raum eng mit der Zeit verquickt sind. Doch wie läßt sich dieser Zusammenhang begreifen oder auch nur bezeichnen? Die Verschmelzung beider Momente zu einem Doppelwort führt in die Irre, wenn man dieses allzu wörtlich nimmt. Der Zeitraum wäre so besehen doch wieder eine Art Raum, die Ortszeit eine Art Zeit, so wie der Dauerlauf eine Laufart bezeichnet und keinen Zeitablauf. Begnügen wir uns mit einem Bindestrich, so fragt es sich, welches der beiden Teilwörter wir an die erste Stelle setzen sollen. Heidegger bezieht sich in seinem späten Seinsdenken, das um ein Ereignis des Seins kreist, auf einen *Zeit-Raum* (siehe oben, S. 43). In der Physik pflegt man im Gefolge der Relativitätstheorie mit einem *Raum-Zeit-Kontinuum* zu rechnen, bei dem die Zeit als vierte Dimension fungiert. Bachtin lehnt sich in seiner Literaturtheorie an dieses physikalische Modell an, indem er den Fragenden und Antwortenden im Dialog verschiedene *Chronotopen* zuteilt (siehe oben, S. 145). Für Historiographen und Geographen stellt sich die Frage, ob man die Zeit nicht auch im Raum und den Raum nicht auch in der Zeit suchen soll. Dies sind verschiedene Varianten einer Konstellation, die bei aller sachlichen und methodischen Heterogenität doch so etwas wie eine gemeinsame Denkrichtung erkennen läßt, wie immer man das Miteinander von Raum und Zeit kennzeichnen mag.

Vergegenwärtigen wir uns nochmals die beiden Leitfragen, die unsere Untersuchungen in Gang gesetzt haben, nämlich die *Wo-Frage* und die *Wann-Frage*. Offensichtlich kann eine Wo-Frage nicht mit Zeitangaben, eine Wann-Frage nicht mit Ortsangaben beantwortet werden. Eben deshalb rekurriert man auf verschiedene Aussageweisen, Anschauungsformen oder Datentypen. Die Aussage, daß Berlin erstmals 1244 urkundlich erwähnt wird, enthält keine Angabe darüber, ob die Stadt an der Spree oder an der Havel liegt, und der Hinweis auf die Flußlage, verrät uns nichts über die Umstände, die zur Wahl dieses Ortes geführt haben. Die Aussage, Köln-Deutz liege auf der rechten Rheinseite, läßt sich durch keine Zeitangabe ersetzen, bei der man etwa die Dauer der Rheinüberquerung ins Spiel brächte. Auch die Raum-Zeit-Einheit der Einsteinschen Relativitätstheorie ändert daran nichts. Wenn Hermann Minkowski in seinem vielzitierten Vortrag »Raum und Zeit« von 1908 erklärt: »Von Stund an sollen Raum und Zeit für sich völlig zu Schatten herabsinken und nur noch eine Art Union der beiden soll Selbständigkeit bewahren«, so bedeutet dies nicht, daß Raum und Zeit ihre unterschiedliche Bedeutung verlieren.[1] Lokalisierung und Datierung divergieren und unterliegen verschiedenen Spielregeln, wie sie uns aus dem Gebrauch von Karte und Kalender vertraut sind und wie sie sich auch in physikalischen Messungen behaupten. Anders steht es, wenn wir unsere Leitfragen nicht auf den propositionalen Gehalt beschränken, den sie übermitteln, sondern sie als Ausdruck performativer Sprechereignisse begreifen. Die Verdoppelung der Rede, die uns in diesem Zusammenhang wiederholt begegnet ist, besagt, daß Zeit und Ort *der Rede* sich von den Zeit- und Ortsverhältnissen absondern, *von denen* jeweils die Rede ist. Diese Verdoppelung färbt auch ab auf die Beziehung von Raum und Zeit. Jede Frage, die sich stellt, verweist direkt oder indirekt auf eine leibhaftige Situation, bei der Hier und Jetzt geradewegs ineinander übergehen. Raum und Zeit treffen sich in einer Tiefe, die einen sowohl zeitlichen wie räumlichen Charakter aufweist.[2] Das Stattfinden hat einen genuin zeiträumlichen Charakter, und im wiederholten Stattfinden bekundet sich eine Ordnung, deren Stiftung ebenfalls zeiträumlich verankert ist. Machen wir die Gegenprobe. Nehmen wir an, ein Vertrag wurde geschlossen, doch der Vertragsschluß fand *irgendwo* statt, oder er wurde zwar in Potsdam geschlossen, aber dies geschah *irgendwann*. Eine solche zeiträumliche Unbestimmtheit hätte eine Derealisierung zur Folge; es gäbe keine Instanz, auf die man sich berufen oder an die man appellieren könnte. Der Vertrag wäre im strengen Sinne nichtig wie eine leere Behauptung. Man würde in eine imaginäre Utopie und Uchronie entfliehen, und selbst hier würden imaginäre Ereignisse ihre imaginäre Zeiträumlichkeit entfalten. Die in Platons *Phaidon* (99 e) empfohlene Flucht in die Logoi stößt hier an ihre Grenzen. Ort und Zeit lassen sich weder überspringen noch auseinanderreißen, Spaltungen sind allerdings möglich. Sie nehmen einen pathologischen Charakter an, je mehr jemand sich auf seinen Ort fixiert und

1 Vgl. hierzu A. Gosztonyi 1976, S. 582, C. F. von Weizsäcker 1971, S. 147-149.

2 Zur Tiefe von Zeit und Raum vgl. Paracchini 2002, S. 214 unter Berufung auf den späten Merleau-Ponty.

gleichsam an ihn festgenagelt ist oder je mehr umgekehrt das, was jemand denkt und tut, in einem Zeitstrom dahintreibt und darin zu zerfließen droht. Zeit ohne Ort wäre haltlos, Ort ohne Zeit bewegungslos. Dies sind Tendenzen, die an den Rand des Lebens führen. Zu unserem normalen Leben gehört dagegen die Aussonderung und Ablagerung spezieller Orts- und Zeitdaten, die einem Prozeß der *Selbstverdoppelung* entspringen. Performative Ereignisse gehen über in propositionale Gehalte und objektive Daten, und hier erst kommt es zur wechselseitigen Absonderung von Zeit- und Ortskomponenten, von Zeittabellen und Ortskarten und schließlich von temporalen und lokalen Parametern, die verschiedenen Dimensionen zugehören. Auf eine einfache Formel gebracht heißt dies: Das Gesagte und Gezeigte hat einen zeitlichen *und* einen räumlichen Charakter, das Sagen und Sichzeigen hat dagegen einen *zeiträumlichen* oder *raumzeitlichen* Charakter. Letzteres setzt voraus, daß zeitliches Nacheinander und räumliches Nebeneinander nicht vorweg durch einen Graben voneinander getrennt sind. All dies betrifft nicht nur unser sprachliches Verhalten, sondern unser leibliches Verhalten insgesamt. Es verweist auf das leibliche Selbst, das in seinem Zugleich von Selbstbezug und Selbstentzug auf Supplemente angewiesen ist, die Abwesendes auf indirekte Weise faßbar machen.

Die Zweiheit von Ort/Raum und Zeit läßt sich nicht überspringen, aber auch nicht aufheben. Jede Hierarchisierung von Zeit und Raum, die ein einseitiges Gefälle herstellt, würde erfordern, daß man letzten Endes die Räumlichkeit aus der Zeitlichkeit oder die Zeitlichkeit aus der Räumlichkeit herleitet. Dies würde bedeuten, daß hinter der Wo-Frage eine verkappte Wann-Frage oder aber hinter der Wann-Frage eine verkappte Wo-Frage steckt. Wir geraten auf spekulatives Glatteis, so daß die »Reibung mit der Wirklichkeit« verloren geht. Versuchen wir es dagegen mit einer Gleichursprünglichkeit von Zeit und Raum, so stellt sich die Frage, worin die Gemeinsamkeit dieses Ursprungs besteht. Damit öffnet sich eine Schleuse für vielerlei Fragen. Das Medium, in dem Zeit und Raum oder Zeit und Ort sich treffen, läßt sich verschieden bestimmen. Die Geschichte der Philosophie zeigt, wie sehr man versucht ist, der Zweiheit von Zeit und Raum ein Drittes zu unterlegen, das als ontologische Substanz oder als transzendentales Subjekt in seiner Dauerhaftigkeit letzten Endes zeit- und raumenthoben ist oder aber als anonymer Lebensstrom alle Differenzen hinwegschwemmt. Die Sichtweise, die sich aus unseren Untersuchungen ergibt, deutet dagegen in eine andere Richtung. Sie verweist auf ein *leibliches Geschehen*, in das wir wohl oder übel *verwickelt* sind, und speziell verweist sie auf die *Bewegungen eines Selbst*, das sich zeitigt und verortet, indem es kraft seiner Leibkörperlichkeit zugleich bei sich und außer sich ist.

Die Doppelheit eines Leibkörpers, der als gelebter Leib zugleich Züge eines materiellen Körperdings annimmt, zeitigt ihre Wirkung in allen Registern der Erfahrung, im Hören so gut wie im Sehen, in der Wahrnehmung so gut wie in der Bewegung, im Sprechen so gut wie im Handeln, im Erinnern so gut wie im Vergessen. Sie schlägt sich nieder in Praktiken, Medien, Techniken, die der Zeit und dem Raum ihr wechselndes kulturelles Gepräge geben, ohne daß es ihnen je gelingt, die Macht von Zeit und Raum völlig zu bändigen. Dem Überschuß des »wilden Denkens« entsprechen Momente eines *temps sauvage* und eines *espace sauvage*. Was den Zusammenhang von Ort und Zeit betrifft, so ist dies kein rein konzeptueller oder bloß modellförmiger, sondern ein phänomenal zu beschreibender, hermeneutisch auszulegender und evolutionär angebahnter Zusammenhang. Er entspringt den Sachen selbst, so wie sie sich in unserer leibhaftigen Erfahrung darstellen. Es bedarf detaillierter Forschung, um all den Kreuzungspunkten nachzuspüren, wo Zeit und Ort sich ein je spezifisches Stelldichein geben.

Bestimmend für die Art und Weise, wie wir den Zusammenhang von Ort/Raum und Zeit zu denken versuchen, ist schließlich das besondere Motiv der *Verschiebung*. Verschiebung wird hier nicht als bloße Sinnverschiebung verstanden, sondern als Diastase, als ein Auseinandertreten von Pathos und Response, als ein rhythmischer Wechsel von Kommen und Vergehen. Zwischen dem, was auf uns zukommt, und dem, was aus unserer eigenen Initiative hervorgeht, klafft ein Hiatus, der selbst einen zeiträumlichen Charakter hat. Die Motive der Verschiebung, des Aufschubs, des Entzugs oder der Verzögerung, die bei Autoren wie Blanchot, Derrida und Levinas, aber auch schon bei Heidegger eine entscheidende Rolle spielen und die eine untergründige Kinetik und Energetik des Schiebens und Ziehens, des Geschoben- und Gezogenwerdens ins Spiel bringen, sind raumzeitliche Motive par excellence. Sie gehören zu den Grundmotiven einer Phänomenologie des Fremden.

Fremd ist, was außerhalb der Reichweite unserer persönlichen und kollektiven Möglichkeiten liegt. Doch dieses *Außerhalb* bezieht sich primär nicht auf einen anderen Ort oder gar auf eine andere Raumstelle, sondern auf die Andersheit des Ortes, gerade auch des eigenen, auf ein *Anderswo*, das auf mein und unser Hier zurückverweist, es aber unterhöhlt. Ohne eine derartige Verschattung des Hier gäbe es keine Abschattung der Dinge. Dieses Außen reicht tiefer als das sprichwörtliche Auseinander individueller Wesen. Hier und Anderswo, der Ort also, wo ich bin, und der Ort, wo der, die oder das Andere ist, liegen nicht auseinander, das heißt einer außerhalb des anderen wie die Positionen zweier Individuen, die innerhalb einer Raumordnung ihren Platz haben, die ihre Plätze miteinander tauschen oder sie einander streitig machen. Das Junktim von Hier und Anderswo besagt vielmehr, daß ein jeder *im Anderen außerhalb seiner selbst* ist. Diese asymmetrisch angelegte Bi- und Multilokalität gewinnt aus sich selbst eine zeitliche Bedeutung. Was von anderswoher kommt, was mich als Widerfahrnis trifft, was mich als Appell oder Herausforderung erreicht, was mich überrascht, ist ein Ereignis, das nicht nur *früher* auftritt als meine Antwort, sondern das *zu früh* kommt, gemessen an meinen eigenen Wünschen, Plänen und Fertigkeiten. Der Vorgängigkeit des fremden Widerfahrnisses entspricht die Nachträglichkeit meiner Antwort. Es ist nicht nur so, daß mir *etwas* vorausgeht in Form einer linear wirkenden Ursache, die in mir eine Wirkung auslöst und die als Ursache auf einer einheitlichen Zeitskala vor der Wirkung rangiert, vielmehr gehe *ich mir selbst* voraus im Zuge dessen, was mich an-rührt, an-geht, af-fiziert.

Das Anderswo, das die radikale Fremdheit auszeichnet, ist zugleich ein *Anderswann*. Diese Verschränkung von Zeit und Ort geht entschieden hinaus über die Phasen einer zielgerichteten Bewegung, die nur verschiedene Dorts kennt. Für ein Wesen, das sich zielstrebig oder plangemäß fortbewegt, gibt es lediglich ein Dort, wo es *nicht mehr* ist, aber wirklich war, und ein anderes Dort, wo es *noch nicht* ist, aber der Möglichkeit nach schon ist. Diese Synchronie, die in ihrer potentiellen Omnipräsenz eine Syntopie mit sich führt, wird durchbrochen, wenn Fremdes und Neues einbricht, das den Rahmen bestehender Möglichkeiten überschreitet. Hier stoßen wir auf ein Anderswo, das einen paradoxen Charakter zeigt. Ich bin zugleich dort, wo ich niemals war und dort, wo ich niemals sein werde. Was gleichzeitig ist, ist niemals völlig gleichzeitig, weder mit sich selbst noch mit Anderem, es ist immerzu durchsetzt mit Ungleichzeitigem. Darin berührt sich die Atopie mit einer ebenso beunruhigenden Anachronie.

Literatur

Anzieu, D., *Das Haut-Ich*, übersetzt von M. Korte und M.-H. Lebourdais-Weiss, Frankfurt am Main [3]1992.
Aristoteles, *Physikvorlesung* (Werke, Bd. 11), übersetzt von H. Wagner, Berlin [3]1979.
Augé, M., *Orte und Nicht-Orte*, übersetzt von M. Bischoff, Frankfurt am Main 1994.
Austin, J. L., *How to Do Things with Words*, Oxford 1982. – Deutsch: *Zur Theorie der Sprechakte*, bearbeitet von E. v. Savigny, Stuttgart 1972.
Assmann, J., *Das kulturelle Gedächtnis*, München 1992.

Bachelard, G., *La poétique de l'espace*, Paris 1957. – Deutsch: *Poetik des Raumes*, übersetzt von K. Leonhard, Frankfurt am Main 1975.
Bachtin, M. M., *Die Ästhetik des Wortes*, hg. von R. Grübel, Frankfurt am Main 1979.
–, *Chronotopos*, übersetzt von M. Dewey, Frankfurt am Main 2008.
Baier, F. X., *Der Raum*, Köln 1996.
Beierwaltes, W., »'Ἐξαίφνης oder: Die Paradoxie des Augenblicks«, in: *Phil. Jahrbuch* 74 (1966/67), S. 271-83.
Benjamin, W., *Passagen-Werk*, Frankfurt am Main 1983.
Benveniste, É., *Problèmes de linguistique générale*, Bd. I, Paris 1966. – Deutsch: *Probleme der allgemeinen Sprachwissenschaft*, übersetzt von W. Bolle, München 1974.
Borst, A., *Computus. Zeit und Zahl in der Geschichte Europas*, Berlin 1990.
Bühler, K., *Sprachtheorie*, Stuttgart/New York 1982.
Busch, K., »Raum – Kunst – Pathos: Topologie bei Heidegger«, in: Günzel 2007.

Casey, E. S., *Getting Back into Place*, Bloomington & Indianapolis 1993.
–, *The Fate of Place. A Philosophical History*, Berkeley 1997.
Certeau, M. de, *Kunst des Handelns*, übersetzt von R. Voillé, Berlin 1988.
Chernyakov, A., *The Ontology of Time. Being and Time in Aristotle, Husserl and Heidegger*, Dordrecht/Boston/London 2002.
Claesges, U., *Edmund Husserls Theorie der Raumkonstitution*, Den Haag 1964.

Därmann, I., *Fremde Monde der Vernunft. Die ethnologische Provokation der Philosophie*, München 2005.
Derrida, J., »Ousia et gramme«, in: *Marges de la phénoménologie*, Paris 1972. – Deutsch: »Ousia und gramme«, in: *Randgänge der Philosophie*, Wien 1988.

–, *Chōra*, Paris 1987. – Deutsch: *Chōra*, übersetzt von H.-D. Gondek, Wien 1990.
Desanti, J.-T., »Der Leib idealer Objekte. Nebengedanken zu ›Das Sichtbare und das Unsichtbare‹«, in: A. Métraux und B. Waldenfels (Hg.), *Leibhaftige Vernunft. Spuren von Merleau-Pontys Denken*, München 1986.
Detering, H., *Bertolt Brecht und Laotse*, Göttingen 2008.
Dünne, J., und St. Günzel (Hg.), in Zusammenarbeit mit H. Doetsch und R. Lüdeke, *Raumtheorien. Grundlagentexte aus Philosophie und Kulturwissenschaften*, Frankfurt am Main 2006.

Fellmann, F., *Gelebte Philosophie in Deutschland*, Freiburg/München 1983.
Fischer-Lichte, E., *Die Entdeckung des Zuschauers. Paradigmenwechsel auf dem Theater des 20. Jahrhunderts*, Tübingen, Basel 1997.
–, *Ästhetik des Performativen*, Frankfurt am Main 2004.
Florey, E., »Gehirn und Zeit«, in: S. J. Schmidt (Hg.), *Gedächtnis*, Frankfurt am Main 1991.
Foucault, M., *Les mots et les choses*, Paris 1966. – Deutsch: *Die Ordnung der Dinge*, übersetzt von U. Köppen, Frankfurt am Main 1971.
–, *Diskurs und Wahrheit.* Berkeley-Vorlesungen 1983, übersetzt von M. Köller, Berlin 1996.
–, *Die Heterotopien/Les hétérotopies, Der utopische Körper/Le corps utopique*, übersetzt von M. Bischoff, Frankfurt am Main 2005 (= Radiofassung).
–, »Des espaces autres«, in: *Dits et Écrits*, Bd, IV, Paris 1994. – Deutsch: »Andere Räume«, in: *Schriften in vier Bänden. Dits et Ecrits*, Bd. IV, Frankfurt am Main 2005 (= Textfassung).
Frede, D., *Aristoteles und die ›Seeschlacht‹. Das Problem der Contingentia Futura in De Interpretatione 9*, Göttingen 1970.
Freud, S., *Gesammelte Werke*, London und Frankfurt am Main 1940 ff.

Gadamer, H.-G., *Wahrheit und Methode*, Tübingen ²1965.
Gehring, P., »Land und Meer, Land und Luft, Land und Erde: Schmitt und Sloterdijk – mit Husserl gelesen«, in: *Phänomenologische Forschungen*, Jg. 2006, S. 5-20.
Gloy, K., *Philosophiegeschichte der Zeit*, München 2008.
Goldstein, K., *Der Aufbau des Organismus*, Den Haag 1934.
Gosztonyi, A., *Der Raum*, 2 Bde., Freiburg/München 1976.
Greiner, B., und M. Moog-Grünewald (Hg.), *Kontingenz und Ordo – Selbstbegründung des Erzählens in der Neuzeit*, Heidelberg 2000.
Günzel, St. (Hg.), *Topologie. Raumbeschreibung in den Kultur- und Medienwissenschaften*, Bielefeld 2007.
Gurwitsch, A., *Die mitmenschlichen Begegnungen in der Milieuwelt*, Berlin 1977.

Habermas, J., *Die Einbeziehung des Anderen*, Frankfurt am Main 1996.
Hegel, G. W. F., *Phänomenologie des Geistes* (Werke in 20 Bänden, Bd. 3), Frankfurt am Main 1973.
Heidegger, M., *Sein und Zeit*, Tübingen 7. Aufl. 1953.
–, *Einführung in die Metaphysik*, Tübingen 1953.
–, »Bauen Wohnen Denken«, in: *Vorträge und Aufsätze*, Pfullingen 1954.
–, *Vom Wesen des Grundes*, Frankfurt am Main 1955.
–, *Kant und das Problem der Metaphysik*, Frankfurt am Main ^{3}1965.
–, »Zeit und Sein«, in: *Zur Sache des Denkens*, Tübingen 1969.
Hume, D. *Eine Untersuchung über den menschlichen Verstand*, übersetzt von R. Richter, Hamburg 1964.
Herder, J. G., *Ideen zur Philosophie der Geschichte der Menschheit* (Werke, Bd. III/1), München, Darmstadt 2002.
Husserl, E., *Husserliana* (= Hua), Den Haag/Dordrecht 1950 ff.
–, »Grundlegende Untersuchungen zum phänomenologischen Ursprung der Räumlichkeit der Natur« (1940), Wiederabdruck in: Dünne/Günzel 2006.
Hyppolite, J., *Études sur Marx et Hegel*, Paris 1955.

Jakobson, R., »Linguistik und Poetik«, in: *Strukturalismus in der Literaturwissenschaft*, hg. von H. Blumensath, Köln 1972.
–, »Zwei Seiten der Sprache und zwei Typen aphatischer Störungen«, in: *Aufsätze zur Linguistik und Poetik*, hg. von W. Raible, München 1974.
Jammer, M., *Das Problem des Raumes. Die Entwicklung der Raumtheorien*, übersetzt von P. Wilpert, Darmstadt 1960.

Kant, I., *Werke in sechs Bänden*, herausgegeben von W. Weischedel, Darmstadt 1956 ff.
Kapust, A., *Berührung ohne Berühren. Ethik und Ontologie bei Merleau-Ponty und Levinas*, München 1999.
–, »Der sogenannte barbarische Rest der Natur und sein menschlicher Logos«, in: R. Giuliani (Hg.), *Merleau-Ponty und die Kulturwissenschaften*, München 2000.
Kierkegaard, S., *Die Krankheit zum Tode. Furcht und Zittern. Die Wiederholung. Der Begriff der Angst*, hg. von H. Diem und W. Rest, Köln/Olten 1956.
–, *Philosophische Brosamen und Unwissenschaftliche Nachschrift*, hg. von H. Diem und W. Rest, Köln/Olten 1959.
Koselleck, R., *Vergangene Zukunft*, Frankfurt am Main 1989.
Köveker D., und A. Niederländer (Hg.), *Chronologie. Texte zur französischen Zeitphilosophie des 20. Jahrhunderts*, Darmstadt 2000.

Kwan, T., »The Doctrine of Categories and the Topology of Concern«, in: *Analecta Husserliana* XLVI (1995), S. 243-302.

Lacan, J., »Funktion und Feld des Sprechens und der Sprache in der Psychoanalyse«, in: *Écrits*, Paris 1966. – Deutsch in: *Schriften 1*, Frankfurt am Main 1975.

Laplanche, J., *Die unvollendete kopernikanische Revolution in der Psychoanalyse*, übersetzt von U. Hock, Frankfurt am Main 1996.

Lehmann, H.-Th., *Postdramatisches Theater*, Frankfurt am Main 1999.

Leroi-Gourhan, A., *Hand und Wort*, übersetzt von M. Bischoff, Frankfurt am Main ²1984.

Leiris, M., *Le sacré dans la vie quotidienne*, in: D. Hollier (Hg.), *Le collège de sociologie (1937-1939)*, Paris 1979.

Lessing, G. E., *Hamburgische Dramaturgie*, in: GW, Bd. 2, München 1959.

Levinas, E., »Gagarine, Heidegger et nous«, in: *Difficile liberté*, Paris 1963. – Deutsch: *Schwierige Freiheit*, übersetzt von E. Moldenhauer, Frankfurt am Main 1992.

–, *Autrement qu'être ou au-delà de l'essence*, Den Haag 1974. – Deutsch: *Jenseits des Seins oder anders als Sein geschieht*, übersetzt von Th. Wiemer, Freiburg/München 1992.

–, »Intention et sensation«, in: *En découvrant l'existence avec Husserl et Heidegger*, Paris ⁴1982. – Deutsch in: *Die Spur des Anderen*, übersetzt von W. N. Krewani, Freiburg/München 1983.

Liebsch, B. *Geschichte im Zeichen des Abschieds*, München 1996.

Lobsien, E., *Wörtlichkeit und Wiederholung – Phänomenologie poetischer Sprache*, München 1995.

Löw, M., *Raumsoziologie*, Frankfurt am Main 2001.

Luhmann, N., *Soziologie des Risikos*, Berlin 2003.

Lyotard, J.-F., *La postmodernité expliquée aux enfants*, Paris 1988.

Mann, Th., *Der Zauberberg*, Frankfurt am Main 1966.

Markowitsch, H.-J., *Dem Gedächtnis auf der Spur. Vom Erinnern und Vergessen*, Darmstadt 2002.

Marx, K., *Der 18. Brumaire des Louis Bonaparte*, in: MEW, Bd. 8, Berlin 1960.

McTaggart, E. M., »Die Irrealität der Zeit« (engl. 1908), in: Zimmerli/Sandbothe 1993.

Meier, Ch., *Athen*, Berlin 1993.

Merleau-Ponty, M., *Phénoménologie de la perception*, Paris 1945 (= PP). – Deutsch: *Phänomenologie der Wahrnehmung*, übersetzt von R. Boehm, Berlin 1966.

–, *La structure du comportement* (1942), ²1949. – Deutsch: *Die Struktur des Verhaltens*, übersetzt von B. Waldenfels, Berlin 1976.
–, *Éloge de la philosophie*, Paris 1953. Deutsch in: *Das Auge und der Geist.*
–, *Les aventures de la dialectique*, Paris 1955. – Deutsch: *Die Abenteuer der Dialektik*, übersetzt von A. Schmidt und H. Schmitt, Frankfurt am Main 1974.
–, *Signes*, Paris 1960. – Deutsch: *Zeichen*, Hamburg 2007.
–, *Le visible et l'invisible*, Paris 1964 (= VI). – *Das Sichtbare und das Unsichtbare*, übersetzt von R. Giuliani und B. Waldenfels, München 1986.
–, *La nature. Notes. Cours de Collège de France*, Paris 1995. – Deutsch: *Die Natur. Vorlesungen am Collège de France 1956-1960*, übersetzt von M. Köller, München 2000.
–, *Sens et non-sens*, Paris (1948) 1996. – Deutsch: *Sinn und Nicht-Sinn*, übersetzt von H.-D. Gondek, München 2000.
–, *Notes de cours sur* L'origine de la géométrie *de Husserl*, hg. von R. Barbaras, Paris 1998.
–, *Parcours deux 1951-1961*, Lagrasse 2000.
–, *Das Auge und der Geist*, Hamburg 2003.
Meyer-Drawe, K., *Diskurse des Lernens*, München 2008.
Minkowski, E., *Le temps vécu*, Neuchâtel, ²1968. – Deutsch: *Die gelebte Zeit*, 2 Bde., übersetzt von M. Perrez und L. Kayser, Salzburg 1971/72.
Mühleis, V., *Kunst im Sehverlust*, München 2005.
Münkler, H., »Barbaren und Dämonen: Die Konstruktion des Fremden in Imperialen Ordnungen«, in: J. Baberowski, H. Kaelble, J. Schriewer (Hg.), *Selbstbilder und Fremdbilder*, Frankfurt/New York 2008.
Musil, R., *Der Mann ohne Eigenschaften*, Reinbek 1978.

Nietzsche, F., *Kritische Studienausgabe* (KSA), herausgegeben von G. Colli und M. Montinari, Berlin 1980.
Novalis, *Schriften*, hg. von P. Kluckhohn u. R. Samuel, Stuttgart 1960 ff., Bd. 2.

Paracchini, F., *Le ragioni del tempo*, Mailand 2002.
Patočka, J., »Der Raum und seine Problematik«, in: *Die Bewegung der menschlichen Existenz. Phänomenologische Schriften II*, Stuttgart 1991.
Plessner, H., *Die Stufen des Organischen* (Ges. Schr., Bd. IV), Frankfurt am Main 1981.
Pöggeler, O., *Der Denkweg Martin Heideggers*, Pfullingen ²1983.
Pöppel, E., *Grenzen des Bewußtseins. Wie kommen wir zur Zeit, und wie entsteht Wirklichkeit?* Frankfurt am Main 1997.
Pörksen, U., *Plastikwörter. Die Sprache einer internationalen Diktatur*, Stuttgart 1988.

Prigogine, I., und I. Stengers, *Dialog mit der Natur*, München 5. Aufl. 1986.

Ricœur, P., *Temps et récit*, 3 Bde., Paris 1983-85. – Deutsch: *Zeit und Erzählung*, 3 Bde., übersetzt von R. Rochlitz und A. Knop, München 1988-91.

Riethmüller, A., »Logos und Diastema in der griechischen Musiktheorie«, in: *Archiv für Musikwissenschaft* 42, Heft 1 (1985), S. 18-36.

Roselt, J., *Phänomenologie des Theaters*, München 2008.

Ryle, G., *Begriffskonflikte*, übersetzt von E. Bubser, Göttingen 1970.

Sacks, O., *Der Mann, der seine Frau mit einem Hut verwechselte*, übersetzt von D. van Gunsteren, Reinbek 1990.

Schlögel, K., *Im Raume lesen wir die Zeit. Über Zivilisationsgeschichte und Geopolitik*, München, Wien 2003.

Schmitz, H., *Der leibliche Raum* (System der Philosophie, Bd. 3/1), Bonn 1967.

Schröder, G. und H. Breuninger (Hg.), *Kulturtheorien der Gegenwart*, Frankfurt/New York 2001.

Schütz, A., *Das Problem der Relevanz*, Frankfurt am Main 1971.

Semprun, J., *Was für ein schöner Sonntag!*, übersetzt von J. Piron, Frankfurt am Main 1984.

Serres, M., *Atlas*, übersetzt von M. Bischoff, Berlin 2005.

Simmel, G., *Soziologie* (GA Bd. 11), Frankfurt am Main 1992.

Snell, B., *Der Aufbau der Sprache*, Hamburg [2]1952.

–, »Das Symbol des Weges«, in: *Die Entdeckung des Geistes*, Hamburg 1955.

Sommer, M., *Suchen und Finden*, Frankfurt am Main 2002.

Stegmüller, W., *Hauptströmungen der Gegenwartsphilosophie*, Bd. II, Stuttgart 1975.

Straus, E., *Vom Sinn der Sinne*, Berlin/New York/Heidelberg [2]1956.

Strobach, N., »›Jetzt‹ – Stationen einer Geschichte«, in: Th. Müller (Hg.), *Philosophie der Zeit. Neue analytische Ansätze*, Frankfurt am Main 2007.

Ströker, E., *Philosophische Untersuchungen zum Raum*, Frankfurt am Main 1965.

Tomasello, M., *Die kulturelle Entwicklung des menschlichen Denkens*, übersetzt von J. Schröder, Frankfurt am Main 2002.

Unterthurner, G., *Foucaults Archäologie und Kritik der Erfahrung. Wahnsinn – Literatur – Phänomenologie*, Wien 2007.

Valéry, P., *Cahiers*, 2 Bde., Paris 1973-74. – Deutsch: *Cahiers/Hefte*, 6 Bde., Frankfurt am Main 1987-93.
Varela, F. J., und E. Thompson mit E. Rosch, *Der mittlere Weg der Erkenntnis*, übersetzt von H. G. Holl, Bern/München/Wien 1992.
Virilio, P., *Fluchtgeschwindigkeit*, übersetzt von B. Wilczek, München 1996.
Waldenfels, B., »Gänge durch die Landschaft«, »Heimat in der Fremde«, in: *In den Netzen der Lebenswelt*, Frankfurt am Main 1985.
–, *Ordnung im Zwielicht*, Frankfurt am Main 1987.
–, *Der Stachel des Fremden*, Frankfurt am Main 1990.
–, *Antwortregister*, Frankfurt am Main 1994.
–, *Deutsch-Französische Gedankengänge*, Frankfurt am Main 1995.
–, *Topographie des Fremden*, Frankfurt am Main 1997.
–, *Phänomenologie in Frankreich*, Frankfurt am Main (1983) ^{2}1998.
–, »Architektur am Leitfaden des Leibes«, in: *Sinnesschwellen*, Frankfurt am Main 1999.
–, *Vielstimmigkeit der Rede*, Frankfurt am Main 1999.
–, *Das leibliche Selbst*, Frankfurt am Main 2000.
–, *Bruchlinien der Erfahrung*, Frankfurt am Main 2002.
–, *Phänomenologie der Aufmerksamkeit*, Frankfurt am Main 2004.
–, »Gelebte Unmöglichkeit«, in: Ch. Rohde-Dachser und F. Wellendorf (Hg.), *Inszenierungen des Unmöglichen. Theorie und Therapie schwerer Persönlichkeitsstörungen*, Stuttgart 2004.
–, »Fremdheit, Gastfreundschaft und Feindschaft«, in: *links* (Pisa, Rom) V (2005), S. 31-40.
–, *Idiome des Denkens. Deutsch-Französische Gedankengänge II*, Frankfurt am Main 2005.
–, *Grundmotive einer Phänomenologie des Fremden*, Frankfurt am Main 2006.
–, »An Stelle von …«, in: K. Busch und I. Därmann (Hg.), *»pathos«. Konturen eines kulturwissenschaftlichen Grundbegriffs*, Bielefeld 2007.
–, »Sichbewegen«, in: G. Brandstetter u. Ch. Wolf (Hg.), *Tanz als Anthropologie*, München 2007.
–, *Grenzen der Normalisierung*, 2. erweiterte Aufl., Frankfurt am Main 2008.
Weizsäcker, C. F. von, *Die Einheit der Natur*, München 1971.
Westphal, K. (Hg.), *Orte des Lernens. Beiträge zu einer Pädagogik des Raumes*, Weinheim und München 2007.
Wittgenstein, L., *Philosophische Untersuchungen*, in: Schriften, Bd. 1, Frankfurt am Main 1960.
Zekl, H. G., *Topos. Die aristotelische Lehre vom Raum*, Hamburg 1990.
Zimmerli, W. Ch., und M. Sandbothe (Hg.), *Klassiker der modernen Zeitphilosophie*, Darmstadt 1993.

Namenregister

Anzieu, D. 77
Aristoteles 12, 15 f., 34-36, 38, 41, 49-55, 66, 71, 73 f., 99, 115, 119 f. 129 f., 133, 138, 152, 159, 178, 191-197, 199, 203 f., 207-210, 212-214, 224, 227
Assmann J. 104
Augé, M. 33, 83, 92 f.
Augustinus 16, 18, 75, 130, 154, 164, 210, 214, 217
Austin, J. L. 193

Bachelard, G. 21, 52, 55, 57, 77, 122
Bachmann, I. 168
Bachtin, M. M. 145, 236
Baier, F. X. 56, 61
Barthes, R. 69
Bausch, P. 103, 185
Beauvoir, S. de 223
Becker, O. 21, 63
Beckett, S. 168
Beierwaltes, W. 212 f.
Benjamin, W. 58, 84
Benn, G. 148
Benveniste, E. 35 f., 138, 214
Bergson, H. 18, 20, 132, 140, 146, 152, 154, 210, 214, 218, 232
Bernoulli, J. 198
Binswanger, L. 132
Blanchot, M. 239
Borst, A. 141
Bourdieu, P. 92
Braudel, F. 22
Brecht, B. 138
Büchner, G. 167
Bühler, K. 20-22, 43, 125, 138, 214
Bunka, R. 168

Campanella, Th. 121
Casey, E. 18 f., 33 f., 51 f., 61
Cassirer, E. 21, 61
Celan, P. 110
Certeau, M. de 21, 49
Chernyakov, A. 159
Chirico, G. de 79
Christ, W. 103
Cicero 16, 57
Claesges, U. 19
Claudel, P. 214 f.
Collingwood, R. G. 38
Curtius, E. R. 168

Dahl, F. 142
Därmann, I. 20
Defert, D. 69, 113
Deleuze, G. 21, 33, 181 f., 185
Derrida, J. 32, 53, 132, 147, 239
Desanti, J.-T. 107
Descartes, R. 16, 18, 28, 31, 42, 49, 51, 58, 60, 75, 80, 93, 106, 109, 122, 217
Detering, H. 138
Dilthey, W. 215
Döblin, A. 138
Doetsch, H. 25
Dummett, M. 135
Dünne, J. 25, 47

Einstein, A. 17, 146, 236 f.
Eliot, T. S. 168, 234
Eucken, W. 26

Fellmann, F. 26
Fischer, J. L. 103
Fischer-Lichte, E. 84 f., 128, 142
Florey, E. 152, 161
Flusser, V. 21

Foucault, M. 21, 24, 40, 45, 69, 111, 113-115, 120, 124, 166
Frede, D. 192
Freud, S. 40, 56 f., 75, 78, 98, 125, 157, 166, 178, 187, 233

Gadamer, H.-G. 38, 144, 177
Galilei, G. 16 f., 72, 74
Gehring, P. 13, 47
Giacometti, A. 73
Giraudoux, J. 151
Giuliani, R. 210
Gloy, K. 18, 130
Goethe, J. W. von 53, 105, 110, 129, 167
Gogol, N. W. 145
Goldstein, K. 100, 161
Göncz, A. 102
Gosztonyi A. 46, 63, 66, 73, 86, 237
Greiner, B. 179
Günzel, St. 24 f., 47
Gurwitsch, A. 37

Habermas, J. 115
Hegel, G. W. F. 28, 44, 68, 120, 142, 177, 179, 200 f., 205, 211, 219 f., 223
Heidegger, M. 10, 19, 21, 25-27, 37, 40-43, 52, 54, 58, 61 f., 70, 89, 108, 132, 158, 179, 187, 210, 212, 214-217, 220, 228-230, 236, 239
Heisenberg, W. 64
Heraklit 62, 70, 78, 234
Herder, J. G. 46
Herodot 71, 84
Hesiod 52
Heuser, M.-L. 90
Hobbes, Th. 80
Homer 148
Humboldt, W. v. 40
Hume, D. 194, 201
Husserl, E. 10, 12, 17, 19-21, 25-29, 37, 40-43, 45-47, 49, 51 f., 58, 60 f., 64, 66, 68 f., 86 f., 91, 93, 99, 106, 113, 124 f., 128, 131, 138, 143, 151 f., 155 f., 161, 165, 173-175, 179, 181 f., 186, 191, 195 f., 199, 207, 210, 214-219, 224, 227 f., 230, 232, 234
Huygens, Ch. 61
Hyppolite, J. 219

Jakobson, R. 183 f., 214
Jammer, M. 17, 51, 61, 75, 90
Jean Paul 122
Joyce, J. 188

Kafka, F. 48, 168
Kanizsa, G. 218
Kant, I. 10, 18, 31 f., 35, 39, 46, 52-54, 61, 66, 74, 89 f., 108, 154, 173, 175, 177, 185, 194, 197, 200, 208, 210, 217
Kapoor, A. 78
Kapust, A. 227, 232
Kierkegaard, S. 12, 171, 173, 175, 178-80, 187, 193, 205, 212 f.
Klages, L. 26
Koselleck, R. 234
Köveker, D. 132
Kwan, T. 35

Lacan, J. 156, 234
Laplace, P. S. 131, 172, 194, 198
Laplanche, J. 28
Le Corbusier 78
Lehmann, H.-Th. 84 f., 92, 103, 111, 128, 138, 153, 185
Leibniz, G. W. 31, 61, 64, 75, 89, 93, 105 f.
Leiris M. 114
Leroi-Gourhan, A. 46, 58 f., 83, 104, 110, 112
Lessing, Th. 152

Levinas, E. 39, 41, 69 f., 111, 124, 132, 148, 155, 186, 189, 228, 235
Lewin, K. 20 f.
Liebsch, B. 234
Listing, B. 90
Lobsien, E. 182, 185
Lossau, J. 22
Löw, M. 20, 44-46, 61, 92, 112
Lüdeke, R. 25
Luhmann, N. 136 f.
Lyotard, J.-F. 180

Mann, Th. 114
Markowitsch, H.-J. 36, 100, 102-104, 134 f., 40, 143, 157 f., 164
Marx, K. 123, 179
Mauss, M. 20
Maxwell, J. 63
McTaggart, J. M. E. 134-136
Meier, Ch. 193
Menzel, A. 78
Merleau-Ponty, M. 10, 12, 21, 28 f., 33, 38, 49 f., 52, 54 f., 58-61, 69 f., 93 f., 100, 106-108, 110 f., 125, 131 f., 140, 146, 155, 185, 210-235
Messiaen, O. 161
Meyer, M. 38
Meyer-Drawe, K. 77, 163
Michotte, A. 218
Minkowski, E. 20 f., 52, 99, 132
Minkowski, H. 237
Moog-Grünewald, A. 179
More, H. 75
Morus, Th. 121
Mühleis, V. 81
Münkler, H. 16
Musil, R. 95, 99, 143 f., 166, 188,

Nabokov, V. 168
Newton, I. 17, 31, 61, 75, 79, 89
Niederberger, A. 132
Nietzsche, F. 12, 27, 44, 122, 125, 142 f., 146, 166-168, 177-180, 187, 213
Novalis 48

Paci, E. 231
Paracchini 218, 237
Pascal, B. 16, 75, 230
Patočka, J. 31, 39, 61, 87
Paz, O. 129
Piaget, J. 145
Piles, R. de 82
Platon 15, 32, 35 f., 38 f., 50-53, 55, 71, 75, 96, 120 f., 123 f., 134, 144, 150, 157, 159, 165, 177, 183, 191, 194, 201, 204, 210-213, 217, 226, 228, 231, 237
Plessner, H. 21, 54, 97, 140
Plotin 130, 147
Pöppel 71, 140, 148-150, 160 f., 167, 181, 195
Popper, K. 131
Pörksen, U. 24
Prigogine, I. 64, 132, 172
Proust, M. 81, 98, 105, 142, 186-188, 219, 231

Rabelais, F. 145
Ratzel, F. 22
Ricœur, P. 129 f., 132, 229
Riethmüller, A. 148
Rimbaud, A. 95
Roselt, J. 85, 128
Russell, B. 135

Sacks, O. 45, 140
Sartre, J.-P. 21, 124, 224
Scheler, M. 59
Schiller, F. 166
Schlögel, K. 22, 79, 84
Schmarsow, A. 22
Schmitt, C. 47
Schmitz, H. 34

Schopenhauer, A. 80
Schütz, A. 145, 182, 203
Semprun, J. 105, 151
Serra, R. 103
Serres, M. 21, 49, 52, 59, 107
Simmel, G. 83, 92
Sloterdijk, P. 47
Snell, B. 48, 50, 77
Sokrates 36, 38, 40, 123 f., 126, 168, 206
Sommer, M. 37-39, 88
Sophokles 123, 152 f., 204
Spencer Brown, G. 136
Spinoza, B. de 80
Stegmüller, W. 198
Stengers, I. 64, 132, 172
Straus, E. 21, 46, 52, 132, 155
Strauss, R. 165
Strobach, N. 137
Ströker, E. 19 f., 34, 63, 66, 79
Stumpf, C. 218

Teniers, D. 82
Themistokles 193
Thompson, E. 86
Thukydides 204
Tomasello, M. 67

Ungaretti, G. 168
Unterthurner, G. 69

Valéry, P. 49 f.
Varela, F. J. 85 f.
Vergil 102
Vermeer, J. 80-82
Virilio, P. 21, 28, 76, 101, 109

Wagner, H. 50
Weizsäcker, C. F. von 61, 198 f., 237
Weizsäcker, V. von 132
Westphal, K. 91
Whitehead, A. N. 132
Wittgenstein, L. 22, 199, 214, 221
Woolf, V. 129, 168

Yoon, G. 168

Zekl, H. G. 35 f., 50, 52, 55
Zenon 73

Sachregister

Abgrund der Zeit 185, 231
Allgegenwart 75, 108, 117 f., 154, 171, 218, 223
Alltagswelt 92 f.
Altern 212
älter und jünger als es/man selbst 211 f., 223, 226-228
Altes/Neues 178-180, 182
Andrang der Zeit 216, 223, 228
Anfang/Ende im Roman, im Theater 151 f.
– in der Erfahrung 175, 223
An-/Abwesenheit 172, 217, 220, 223, 231
Apathie, Indifferenz 204
Atopie 36-38, 61, 92, 97, 118, 123-126, 212, 228, 241
Augenblick 142 f., 155, 165 f., 175, 212
– vs. Dauer 139
Ausbreitung (*étendue*, *diffusion*) 75
Ausdehnung (*extension*) 17, 31, 75
Außen/Innen, Draußen/Drinnen 54-57, 77

Beschleunigung/Entschleunigung, Geschwindigkeit/Langsamkeit 162 f.
Bewegung als gerichtete Fortbewegung 48 f., 73 f., 162
– als Kreisbewegung 48
– als leibliche Selbstbewegung 48, 51, 74, 162
– als bloßer Ortswechsel 17, 147
– aufwärts/abwärts, vor/zurück 51, 72
Bildraum 82
Blick als Vorblick/Rückblick 155, 221 f.
Blicksprünge 160
Bühnenraum 84 f.

Chaos 52, 176
Chiasma, Chiasmus 49, 231, 233
Chiasmus der Zeit 155, 230-235
Chora 32, 52 f.
Chronognosie 135
Chronotopen 145, 236

Datierung 141 f.
Diachronie 186, 228
Dialog, Dialogverschiebung 144 f.
Diastase 147 f., 228, 239
Diastasen als räumliche Ausrichtungen 70
Dihairese 227
Dimensionen, mathematische 73
displaced person 47
distentio animi 130, 154
Drama 152
durée 154

Echtzeit 163 f.
Eigenort/Fremdort (*xenos topos*) 40 f., 76 f., 113, 119, 123 f.
Eigenort/Gemeinort (*topos idios/koinos*) 15, 36, 60, 119 f.
élan vital 229
Entropie 198 f.
Erde, Erdboden 27 f., 47, 70, 96
Ereigniszeit 153
Erinnerung und Erwartung 156-158
Erzählung 127, 142, 150 f., 219
Exterieur 58

Feldbegriff 22, 63 f.
Fernhandlung 101

Freiheit zwischen Determinismus und Indeterminismus 200 f.
Freiheitsfeld, Freiheitsgeschichte 224 f.
Fremdheit als Abwesenheit, Entzug, Ferne in der Nähe 29 110 f., 112, 118, 124
– als anderswo, anderswann 240
Fülle/Leere des Raumes 56, 79 f.
– der Zeit 164-168
Futur, erstes/zweites 156, 187, 234

Gang, aufrechter 46, 69
Gastlichkeit 117 f.
Gebäude, Gehäuse 54-57, 78
Geburt 156 f., 186
– und Tod 219, 223
Gedächtnis, episodisches/prozedurales 36, 100-103
Gedächtnisorte 22, 102-105
Gegenden im Raum 89

Gegenwart, absolute 107
– aktuelle/potentielle 195, 215
– dichte 221
– eigene 143, 226
– erlebte 218
– entleerte 204
– horizontlose 165
– lebendige 215, 226
– offene 234
Gegenwartsfeld, Präsenzfeld 99, 140, 156, 196, 215, 231
Geographie, Geopolitik 22-24, 28
Gerundiv 228
Geschichte als Sinngeschichte 178 f., 225
Gesicht 70, 124, 223
Gleichzeitigkeit/Ungleichzeitigkeit 136, 146 f., 158-161, 241
Gleichzeitigkeitsfenster 159 f.
Globalisierung 23 f., 96 f., 109 f., 116-118

Handeln/Handlung 203
Haut 20, 54, 77, 112
Heimwelt/Fremdwelt 20, 94
Heterotopien 97, 113-115, 124
Hier, aktuelles, habituelles, virtuelles 98 f.
– als Zeigwort 67
– emphatisches 45
– performatives 40, 44
– verdoppelt im Sagen und Zeigen 43 f., 67 f., 87
– vs. Dort 42
– vs. Irgendwo, Überall 42, 61, 96, 119
Hier und Jetzt als Nullpunkt, Origo 19 f., 37, 41-43, 68 f., 125, 138
Historismus 143
Höhen-/Tiefenangst 70
Homogenisierung des Raumes 62, 70

Identifizierung in der Zeit 73 f., 131, 173-175, 181, 186
Interieur 78-83

Jetzt 137, 142, 160, 213

Kairos 153
Kalenderzeit 141
Kartographie 87-91
Kinästhese 81, 155, 162
Kinesis 129, 133
Kosmos 15 f., 60, 115, 120, 176
Kurzweil, Langeweile 164-168

Lage (*situs*) 64, 89
Lebenswelt 19 f., 26-29, 91-94
Leib und Raum 19, 26, 29, 34
– und Zeit 101

Leibkörper 34, 54, 86, 97, 140, 239
Leiblichkeit des Handelns 203, 208
locus communis 6
– *externus/internus* 31
Lokalisation von Gedächtnisspuren im Gehirn 102
Luft- und Wasseroberfläche 46, 59
Mathematisierung des Raumes 60 f.
Mischlokalitäten 98
Möglichkeits-/Wirklichkeitssinn 99-101
Multilokalität 93, 240
Mystik 74, 143, 185
Mythos der Zeit 53, 128 f., 176 f., 179, 231

Nacheinander 173, 186, 213
Nähe/Ferne 76
Natur, kosmische 39
– physikalische 16, 64
Naturgeschichte, Naturzeit 23, 232
Navigationssysteme 88
Netz, Netzwerk 116
Nicht-Ort 61, 69, 111, 124 f., 228
Nomadentum/Seßhaftigkeit 99
Notwendigkeit 193
nunc distans, fluens, stans 165, 176, 188, 231

Ordentliches/Außerordentliches 189
Ordnung 16, 57, 182
Orientierung 86-91
Ort als Körpergrenze 35
Ort vs. Raum 32-34, 42-47, 52, 92
Ortlosigkeit s. Atopie
Ortschaft des Seins 43
Orts-Raum 34, 80, 86, 97
Ortsverschiebung 45, 147

Paradox der Lebenswelt 28 f.
– der Selbstwiederholung 188
– der Zeit 223
– des kreativen Ausdrucks 232
parcours 49
Passivität 227
Pathologie des Raumerlebens:
– Agoraphobie/Klaustrophobie 56, 75
– emotionale Verflachung 103
– Spaltung von Ortsgefühl und Raumwissen (Schizotopie) 45, 99 f.
Pathologie des Zeiterlebens:
– Desynchronisation 140 f.
– Zeitdehnung, Zeitschrumpfung 164
Pathos als Leiden 152
Pathos, Widerfahrnis/Response als Doppelereignis 145 f., 163 f., 227
Perspektivität 105-107, 109
place/time identity 83, 97, 130
Polis 120 f.
Präsenz/Absenz s. An-/Abwesenheit
Progreß/Regreß 178
Projekt/Reprise 219 f.

Raum absoluter/relativer 31, 61, 89 f.
– als Behälter 17, 56, 62
– bewohnter 81
– dynamischer/statischer 59
– euklidischer/topologischer 68, 105-108
– fundamentaler/regionaler 25, 66
– gelebter 20, 61
– hodologischer 20
– homogener, isotroper 16 f., 24, 68
– leerer 24, 53, 56
– lokaler/globaler 91-93
Raumachsen 35, 50, 68-73
Raumbetrachter, Weltbetrachter 29

Raumdehnung/
Raumschrumpfung 75
Raumembleme 108
Raumflüge 27f., 69f.
Raumgrenzen, reale/
symbolische 112
Raumkonflikte 80
Raumkunst 23, 103
Räumlichkeit des Daseins 42
Raummetaphern 122
Raumpräpositionen 77
Raumschemata 62
Raumsinn 73
Raumstellen 17, 31
Raumtechnik 86-91
Raumvermessung 63f., 74
Raumvielfalt 66f.
Reaktionszeit 148-150
Rechts/Links 51f., 71f., 89-91, 108
Relativitätstheorie 132, 236f.
Reversibilität 233, 235
Rhythmus der Zeit 159-162
Roboter 88

Schlafphasen 160
Schock/Stereotypisierung 183f.
Schwerkraft 46, 69
Selbst/Selbes 174
Selbstaffektion 216f.
Singularität 178
spatial turn 15, 21, 31
spatium 16, 31, 121f.
Stadt/Land 22, 58f.
Stadtanlage 83f.
Standort, Standfläche, Stehen 46
Stellung im Raum 35
Stellvertretung 41
Stiftung, Urstiftung,
Nachstiftung 141, 182, 209, 219
Suchen/Finden 37
Synthese der Zeit als passive Synthesis, Übergangssynthesis 218
– als Ursynthese 143, 165
Szene, Inszenierung 84-86

Telepräsenz/Teleabsenz, Teleaktion, Teleperzeption, Telepathie 108-111
Tempi, musikalische 162
Tempo 158
Tempora 214
Territorialität/Exterritorialität 60
Territorium 47, 70
Theater, dramatisches/postdramatisches 22, 84f., 152f.
Tiefe, räumliche 55, 78f.
– zeitliche 218f., 231
Topik 37
Topologie, mathematische 64
Topomachie 129
Trauma 158, 186

Ubiquität des Bewußtseins 93
– technisch erzeugte 23, 96
Umgebung, Umfeld, Umwelt 21f., 58f., 71
Umhüllung 59
Umschlag, Umschwung
(Metabole) 228f.
Unbestimmtheit der Zukunft 194f.
– faktische/praktische 194f.
– positive 224
Unempfindlichkeit 204
Unerinnerbares 156
Unerwartbares 156, 167, 207
Unerzählbares 151
Unmöglichkeit, gelebte 110
Unwahrscheinlichkeit 209
Unwiederbringliches 175
Unwiederholbares 188f.
Urimpression 228
Urproduktion/Reproduktion 182
Urvergangenheit 54, 156f., 186f., 219
Utopie 121

Verdoppelung der Rede 143 f., 237
– des Raumes, der Zeit 140
Vergegenwärtigung 215
Vergessen 156-158, 186 f.
– als Löschen 157 f.
– und Priming 157
Verkörperung von Zeit und Raum im Gedächtnis 104 f., 140
Verschiebung 10, 239
Verspätung, Verzögerung, Verzug 131, 150, 153 f., 158, 186, 224, 239
Versprechen, Vertrag 138 f., 142, 144, 237
Vertikale 70
Vogelflug 27, 73, 119, 218
Vorgängigkeit/Nachträglichkeit 146, 158, 186, 227
Vorhersehen und Warnen 149 f.
Vorläufigkeit/Rückläufigkeit 219, 232
Vorrang der Zeit 18 f., 24
Vorvergangenheit/Nachzukunft 187
Vorzeit 153

Wahrnehmungsgeschichte 224
Wahrnehmungssynthese 221
Wahrnehmungszeit 154 f.
Wahrscheinlichkeit, faktische/praktische 197
– im Handeln 194
– mathematische/subjektive 198
– und Gewißheit 191, 198, 206
Wann-Frage 133
Warten, Erwarten 167-169
Weg, Wegbahn, Wegkreuzung 48-50
Weltmarkt 117
Wiedererinnerung 177
Wiederholung 172-175
– mythische 176
– originäre 187
– reine 184 f.
Wiederholungszwang 187
Wiederkehr des Gleichen/Ungleichen 159, 161, 174, 176-182, 185
Wo-Frage 34 f., 38-40

Zeigfeld 20, 22
Zeit, absolute 132
– als Selbstbezug, Selbstaffektion 216 f.
– als Zahl der Bewegung 134, 158 f., 213 f.
– des Sagens/des Gesagten 214
– gelebte 20
– konstituierende/konstituierte 45, 217, 224
– mythische 231
– physische/psychische 129 f.
Zeitarten 134
Zeiterfahrung, Zeitsinn 131, 136, 138
Zeiterleben beim Tier 142
Zeitintervalle 151 f.
Zeitmessung 132, 181
Zeitpunkt 139
Zeit-Raum 22, 48, 132, 236, 238
Zeitrechnung 141
Zeitreihen 134-136
Zeitverdoppelung 131, 137-143, 188, 214, 217
Zeitverschiebung 146 f., 162 f., 186, 228, 233, 235
– in der Rede 138 f., 152
Zirkel des Daseins, des Selbst 217, 230
– hermeneutischer 219
Zirkularität der Zeit 217, 224, 234
Zögern 52, 150, 153, 209, 224
Zufall 193 f., 208
Zukunft als entworfene/als kommende (*avènement*, *avenir*) 207, 225, 229, 234

Der Stachel des Fremden. stw 868. 278 Seiten

Topographie des Fremden. Studien zur Phänomenologie des Fremden 1. stw 1320. 240 Seiten

Vielstimmigkeit der Rede. Studien zur Phänomenologie des Fremden 4. stw 1442. 224 Seiten

Zu Bernhard Waldenfels

Vernunft im Zeichen des Fremden. Zur Philosophie von Bernhard Waldenfels. Herausgegeben von Matthias Fischer, Burkhard Liebsch und Hans-Dieter Gondek.
stw 1492. 464 Seiten

NF 105/2/5.07

- Kafka. Für eine kleine Literatur. Übersetzt von Burkhart Kroeber. es 807. 133 Seiten
- Was ist Philosophie? Übersetzt von Bernd Schwibs und Joseph Vogl. stw 1483. 272 Seiten

Jacques Derrida

- Das andere Kap. Die vertagte Demokratie. Zwei Essays zu Europa. Übersetzt von Alexander García Düttmann. es 1769. 97 Seiten
- Gesetzeskraft. Der »mystische Grund der Autorität«. Übersetzt von Alexander García Düttmann. es 1645. 125 Seiten
- Grammatologie. Übersetzt von Hans-Jörg Rheinberger und Hanns Zischler. stw 417. 541 Seiten
- Marx & Sons. Übersetzt von Jürgen Schröder. stw 1660. 135 Seiten
- Marx' Gespenster. Der Staat der Schuld, die Trauerarbeit und die neue Internationale. Übersetzt von Susanne Lüdemann. stw 1659. 300 Seiten
- Politik der Freundschaft. Übersetzt von Stefan Lorenzer. stw 1608. 496 Seiten
- Die Schrift und die Differenz. Übersetzt von Rodolphe Gasché. Die Übersetzung von »Cogito und Geschichte des Wahnsinns« wurde von Ulrich Köppen besorgt. stw 177. 464 Seiten
- Schurken. Übersetzt von Horst Brühmann. 224 Seiten. Gebunden und stw 1778. 219 Seiten
- Seelenstände der Psychoanalyse. Übersetzt von Hans-Dieter Gondek. 104 Seiten. Kartoniert
- Die Stimme und das Phänomen. Einführung in das Problem des Zeichens in der Phänomenologie Husserls. Übersetzt von Hans-Dieter Gondek. es 2440. 144 Seiten
- Die unbedingte Universität. Übersetzt von Stefan Lorenzer. es 2238. 78 Seiten

NF 107/2/1.06

- Vergessen wir nicht – die Psychoanalyse! Herausgegeben, übersetzt und mit einem Nachwort von Hans-Dieter Gondek. es 1980. 234 Seiten
- Vom Geist. Heidegger und die Frage. Übersetzt von Alexander García Düttmann. stw 995. 159 Seiten

Geoffrey Bennington/Jacques Derrida. Jacques Derrida. Ein Portrait. Übersetzt von Stefan Lorenzer. Mit Abbildungen. stw 1550. 413 Seiten

Jacques Derrida/Hans-Georg Gadamer. Der ununterbrochene Dialog. Herausgegeben und mit einem Nachwort versehen von Martin Gessmann. es 2357. 112 Seiten

Jacques Derrida/Michel de Montaigne. Über die Freundschaft. Derrida: Der mich begleitet. Montaigne: Über die Freundschaft. Übersetzt von Stefan Lorenzer und Hans Stilett. BS 1331. 93 Seiten

Jacques Derrida/Gianni Vattimo. Die Religion. es 2049. 251 Seiten

Michel Foucault
- Die Anormalen. Vorlesungen am Collège de France (1974-1975). Übersetzt von Michaela Ott. 480 Seiten. Gebunden
- Archäologie des Wissens. Übersetzt von Ulrich Köppen. stw 356. 304 Seiten
- Geschichte der Gouvernementalität I. Sicherheit, Territorium, Bevölkerung. Vorlesung am Collège de France (1977-1978). Übersetzt von Claudia Brede-Konersmann und Jürgen Schröder. 600 Seiten. Gebunden
- Geschichte der Gouvernementalität II. Die Geburt der Biopolitik. Vorlesung am Collège de France (1978-1979). Übersetzt von Jürgen Schröder. 518 Seiten. Gebunden

NF 107/3/1.06

- Hermeneutik des Subjekts. Vorlesung am Collège de France (1981-1982). Übersetzt von Ulrike Bokelmann. 694 Seiten. Gebunden
- Die Heterotopien. Der utopische Körper. Zwei Radiovorträge. Zweisprachige Ausgabe mit CD. Übersetzt von Michael Bischoff. Mit einem Nachwort von Daniel Defert. 104 Seiten. Gebunden
- In Verteidigung der Gesellschaft. Vorlesungen am Collège de France (1975-1976). Übersetzt von Michaela Ott. stw 1585. 320 Seiten
- Die Macht der Psychiatrie. Vorlesungen am Collège de France 1973-1974. Herausgegeben von Jacques Lagrange. Übersetzt von Claudia Brede-Konersmann und Jürgen Schröder. 596 Seiten. Gebunden
- Der Mensch ist ein Erfahrungstier. Gespräch mit Ducio Trombadori. Übersetzt von Horst Brühmann. Vorwort von Wilhelm Schmid. Mit einer Bibliographie von Andrea Hemminger. stw 1274. 144 Seiten
- Die Ordnung der Dinge. Eine Archäologie der Humanwissenschaften. Übersetzt von Ulrich Köppen. stw 96. 470 Seiten
- Psychologie und Geisteskrankheit. Übersetzt von Anneliese Botond. es 272. 132 Seiten
- Raymond Roussel. Übersetzt von Renate Hörisch-Helligrath. es 1559. 193 Seiten
- Schriften. Dits et Ecrits. Herausgegeben von Daniel Defert und François Ewald unter Mitarbeit von Jacques Lagrange. Gebunden und kartoniert
  Band 1. 1954-1969. Übersetzt von Michael Bischoff, Hans-Dieter Gondek und Hermann Kocyba. 1088 Seiten
  Band 2. 1970-1975. Übersetzt von Reiner Ansén, Michael Bischoff, Hans-Dieter Gondek, Hermann Kocyba und Jürgen Schröder. 1031 Seiten
  Band 3. 1976-1979. Übersetzt von Michael Bischoff, Hans-Dieter Gondek, Hermann Kocyba und Jürgen Schröder. 1028 Seiten

NF 107/4/1.06

Band 4. 1980-1988. Mit Gesamtregister. Übersetzt von Michael Bischoff, Hans-Dieter Gondek, Hermann Kocyba und Jürgen Schröder. 1129 Seiten
- Schriften zur Literatur. Übersetzt von Michael Bischoff, Hans-Dieter Gondek und Hermann Kocyba. stw 1675. 402 Seiten
- Sexualität und Wahrheit. Erster Band. Der Wille zum Wissen. Übersetzt von Ulrich Raulff und Walter Seitter. stw 716. 160 Seiten
- Sexualität und Wahrheit. Zweiter Band. Der Gebrauch der Lüste. Übersetzt von Ulrich Raulff und Walter Seitter. stw 717. 327 Seiten
- Sexualität und Wahrheit. Dritter Band. Die Sorge um sich. Übersetzt von Ulrich Raulff und Walter Seitter. stw 718. 316 Seiten
- Überwachen und Strafen. Die Geburt des Gefängnisses. Übersetzt von Walter Seitter. Mit zahlreichen Abbildungen. stw 184. 396 Seiten
- Wahnsinn und Gesellschaft. Eine Geschichte des Wahns im Zeitalter der Vernunft. Übersetzt von Ulrich Köppen. stw 39. 562 Seiten
- Die Wahrheit und die juristischen Formen. Übersetzt von Michael Bischoff. Mit einem Nachwort von Martin Saar. stw 1645. 192 Seiten

Michel Foucault/Herculine Barbin. Über Hermaphrodismus. Übersetzt von Annette Wunschel. Herausgegeben von Wolfgang Schäffner und Joseph Vogl. es 1733. 247 Seiten

Michel Foucault. Eine Biographie von Didier Eribon. Übersetzt von Hans-Horst Henschen. Mit zahlreichen Abbildungen. st 3086. 518 Seiten

NF 107/5/1.06

Foucault und die Künste. Herausgegeben im Auftrag des Zentrums für Kunst- und Medientechnologie von Peter Gente. stw 1667. 338 Seiten

Vladimir Jankélévitch.

- Der Tod. Übersetzt von Brigitta Restorff. Herausgegeben und mit einer Nachbemerkung von Christoph Lange. Mit einem Nachwort von Thomas Kapielski.
  574 Seiten. Gebunden
- Das Verzeihen. Essays zur Moral und Kulturphilosophie. Übersetzt von Claudia Brede-Konersmann. Herausgegeben von Ralf Konersmann. Mit einem Vorwort von Jürg Altwegg. Gebunden und stw 1731. 292 Seiten

Maurice Merleau-Ponty. Das Primat der Wahrnehmung. Übersetzt von Jürgen Schröder. Mit einem Nachwort von Lambert Wiesing. stw 1676. 132 Seiten

Jacques Rancière. Das Unvernehmen. Politik und Philosophie. Übersetzt von Richad Steurer. stw 1588. 150 Seiten

Paul Ricœur. Wege der Anerkennung. Erkennen, Wiedererkennen, Anerkanntsein. Übersetzt von Ulrike Bokelmann und Barbara Heber-Schärer. 350 Seiten. Gebunden

Michel Serres

- Die fünf Sinne. Eine Philosophie der Gemenge und Gemische. Übersetzt von Michael Bischoff. stw 1389. 472 Seiten
- Der Naturvertrag. Übersetzt von Hans-Horst Henschen. es 1665. 203 Seiten
- Der Parasit. Übersetzt von Michael Bischoff. stw 677. 391 Seiten

NF 107/6/1.06

Michel Serres (Hg.). Elemente einer Geschichte der Wissenschaften. Von Michel Authier, Paul Benoît, Bernadette Bensaude-Vincent, Geof Bowker u.a. Übersetzt von Horst Brühmann. stw 1355. 1080 Seiten

Paul Veyne. Foucault: Die Revolutionierung der Geschichte. Übersetzt von Gustav Roßler. es 1702. 84 Seiten

NF 107/7/1.06

Kulturgeschichte im Suhrkamp Verlag Eine Auswahl

Paul Martin Neurath. Die Gesellschaft des Terrors. Innenansichten der Konzentrationslager Dachau und Buchenwald. 462 Seiten. Gebunden

Adriano Prosperi. Die Gabe der Seele. Geschichte eines Kindsmords. 516 Seiten. Gebunden

Philipp Sarasin. Reizbare Maschinen. Eine Geschichte des Körpers 1765-1914. stw 1524. 512 Seiten

Georg Simmel
- Briefe 1880-1911. Gebunden und stw 822. 1094 Seiten
- Briefe 1912-1918, Jugendbriefe.
  Gebunden und stw 823. 1241 Seiten

Die Transformation des Humanen. Beiträge zur Kulturgeschichte der Kybernetik. Herausgegeben von Michael Hagner und Erich Hörl. stw 1848. 450 Seiten

NF 161/2/4.08